国家出版基金项目
NATIONAL PUBLICATION FOUNDATION

法治中国建设的理论与实践探索丛书

法治实施体系建设研究

主　编◎江必新

人民法院出版社

图书在版编目（C I P）数据

法治实施体系建设研究 / 江必新主编. -- 北京 : 人民法院出版社, 2024.12
（法治中国建设的理论与实践探索丛书）
ISBN 978-7-5109-4062-0

Ⅰ. ①法… Ⅱ. ①江… Ⅲ. ①社会主义法治－建设－研究－中国 Ⅳ. ①D920.0

中国国家版本馆CIP数据核字(2024)第031453号

法治实施体系建设研究
江必新 主编

责任编辑 白 鸽
封面设计 天平文创视觉设计
出版发行 人民法院出版社
地　　址 北京市东城区东交民巷27号（100745）
电　　话 （010）67550662（责任编辑） 67550558（发行部查询）
65223677（读者服务部）
客 服 QQ 2092078039
网　　址 http：//www.courtbook.com.cn
E－mail courtpress@sohu.com
印　　刷 天津嘉恒印务有限公司
经　　销 新华书店

开　　本 787 毫米 ×1092 毫米 1/16
字　　数 214 千字
印　　张 14
版　　次 2024 年 12 月第 1 版 2024 年 12 月第 1 次印刷
书　　号 ISBN 978-7-5109-4062-0
定　　价 66.00 元

《法治实施体系建设研究》

主　编　江必新

撰写人（以姓氏笔画为序）

马世嫒　江必新　贺译葶　黄明慧

蒋　蔚　蒋清华　程　琥

总 序

从1978年进入当时的西南政法学院（现为西南政法大学）开始，我便与法治和法学结下了不解之缘。在跟随恩师张警教授攻读法制史硕士学位期间，我对中西方法制史和法律思想史作了广泛的涉猎；1985年分配到最高人民法院研究室工作，开始对法理学和法治宣传学进行了一定程度的探究；1988年进入最高人民法院行政审判庭工作以后，我转入对行政法、行政诉讼法和国家赔偿法的研究；2001年挂职重庆市委政法委、2002年担任最高人民法院领导职务（其间在湖南省高级人民法院担任三年多院党组书记、院长）之后，随着分管工作的变化，我结合审判实践的需要，开始对刑事法学、民商事法学、环境资源法学、涉外法治、知识产权法学等进行了阶段性的深入研究。2018年担任全国人大常委会宪法和法律委员会副主任委员之后，我对立法学进行了较为深入的钻研。其间，为了改善行政诉讼和其他司法审判环境，不得不关注国家整体的法治建设。不难看出，我的研究在很大程度上属于业余的而非专业的；研究方向和重点在很大程度上因工作岗位的变动而转移；研究的轨迹是先历史，后基础理论，先部门法，后整体法治；研究的目的都是解决工作中面临的理论、实践问题和整体法治环境的改善问题。从党的十八大以后，我开始了对法治中国建设中的理论与实践问题的研究，2014年出版的包括《法治中国的制度逻辑与理性建构》在内的“十八大与法治国家建设丛书”是一个重要节点。到目前为止，先后发表法治中国建设方面的理论文章近两百篇（接近我所发表文章的半数），相关专著十余部。

数十年的法治研究和探讨，使我越来越深刻地意识到，法治不仅是个人自由和其他权利的重要保障、社会秩序和安全的必要条件，而且是民族振兴发达的重要基础、国家长治久安的根本保证。在我看来，对法治的定义不应从先验的抽象原则出发，而应当从其实际演变历程出发；不应从固定的模式或单一的理想类型出发，而应从丰富多彩的多种类型出发。人类的法治文明经历了“以法治国”“依法治国”和“法治国家”三个阶段或形态。“以法治国”阶段仅仅将法律作为治理工具，用不用、用多少取决于最高统治者的意志；“依法治国”阶段强调法在上、权在下，统治者必须依照法律治国理政；“法治国家”阶段不仅强调“法”的品质和质量，而且强调“治”的良善性。中国的法治文明同样经历了上述三个阶段。第一个阶段是漫长悠久的“以法治国”时代。早在春秋战国时期，“以法治国，则举措而已”（《管子·明法》）便由齐国宰相管仲提出。这一阶段的标志性成就是“律以正罪”的《唐律疏议》以及“典以范政”的《唐六典》。第二个阶段是锐意进取的“依法治国”时代。党的十一届三中全会提出“发展社会主义民主，健全社会主义法制”，并提出“有法可依、有法必依、执法必严、违法必究”的法治建设方针；党的十五大提出“依法治国，建设社会主义法治国家”，依法治国成为中国共产党领导人民治理国家的基本方略；1999年我国《宪法》首次确立依法治国原则；2004年《宪法》首次确立人权原则。第三个阶段是波澜壮阔的“法治中国”建设时代。2013年1月，习近平总书记就做好新形势下政法工作作出重要指示，首次从官方的角度提出了建设法治中国的目标。随后，党的十八届三中全会、四中全会、十九大、二十大以及二十届三中全会多次重申该目标。党的十九大和2021年1月中共中央印发的《法治中国建设规划（2020—2025年）》明确提出了法治中国建设的时间表和路线图，即要在2025年初步形成社会主义法治体系，2035年基本建成法治中国，到本世纪中叶全面建成法治中国。党的二十大报告首次将“坚持全面依法治国，推进法治中国建设”作为专章部署。党的二十届三中全会提出，法治是中国式现代化的重要保障。全面推进国家各方面工作法治化。

古今中外的法治建设经验和教训证明：不是什么样的法都能治国，也不是什么样的法都能治好国；法治也有善恶优劣之别、高下逆顺之异。正因为如此，有必要本着理性的建构主义立场，能动地提出法治国家建设的目标，使法治的发展能给中华民族和整个人类带来福祉。同时，法治建设也是一场深刻的革命，是一个艰巨、复杂而长期的工程，不可能一蹴而就，需要久久为功。此外，法治自身也需要不断发展完善，需要在德（人本性、合正义性等）、智（科学化、智能化等）、体（体系化）、美（和谐性、可接受性等）、力（实施力、实现力、执行力、影响力等）、境（法治实施的环境等）诸方面得到不断的全面发展。

当前，我们正处在全面推进法治中国建设的新阶段，有必要从法治中国建设的目标定位、基本图景和推进路径三个层面，准确把握和深入理解我们正在从事的伟大事业。

首先，要明确法治中国建设的目标定位。我们党在历史上也先后提出过“发展社会主义民主、健全社会主义法制”“依法治国、建设社会主义法治国家”“全面依法治国、建设法治中国”等一系列概念。这些概念之间究竟是什么关系？为什么提出“法治中国”？要厘清这些问题，需要把握四点定位。其一，法治中国承继了人类法治文明成果。从《法治中国建设规划（2020—2025年）》来看，它包含了人类在漫长的法治建设过程中共同遵守的一些基本理念、价值、准则，例如宪法和法律至上、公平正义、法治平等、对公权力的监督与制约、尊重和保障人权、保证司法机关依法独立行使职权、良法善治等。其二，法治中国发展了依法治国理念。传统上讲，依法治国的核心理念是所谓“老十六字方针”，即有法可依、有法必依、执法必严、违法必究。但法治中国建设明确提出了“新十六字方针”，即科学立法、严格执法、公正司法、全民守法。这显然已远超依法治国的传统含义，其核心要求本质上是更加全面、实质的良法善治。其三，法治中国确立了全面依法治国的目标。以习近平同志为核心的党中央提出“四个全面”战略布局，包括全面建设社会主义现代化国家、全面深化改革、全面依法治国、全面从严治党。这一战略布局表明全面依法治国的目标是法治中国，全面依法治国是法治中国实现的过程和路径。其四，法治中国凸显了法治国家建设的本土特色。当今世界上，法治国家已有不少，每一个国家在法治建设进程中都有自己特有的理念、规则和道路，世界上没有两个法治国家是完全相同的。法治中国概念突出的正是我们要走中国特色社会主义法治道路，强调从中国的实际情况出发，解决中国问题，富有中国气象。

其次，需要明确法治中国建设的基本图景。建设图景所要回答的问题是：我们要建设的法治中国应当由哪些元素所构成。笔者以为，未来法治中国建设的图景至少包括以下四种层色：一是中国特色，这就是要坚持正确的政治方向，要走中国特色社会主义法治道路。中国特色所包括的主要内容是：坚持党的领导；坚持以人民为中心；坚持社会主义制度；坚持贯彻中国特色社会主义法治理论；坚持社会主义核心价值观；坚持从中国的实际出发，不照抄照搬别国的模式；坚持依法治国与以德治国相结合；坚持服务党和国家大局；等等。离开这八个坚持，法治中国建设就会失去“中国性”。二是法治底色，即要坚持人类关于法治的基本共识，坚持法治的基本理念、规则和价值。这些基本理念、规则和价值的主要内容包括：坚持宪法法律至上；坚持在全社会实现公平正义；坚持法治平等；坚持尊重和保障人权；坚持制约和监督公共权力；坚持保证司法机关依法独立行使职权；坚持公共权力机关法无授权不可为、法定职责必须为等部门法原则；坚持良法善治；等等。失去上述八个坚持，法治中国建设就会失去法治的基本性质。三是实践鲜色，即要根据中国和世界不断变化的形势和情况，确立新的理念，建构新的体制、制度和机制，从而保证法治中国建设的实践品质，增强法治中国建设的实践效能。四是时代亮色，即要根据时代的发展和人类文明的进步，充分运用全人类新的科学、技术、智识和经验，不断丰富法治中国建设的资源和内涵，从而永葆法治中国建设的先进性。

最后，需要明确法治中国的建设路径。一要明确法治中国建设的主要任务。我们认为，主要任务包括：建设中国特色社会主义法治体系是总抓手；确保宪法全面实施是首要任务；科学立法、严格执法、公正司法、全民守法是重点任务；在法治轨道上推进国家治理体系和治理能力现代化是核心任务；运用法治维护国家主权、安全和发展及核心利益是急迫任务；运用法治保障民族复兴伟业和现代化建设事业是常规任务。二要明确法治中国建设的推进方略。主要包括七个统筹：统筹依法治国与依规治党；统筹共同推进（依法治国、依法执政、依法行政共同推进）与一体建设（法治国家、法治政府、法治社会一体建设）；统筹国内法治与国际法治；统筹法治建设与法治改革；统筹法律制定与法律实施；统筹现实社会治理与网络社会治理；统筹法治体系和制度建设与法治文化建设；等等。三要明确法治中国建设的具体方式。主要包括以下五个结合：顶层设计、中间推动与基层创造相结合；问题导向、目标导向和效果导向相结合；条线治理（生态环境保护等）、区域治理（依法治县、依法治市、依法治省等）与基层治理（乡村、社区治理等）相结合；理论研究、理论指导与实践检验相结合；汲取中华优秀传统文化、弘扬红色法治文化、借鉴域外法治有益经验相结合；等等。四要明确法治中国建设的基本保障。主要包括政治、组织、队伍、思想、物质、科技等六大保障。

法治中国的全面建成，不仅需要一整套成熟定型的、好使管用的、能解决中国问题的、具有现代化性质的法律制度体系，而且需要各级领导干部老老实实抓法治、不折不扣践行法治、认认真真坚守法治，还需要全体社会成员切实尊法、学法、守法、用法。为了实现上述目标，笔者不揣浅陋，在习近平新时代中国特色社会主义思想尤其是习近平法治思想的指引下，在中央宣传部出版项目的资助下，在邵长茂、章志远、邓江源、乔宇、王琪璟、蒋清华、黄先雄、黄明慧、孙珺涛、戢太雷、曹梦娇等同志的友情帮助下，在人民法院出版社领导和编辑们的大力支持下，撰写和编著了这部法治中国建设理论与实践探索丛书。丛书共分12卷，包括《法治中国建设导论》《法律规范体系建设研究》《法治实施体系建设研究》《法治监督体系建设研究》《法治保障体系建设研究》《党内法规体系建设研究》《法治中国建设与党政合设合署》《法治中国建设与公私法融合治理》《法治中国建设与制度现代化研究》《法治中国建设与法治化建设研究》《社会主义法治国家建构原理研究》《法治中国建设重点工程研究》。笔者深知，人们对法治的认识和实践难以超出所处时代和地域的局限，同时法律制度不可能过于超前，否则也难以发挥规范作用和理想效能。正因为如此，这套丛书难免打上历史的烙印，难免具有诸多的局限性，尚有诸多的问题留待后人加以解决。不过笔者坚信，只要我们不忘法治建设的初心使命，坚韧不拔地朝着既定目标不断探索、勇毅前行，法治中国建设的夙愿和梦想，就一定能够实现！

江必新

2024 年 12 月

目录
Contents

◉ 第一章 ◉

法治实施的基本遵循

法治是在人类社会历史发展长河中沉淀而成，并经实践检验的理想的治国理政方式，是现代民主文明国家的共同选择。党的十八大以来，以习近平同志为核心的党中央坚实有力推进全面依法治国，法治建设步伐加快，总体布局清晰成型，法治理论与实践都取得了重大成果。法律规范体系日益完备，国家生活和社会生活的各个方面在总体上实现了有法可依。我国法治建设已从“形成法律体系”发展为“建设法治体系”，工作重心已从“加强与完善立法”深入到“注重宪法法律实施、提升法治实施效能”。

习近平总书记深刻揭示了法治实施之于法治建设的极端重要性，从我国国情民意和法治实施现状出发，将“高效的法治实施体系”作为“中国特色社会主义法治体系”的五大子体系之一予以提出，并就执法、司法、守法等法治实施核心环节的价值目标取向、体制机制改革、配套制度完善、具体工作要求等作了一系列重要论述，形成了内涵丰富的法治实施理论。[①] 法治实施理论是习近平法治思想的一个重要组成部分，是对法律实施理论的系统性升

① 习近平:《坚定不移走中国特色社会主义法治道路 为全面建设社会主义现代化国家提供有力法治保障》，载《求是》2021 年 2 月 28 日。

级和实践性深化，是我国法治实施的理论指南与行动纲领。

在法治实施中，最重要、最首要的无疑是宪法实施。习近平总书记高度重视宪法实施，在诸多重大场合都将宪法实施单独提出并进行重点部署；党和国家的法治相关的重大报告、决定及文件中，[①]也将宪法实施摆在突出位置，采用专门章节或部分的形式作出强调。因而，习近平总书记在论及法治实施时，就不再将宪法实施作专门论述，而是聚焦执法、司法、守法等法治实施的基本方式与环节展开。笔者的论述也是基于这一考虑，着重从执法、司法、守法三个领域对习近平总书记关于法治实施重要论述的核心观点进行梳理，理解其科学内涵、探究其独特贡献，并就如何贯彻习近平法治思想、提高法治实施水平提出实操性的建议。

一、加强法治实施的重大意义

注重宪法法律实施是当代法治基本内涵的普遍要求。[②]经过长期努力，2010 年中国特色社会主义法律体系已经形成，而与立法成果相比，我国法律实施略显滞后，甚至一些制定良好的法律法规也没有得到有效实施，在此背景下，如何实施好法律成为法治工作的重点。党的十八大以来，习近平总书记在多次重大会议上强调了要加强和改进法律实施工作。“法治实施”提法在官方文件中的首次出现是在党的十八届四中全会审议通过的《中共中央关于全面推进依法治国若干重大问题的决定》（以下简称《决定》）中，此后，学界也开始使用“法治实施”的概念。此次全会明确了“建设中国特色社会主义法治体系”总抓手，将“形成高效的法治实施体系”作为“法治体系”的五大子体系之一。习近平总书记在对《决定》作说明时，对法治实施各环节的工作要求与任务作了详细部署。[③]“法治实施”是包含“法律实施”含义的

---

① 比如《中共中央关于全面深化改革若干重大问题的决定》《中共中央关于全面推进依法治国若干重大问题的决定》《中共中央关于坚持和完善中国特色社会主义制度推进国家治理体系和治理能力现代化若干重大问题的决定》《法治中国建设规划（2020—2025 年）》等。

② 徐汉明：《法治的核心是宪法和法律的实施》，载《中国法学》2013 年第 1 期。

③ 习近平：《关于〈中共中央关于全面推进依法治国若干重大问题的决定〉的说明》，载《求是》2014 年第 21 期。

同时又具有更丰富内涵的表述，体现了国家最高领导层对法治建设规律的更精准把握与对法治理论认识的进一步深化。

法治实施作为全面依法治国的重点任务和关键环节，对法治中国建设起着至关重要的作用。在新时代新的历史起点上，社会主义现代化建设、改革发展稳定大局、人民的多元利益需求对法治实施提出了更高标准和期待。这就要求我们要加深对法治实施的理解，并比以往任何时期都更加重视法治实施、提高法治实施水平。习近平法治思想至少从以下三个方面揭示与论证了新时代加强法治实施的重大意义。

（一）法律的生命力和权威在于实施

法律的生命力在于实施，法律的权威也在于实施。法律是一系列立法性活动的智慧成果，但其在实施之前仍然是“纸面上的法律”，只有在实施过程中方能体现鲜活的生命力。法律只有得到有效实施，才有生命力；否则，再多、再好的法律也将形同虚设，发挥不了应有的作用。习近平总书记在主持中共十八届中央政治局第四次集体学习时强调：“如果有了法律而不实施，或者实施不力，搞得有法不依、执法不严、违法不究，那制定再多法律也无济于事。”[①] 在2014年中央政法工作会议上，习近平总书记进一步指出，经过长期努力，中国特色社会主义法律体系已经形成。现在，我们的工作重点应该是保证法律实施。有了法律不能有效实施，那再多法律也是一纸空文，依法治国就会成为一句空话。[②] 之后，在庆祝全国人民代表大会成立六十周年大会上的讲话中，习近平总书记强调要加强和改进法律实施，[③] 并提出了相关的具体要求。

法律只有得到全面有效实施，法律的权威才能真正树立。法律权威意味着全社会尊重、遵守、维护、运用宪法法律。历史充分证明，只有宪法法律具有绝对权威，法治的优势和效能才能得到充分发挥，人民权益才能得到切实保障，党和国家的事业才能蓬勃发展。反之，如果漠视宪法法律，人民权益、社会秩序、国家安全与发展等都将失去强有力的法治保障。

---

① 习近平：《论坚持全面依法治国》，中央文献出版社2020年版，第21页。

② 习近平：《论坚持全面依法治国》，中央文献出版社2020年版，第45页。

③ 习近平：《论坚持全面依法治国》，中央文献出版社2020年版，第74页。

（二）法治实施的本质是党和人民共同意志的实现

保证宪法法律实施就是保证党和人民共同意志的实现。推进全面依法治国，根本目的是依法保障人民权益。要把体现人民利益、反映人民愿望、维护人民权益、增进人民福祉落实到全面依法治国各领域全过程，要把以人民为中心的发展思想贯穿立法、执法、司法、守法各个环节，使法律及其实施充分体现人民意志。

1. 我国宪法和法律是党和人民意志的集中体现

习近平法治思想的一个重要理论根基与核心理念是“良法善治”论，他提出的“良法”的基本标准之一是以民为本、立法为民，要努力使每一项立法都符合宪法精神、反映人民意愿、得到人民拥护。在习近平法治思想指引下，党领导人民立法，提高立法的科学性、民主性，注重各类利益的协调，法律规范体系日臻完善，清晰表达了人民意愿，集中体现了党和人民的意志。

2. 将制定良好的宪法法律付诸实施，就是确保党和人民共同意志的实现

依良法善治，是实现良法的价值追求的必然要求。法治实施过程，是与人民最直接关联的过程，也是人民对法治最直观感知的过程。如果有了法律不实施、将法律束之高阁，或者实施不力、做表面文章，或者不依法规范实施法律，都可能使人民权益落空，甚至受到侵害。尤其是，我国现已进入新时代的新的历史时期，社会主要矛盾已发生变化，人民需求从“物质文化需要”转化为“以民主、法治、公平、正义、安全、环境为主要内容的美好生活需要”。这些需求都与法治直接或间接关联，是制定法律、实施法律需要直面的重大变化，也是法治体系建设必须高度重视和积极回应的现实问题。

（三）法治实施是法治中国建设的重点和难点

法治实施是实现法治的有形载体和必经环节，是将制定好的“静态之法”应用于调整现实的社会关系，转化为实际运行的“动态之法”的过程，从而实现立法目的、体现法律价值。它直接关乎法治建设的进程与实效，是法治建设的重点与难点。这是因为：

1. 法治实施是一项复杂的系统工程

从外部关系来看，法治实施与法律制定、法治监督、法治保障等都密切相关。其中，立法处于法律运行的前端，良好的法律规范是法治实施的前提，

法治监督与保障对法治实施起着督促和保障作用。从中国特色社会主义法治体系[①]架构也可以看出，就法律实施层面提出的“高效的法治实施体系”在五个子体系中处于“枢纽”地位，是衔接法律规范体系、法治监督体系、法治保障体系、党内法规体系的关键体系，直接关系到依法治国、依法执政、依法行政的共同推进和法治国家、法治政府、法治社会一体建设。从内部结构来看，法治实施包括执法、司法、守法等法的运行的三个重要环节，其中每一个环节的涉及面都很广。同时，这三者并非各自独立运行，它们相互关联、相互支撑，因而还要统筹考虑进行全面系统推进，以使其更好发挥整体效用。此外，法治实施效果还与国家政治、经济、文化等因素与环境相关。

2. 法治实施是一项高难度的法治实践[②]

法治实施的复杂性决定了在实践中的高难度。党的十八大以来，我国法律实施水平大幅提升，法律实施成效显著，但与法治中国的目标仍有较大差距。当前法治实践中，有法不依、执法不严、司法不公、执法犯法、司法腐败等问题仍然存在，法治实施仍是我国法治建设的薄弱环节，也是难点所在。因此，必须强化法治实施，真正解决阻碍法治进程的“拦路虎”。

二、法治实施的具体要求

习近平法治思想中的法治实施理论以“形成高效的法治实施体系”为方向，紧扣执法、司法、守法三个重要领域中的主要矛盾和问题，对“为何”以及“如何”加强与改进法治实施作了系统论述，为新时代推进法治实施设定了目标任务，提出了具体要求，也提供了方法举措。具体而言，习近平总书记在引领推进法治中国建设的伟大实践中，将法治实施摆在十分重要位置来抓，在阐论部署“依宪治国、依宪执政”首要任务，“中国特色社会主义法治体系”总抓手，“三个共同推进”“三个一体建设”工作布局，“科学立法、

① 党的十八届四中全会提出了建设中国特色社会主义法治体系的重大论断，并将其定位为全面依法治国的总目标。中国特色社会主义法治体系包括形成完备的法律规范体系、高效的法治实施体系、严密的法治监督体系、有力的法治保障体系，形成完善的党内法规体系。

② 江必新：《国家治理现代化与法治中国建设》，中国法制出版社 2016 年版，第 167 页。

严格执法、公正司法、全民守法”重点任务，“提升法治实施效能”等法治建设核心内容时，都从不同角度阐释了法治实施的内涵。[①] 在理解基本含义的基础上，我们通过梳理习近平总书记对执法、司法、守法等方面所作的重要论述来进一步领悟法治实施理论的核心观点。

（一）“法治实施”的基本含义

习近平法治思想创造性提出的“法治实施”命题，是对“法律实施”的全面丰富与升级，是包含传统“法律实施”含义在内的具有更丰富内涵的范畴。在官方文件（包括习近平总书记的相关重要讲话、论述、文章）中，“法治实施”基本是以“法治实施体系”这一表述出现的。习近平法治思想虽然未对“法治实施”作概念性的界定，但对“法治实施体系”作了系统深入的阐述，这实际上明确了法治实施的基本含义。

第一，从理论体系本身而言，法治实施理论包含了价值层面、制度层面和实践层面等多重面相。习近平总书记对法治实施理论体系的架构是全方位的，针对当前我国法治实施各领域各环节存在的突出问题，明确了法治实施的价值取向、制度定位以及行动方案。

第二，从实施形式（环节）而言，法治实施主要包括执法、司法、守法三种基本形式（环节）。习近平总书记围绕执法、司法、守法这三个法治运行的重要环节提出了诸多重要理念与具体要求。

第三，从实施内容而言，法治实施不仅包括了对法律规范体系的实施（传统意义上的法律实施），还包括了党内法规体系的实施、社会规范体系的实施。全面依法治国战略设计是全局性的，涉及改革发展稳定、治党治国治军、内政外交国防等各个领域。习近平总书记指出，要“加快完善法律、行政法规、地方性法规体系，完善包括市民公约、乡规民约、行业规章、团体章程在内的社会规范体系，为全面推进依法治国提供基本遵循”，要“形成完善的党内法规体系”。[②] 习近平总书记将法治的范围从国家和政府扩大到社会

---

① 习近平：《坚定不移走中国特色社会主义法治道路 为全面建设社会主义现代化国家提供有力法治保障》，载《求是》2021 年第 5 期。

② 习近平：《加快建设社会主义法治国家》，载《求是》2015 年第 1 期。

和执政党，将法的范围从国家法律扩大到社会规范和党内法规。[①]因而，为实现全面依法治国重大战略任务，要“着力构建以法律规范实施为核心，以党内法规实施、人民团体和社会组织规范实施、道德伦理规范实施以及乡规民约等社会生活规范实施构成的法治实施体系”。[②]《法治中国建设规划（2020—2025年）》也明确要求要抓好党内法规的实施。[③]

第四，从实施要求而言，法治实施之“实施”的总体性要求是实现高效实施，最基本含义是宪法法律的全面有效实施。具体而言，包括严格、规范、公正、文明实施等多种含义。

第五，法治实施的本质是党和人民共同意志的实现。由此，其首要任务是全面贯彻实施宪法，重点任务是严格执法、公正司法、全民守法。《法治中国建设规划（2020—2025年）》全面贯彻习近平法治思想，明确规定了把全面贯彻实施宪法作为首要任务，健全保证宪法全面实施的体制机制，将宪法实施和监督提高到新水平；规定要建设高效的法治实施体系，深入推进严格执法、公正司法、全民守法。[④]

（二）法治实施之“执法”方面的核心观点

执法是行政机关履行政府职能、管理经济社会事务的主要方式，是把纸面上的法律变为现实生活中活的法律的关键环节。行政执法对法律实施起着决定性保证作用。习近平总书记指出，行政执法工作面广量大，一头连着政府，一头连着群众，直接关系群众对党和政府的信任、对法治的信心。[⑤]习近平总书记讲执法问题，是放在全面依法治国的大格局中来谋划，以建设法治政府为目标来部署的。他阐明了行政执法的重要性，围绕执法层面的总体要求，提出理顺执法体制、规范执法行为、改进执法方式、完善执法程序、提高执法能力、落实执法责任、加强执法监督等一系列重要论述。其核心观

① 姜明安：《习近平总书记法治理论的重要创新》，载《人民论坛》2017年第26期。

② 周强：《形成高效的法治实施体系》，载《求是》2014年第22期。

③ 《中共中央印发〈法治中国建设规划（2020—2025年）〉》，载《人民日报》2021年1月11日。

④ 《中共中央印发〈法治中国建设规划（2020—2025年）〉》，载《人民日报》2021年1月11日。

⑤ 习近平：《坚定不移走中国特色社会主义法治道路 为全面建设社会主义现代化国家提供有力法治保障》，载《求是》2021年第5期。

点主要体现在以下六个方面：

1. 以构建职责明确、依法行政的政府治理体系为总体要求

习近平总书记对执法的工作布局是以建设法治政府为目标提出的，将对执法活动的要求上升到国家治理的高度，其思想体现在党的重大会议决定、重要文件之中。党的十九届三中全会首次提出“建设职责明确、依法行政的政府治理体系”，将其作为深化党和国家机构改革的目标之一，党的十九届四中、五中全会从不同角度又作了强调。《法治中国建设规划（2020—2025年）》将其作为“建设高效法治实施体系”部分的第一项内容，强调各级政府必须坚持依法行政、恪守法定职责必须为、法无授权不可为，把政府活动全面纳入法治轨道。

2. 深化行政执法体制改革，加快建立权责统一、权威高效的依法行政体制

执法体制是影响执法效能的深层次因素，习近平总书记就完善执法体制先后提出了一系列举措，[①] 着力解决多头多层重复执法问题，促进高效执法。比如：（1）统筹配置行政执法职能和执法资源，最大限度减少不必要的行政执法事项。（2）进一步整合行政执法队伍，继续探索实行跨领域跨部门综合执法（在市场监管、生态环保、文化市场、交通运输、农业等领域整合组建执法队伍），推动执法重心向市、县两级政府下移，加大执法人员、经费、资源、装备等向基层倾斜力度。（3）完善协同高效执法的相关机制。健全事前事中事后监管有效衔接、信息互联互通共享、协同配合工作机制；完善行政执法权限协调机制；健全行政执法和刑事司法衔接机制，全面推进“两法衔接”信息平台建设和应用；完善行政强制执行体制机制；建立健全军地联合执法机制等。

3. 坚持严格规范公正文明执法

这是提高执法公信力的有效途径，是维护社会公平正义的重要方式。习近平总书记指出：“国务院和地方各级人民政府作为国家权力机关的执行机关，作为国家行政机关，负有严格贯彻实施宪法和法律的重要职责，要规范

① 《习近平关于〈中共中央关于坚持和完善中国特色社会主义制度 推进国家治理体系和治理能力现代化若干重大问题的决定〉的说明》，载《人民日报》2019 年 11 月 6 日。

政府行为，切实做到严格规范公正文明执法。”① “严格是执法基本要求，规范是执法行为准则，公正是执法价值取向，文明是执法职业素养。”② 党的十八届四中全会《决定》对坚持严格规范公正文明执法提出了具体要求。习近平总书记进一步指出：“能不能做到严格规范公正文明执法，事关人民群众切身利益，事关党和政府法治形象。”“严格规范公正文明执法是一个整体，要准确把握、全面贯彻，不能畸轻畸重、顾此失彼。”③ 针对人民群众意见较为集中的执法不严格、不规范、不透明、不文明以及乱作为、不作为等问题，有以下针对性的举措：（1）全面推行行政执法“三项制度”。即行政执法公示制度、执法全过程记录制度、重大执法决定法制审核制度。“三项制度”聚焦行政执法的源头、过程和结果三个关键环节，是提高政府治理效能的重要抓手。④（2）加大重点领域执法力度。依法惩处各类违法行为，加大食品、药品、公共卫生、生态环境、安全生产、劳动保障、野生动物保护等关系群众切身利益的重点领域执法力度。（3）全面推行行政裁量权基准制度，规范执法自由裁量权。（4）改进和创新执法方式，加强行政指导、行政奖励、行政和解等非强制行政手段的运用。（5）加强行政执法信息化建设和信息共享，提高执法效率和规范化水平。（6）落实行政执法责任制和责任追究制度。⑤

4. 行政执法的重点要求是严格执法

严格执法是执法者必须忠实于法律，既不能以权压法、以身试法，又不能法外开恩、徇情枉法，即要求执法者不徇私情、不放纵放任违法行为。⑥ 现实生活中出现的很多问题，往往同执法失之于宽、失之于松有很大关系，这些严重影响执法公信力，损害法律权威。因此，对违法行为，一定要严格尺

---

① 习近平：《论坚持全面依法治国》，中央文献出版社 2020 年版，第 13 页。

② 本书编写组编著：《〈中共中央关于全面推进依法治国若干重大问题的决定〉辅导读本》，人民出版社 2014 年版，第 95、98 页。

③ 习近平：《论坚持全面依法治国》，中央文献出版社 2020 年版，第 259 页。

④ 《全面推行行政执法“三项制度”进一步推进严格规范公正文明执法——访司法部行政执法协调监督局局长赵振华》，载《法治日报》2020 年 9 月 21 日。

⑤ 本节内容综合了《中共中央关于全面深化改革若干重大问题的决定》及说明、《中共中央关于全面推进依法治国若干重大问题的决定》及说明、《中共中央关于坚持和完善中国特色社会主义制度、推进国家治理体系和治理能力现代化若干重大问题的决定》《法治中国建设规划（2020—2025 年）》等重大决定、文件、讲话中的相关内容。

⑥ 姜明安：《行政法》，北京大学出版社 2017 年版，第 147 页。

度、依法处理。习近平总书记指出："政府是执法主体，对执法领域存在的有法不依、执法不严、违法不究甚至以权压法、权钱交易、徇私枉法等突出问题，老百姓深恶痛绝，必须下大气力解决。"① 因此，对违法问题、害群之马，一定要依法处置、以儆效尤，这才是保护广大人民的根本利益。此外，严格执法相对于行政机关而言，实质上也是对其行政权力运行的有效约束。习近平总书记提出的建立行政机关内部重大行政决策的合法性审查机制、建立重大决策终身责任追究制度及责任倒查机制② 等，都是严格执法的有力保证。有学者言，法治的其中一个要件是"排除政府的恣意、特权乃至宽泛的裁量权"。③

5. 要让执法既有力度又有温度

严格执法是为了维护公共利益、人民权益和社会秩序。执法的最好效果就是让人口服心服。要坚持以法为据、以理服人、以情感人，努力实现最佳的法律效果、政治效果、社会效果。对人民内部矛盾，要坚持和风细雨、为民服务，涉及群众的问题，要准确把握社会心态和群众情绪，充分考虑执法对象的切身感受，规范执法言行，推行人性化执法、柔性执法、阳光执法。在中央全面依法治国工作会议上，习近平总书记明确提出："强调严格执法，让违法者敬法畏法，但绝不是暴力执法、过激执法，要让执法既有力度又有温度。"④

6. 重视对执法的保障与监督

首先是要支持和保证执法。习近平总书记提出："必须坚持实现党领导立法、保证执法、支持司法、带头守法。"⑤ "对执法机关严格执法，只要符合法律和程序的，各级党委和政府都要给予支持和保护，不要认为执法机关给自己找了麻烦，也不要担心会给自己的形象和政绩带来什么不利影响。我们说要敢于担当，严格执法就是很重要的担当。"⑥ 习近平总书记还提出了保证执

① 习近平：《论坚持全面依法治国》，中央文献出版社 2020 年版，第 97 页。

② 习近平：《论坚持全面依法治国》，中央文献出版社 2020 年版，第 143 页。

③ 何海波：《实质法治：寻求行政判决的合法性》，法律出版社 2020 年版，第 304 页。

④ 习近平：《坚定不移走中国特色社会主义法治道路 为全面建设社会主义现代化国家提供有力法治保障》，载《求是》2021 年第 5 期。

⑤ 习近平：《论坚持全面依法治国》，中央文献出版社 2020 年版，第 228 页。

⑥ 习近平：《论坚持全面依法治国》，中央文献出版社 2020 年版，第 52 页。

法的具体举措，比如，要旗帜鲜明支持公安民警依法行使职权，建立健全民警执法权益保护机制和依法履职免责制度。其次是要加强对执法活动的监督。要加强省市县乡四级全覆盖的行政执法协调监督工作体系建设，强化全方位、全流程监督，提高执法质量。坚决排除对执法活动的非法干预，坚决防止和克服地方保护主义和部门保护主义，坚决防止和克服执法工作中的利益驱动，坚决惩治腐败现象，做到有权必有责、用权受监督、违法必追究。加大对执法不作为、乱作为、选择性执法、逐利执法等有关责任人的追责力度，落实行政执法责任制和责任追究制度。加强和改进行政复议工作，强化行政复议监督功能，加大对违法和不当行政行为的纠错力度。习近平总书记主张用法治来制约监督权力，既强调对乱用权力、滥用权力以及怠用权力等权力不良使用行为进行规制，又强调对那些合法积极使用权力的良好行为进行保护与激励。①

（三）法治实施之“司法”方面的核心观点

司法是法治运行的链条中十分重要的一环，是维护社会公平正义的最后一道防线。习近平法治思想中关于司法方面的论述尤为丰富，其对司法、司法权、司法体制、司法改革等相关命题都作过分析阐述，指出了司法的性质、价值、功能等，并对司法规律作了科学概括。具体到促进形成高效法治实施体系的角度，习近平总书记围绕司法层面的总体要求，提出深化司法体制改革、完善司法权力运行机制、建设公正高效权威司法制度、规范司法行为、深入推进公正司法、加强对司法活动的监督、提高司法质量、司法效率和司法公信力等一系列重大决策与举措。其核心观点主要体现在以下六个方面：

1. 以建设公正高效权威的中国特色社会主义司法制度为总体要求

确保司法的公正、高效、权威，是习近平总书记针对目前仍然存在的司法不公、司法效率不高、司法公信力不强、司法腐败等问题，对深化司法体制改革提出的明确要求，是党的十八大以来司法改革的重要方向。在历次与法治相关的会议上，习近平总书记都反复强调要建设公正高效权威的司法制

① 江必新、张雨：《习近平法治思想中的法治监督理论》，载《法学研究》2021 年第 2 期。

度，并作了专门或重点论述。党的十八届三中全会提出“深化司法体制改革，加快建设公正高效权威的社会主义司法制度”；党的十八届四中全会《决定》第四部分从六个方面展开论述并部署了保证公正司法、提高司法公信力的系列重要举措；党的十九届四中全会提出健全社会公平正义法治保障制度，强调确保司法公正高效权威；《法治中国建设规划（2020—2025年）》将建设公正高效权威的中国特色社会主义司法制度作为司法层面的总要求，并着重从五个方面作了阐述。

2. 深化司法体制改革

司法体制是政治体制的重要组成部分。人民群众意见比较集中的司法不公等问题，很大程度上与司法体制和工作机制不合理有关。深化司法体制改革，一个重要目的是提高司法公信力，让司法真正发挥维护社会公平正义最后一道防线的作用。司法体制改革必须为了人民、依靠人民、造福人民。习近平总书记指出，要抓住司法责任制这个“牛鼻子”，深入研究司法责任制综合配套改革方案，加快构建权责一致的司法权运行新机制。[①] 习近平总书记紧紧抓住影响司法公正、制约司法能力的深层次问题，既充分考虑我国的国情，又把握遵循司法的一般规律，注重各项改革举措的协同性、联动性和配套性，强调要深化司法体制综合配套改革，并提出了改革任务和举措。

健全公正执法司法体制机制。健全监察机关、公安机关、检察机关、审判机关、司法行政机关各司其职，监察权、侦查权、检察权、审判权、执行权相互配合、相互制约的体制机制，确保执法司法各环节全过程在有效制约监督下运行。深化审判权和执行权分离改革，健全国家执行体制，强化当事人、检察机关和社会公众对执行活动的全程监督。深化和规范司法公开，落实和完善司法责任制。

3. 重点任务是坚持公正司法

（1）强调了公正司法的重要性。罗尔斯指出，正义是社会制度的首要价值，正像真理是思想体系的首要价值一样。[②] 习近平总书记特别强调司法的公

---

① 习近平：《论坚持全面依法治国》，中央文献出版社2020年版，第234页。
② ［美］约翰·罗尔斯：《正义论》，何怀宏等译，中国社会科学出版社1988年版，第3页。

正性，指出："公平正义是司法的灵魂和生命。"[①] 全面推进依法治国，必须坚持公正司法。"[②]"公正司法事关人民切身利益，事关社会公平正义，事关全面推进依法治国。"[③]"司法公正对社会公正具有重要引领作用，司法不公对社会公正具有致命破坏作用。"[④]"我们要依法公正对待人民群众的诉求，努力让人民群众在每一个司法案件中都能感受到公平正义，决不能让不公正的审判伤害人民群众感情、损害人民群众利益。"[⑤]（2）明确了公正司法的基本含义。关于公正司法，习近平总书记作了精准又通俗的表达，即受到侵害的权利一定会得到保护和救济，违法犯罪活动一定要受到制裁和惩罚。（3）提出了司法工作的目标。习近平总书记还讲到，"努力让人民群众在每一个司法案件中感受到公平正义"就是司法工作的目标，所有司法机关都要紧紧围绕这个目标来改进工作，重点解决影响司法公正和制约司法能力的深层次问题。

4. 重视人权的司法保障

国家尊重和保障人权的宪法原则不是抽象的，而是具体的，必须贯彻到立法执法司法等各个环节，落实到每一位公民。[⑥] 习近平法治思想体现了强烈的民本理念，[⑦] 并尤为重视人权的司法保障，体现在多次重大会议的报告和决定中。比如，党的十八届三中全会提出"完善人权司法保障制度"，并提出了具体改革措施；党的十八届四中全会提出"加强人权司法保障"，并作出了更深入的部署；党的十九大报告强调"加强人权法治保障"。《法治社会建设实施纲要（2020—2025 年）》专门提出"加强人权司法保障"，并提出了加强对公民合法权益的司法保护等一系列措施。习近平总书记指出，司法不公的深层次原因在于司法体制不完善、司法职权配置和权力运行机制不科学、人权

① 习近平：《论坚持全面依法治国》，中央文献出版社 2020 年版，第 5 页。

② 习近平：《论坚持全面依法治国》，中央文献出版社 2020 年版，第 22 页。

③ 习近平：《论坚持全面依法治国》，中央文献出版社 2020 年版，第 146 页。

④《中共中央关于全面推进依法治国若干重大问题的决定》，载《人民日报》2014 年 10 月 29 日。

⑤ 习近平：《论坚持全面依法治国》，中央文献出版社 2020 年版，第 14 页。

⑥ 江必新、蒋清华：《习近平法治思想对宪法理论和实践的发展创新》，载《法学评论》2021 年第 2 期。

⑦ 江必新：《习近平法治思想的逻辑体系与理论特征》，载《求索》2021 年第 2 期。

司法保障制度不健全。[①] 必须要着力解决。加强人权司法保障，要健全辩护人、诉讼代理人行使诉讼权利保障机制；建立重大案件侦查终结前对讯问合法性进行核查制度；完善有效防范和及时发现、纠正冤假错案工作机制；健全国家司法救助制度，完善法律援助制度等。此外，习近平总书记还指出，要继续依法打击破坏社会秩序的违法犯罪行为，特别是要推动扫黑除恶常态化，持之以恒、坚定不移打击黑恶势力及其保护伞。[②]

5. 保证司法机关依法独立公正行使职权

可以说，这是实现公正司法的基本前提。在司法实践中，对司法的不当干预是影响司法公正的不可忽视的一个重大原因。“司法的性质、功能和使命，要求司法主体必须具有中立性。而司法的中立必须以确保司法机关独立行使职权并有足够的能力抗拒任何形式的干扰为条件。”[③] 党的十八届四中全会《决定》规定，要完善确保依法独立公正行使审判权和检察权的制度。习近平总书记还要求，要正确处理坚持党的领导和确保司法机关依法独立公正行使职权的关系。他指出，保证司法机关依法独立公正行使职权是我们党的明确主张。要支持政法系统各单位依照宪法法律独立负责、协调一致开展工作。[④] 各级党组织和领导干部都要旗帜鲜明支持司法机关依法独立行使职权，绝不容许利用职权干预司法。[⑤] 党对政法工作的领导是管方向、管政策、管原则、管干部，不是包办具体事务，不要越俎代庖，领导干部更不能借党对政法工作的领导之名对司法机关工作进行不当干预。[⑥] 此外，司法人员要刚正不阿，勇于担当，敢于依法排除来自司法机关内部和外部的干扰，坚守公正司法的底线[⑦]。

6. 加快构建规范高效的制约监督体系

只要公权力存在，就必须有制约和监督。要盯紧公权力运行各个环节，

---

① 习近平：《论坚持全面依法治国》，中央文献出版社 2020 年版，第 98 页。

② 习近平：《坚定不移走中国特色社会主义法治道路 为全面建设社会主义现代化国家提供有力法治保障》，载《求是》2021 年第 5 期。

③ 江必新：《国家治理现代化与法治中国建设》，中国法制出版社 2016 年版，第 68 页。

④ 习近平：《论坚持全面依法治国》，中央文献出版社 2020 年版，第 43~44 页。

⑤ 习近平：《论坚持全面依法治国》，中央文献出版社 2020 年版，第 115 页。

⑥ 习近平：《论坚持全面依法治国》，中央文献出版社 2020 年版，第 44 页。

⑦ 习近平：《论坚持全面依法治国》，中央文献出版社 2020 年版，第 115 页。

完善及时发现问题的防范机制、精准纠正偏差的矫正机制。加强对司法领域的监督，要深化司法责任制综合配套改革，规范司法权力运行，真正让暗箱操作没有空间，让司法腐败无法藏身。（1）进一步深化司法公开。要构建开放、动态、透明、便民的阳光司法机制；要增强主动公开、主动接受监督的意识，完善机制、创新方式、畅通渠道，依法及时公开执法司法依据、程序、流程、结果和裁判文书。要坚持主动公开、依法公开、及时公开、全面公开、实质公开等基本原则。[①]（2）坚决遏制司法腐败。习近平总书记要求，坚决破除“关系网”、斩断“利益链”，让“猫腻”“暗门”无处遁形。[②]具体而言，要健全对法官、检察官办案的制约和监督制度；完善民事、行政检察监督和检察公益诉讼案件办理机制；完善刑事立案监督和侦查监督工作机制等。

（四）法治实施之“守法”方面的核心观点

守法是所有组织和公民的一项宪法义务。[③]法治根系于社会大众对法律的信守和遵从。[④]亚里士多德提出：“我们应该注意到邦国虽有良法，要是人民不能全部遵循，仍然不能实现法治。法治应包含两重意义：已成立的法律获得普遍的服从，而大家所服从的法律又应该本身是制订得良好的法律。”[⑤]法治应当真正内化于心、外化于行。习近平总书记根据新时代法治建设的新要求，将全民守法作为全面依法治国的四个重要环节之一，并强调全民守法是法治社会的基础工程。《法治中国建设规划（2020—2025年）》《法治社会建设实施纲要（2020—2025年）》《关于加强法治乡村建设的意见》等是习近平总书记关于守法方面重大论述的具体落实。

1. 以深入推进全民守法为总体要求

全民守法是“新十六字方针”中新增的一项，与我国法治建设初期提出

---

① 《最高人民法院关于进一步深化司法公开的意见》，载中华人民共和国最高人民法院官网，http：//www.court.gov.cn/fabu-xiangqing-132411.html，最后访问时间：2021年4月30日。

② 习近平：《坚定不移走中国特色社会主义法治道路 为全面建设社会主义现代化国家提供有力法治保障》，载《求是》2021年第5期。

③ 《宪法》第5条规定，一切国家机关和武装力量、各政党和各社会团体、各企业事业组织都必须遵守宪法和法律。一切违反宪法和法律的行为，必须予以追究。《宪法》第53条规定，中华人民共和国公民必须遵守宪法和法律。

④ 冯玉军：《法治中国：中西比较与道路模式》，北京师范大学出版社2017年版，第111页。

⑤ ［古希腊］亚里士多德：《政治学》，吴寿彭译，商务印书馆1983年版，第199页。

的“守法”相比，在意义和内涵上都有了极大的提升。习近平总书记指出：“全民守法，就是任何组织或者个人都必须在宪法和法律范围内活动，任何公民、社会组织和国家机关都要以宪法和法律为行为准则，依照宪法和法律行使权利或权力、履行义务或职责。”① 当前，科技网络信息更新速度加快，社会关系更为复杂、人与人之间的交往更为繁密、新兴领域和行业层出不穷，法治中国建设必须最大限度地依靠广大人民群众的力量。民众不能只是被动地遵守法律，而应当发自内心地主动去尊崇、信仰、拥护、遵守、运用法律。“全民守法”的提出是集目标任务、规范要求于一体的制度安排，是对一切国家机关、社会组织和公民个人提出的遵守宪法法律的整体性要求。

2. 加大普法力度，着力增强全民法治观念，培育社会主义法治文化

再多再好的法律，必须转化为人们内心自觉才能真正为人们所遵行，习近平总书记指出：“全面推进依法治国需要全社会共同参与，需要全社会法治观念增强，必须在全社会弘扬社会主义法治精神，建设社会主义法治文化。”② “使全体人民都成为社会主义法治的忠实崇尚者、自觉遵守者、坚定捍卫者。”③ 推进全民守法，必须着力增强全民法治观念。法律的权威源自人民的内心拥护和真诚信仰。法律要发挥作用，首先全社会要信仰法律。要坚持把全民普法和守法作为依法治国的长期基础性工作。习近平总书记在 2020 年 11 月 16 日中央全面依法治国工作会议上提出了具体要求：全民守法是法治社会的基础工程。普法工作要紧跟时代，在针对性和实效性上下功夫，落实“谁执法谁普法”普法责任制，特别是要加强青少年法治教育，不断提升全体公民法治意识和法治素养，使法治成为社会共识和基本准则。要强化依法治理，培育全社会办事依法、遇事找法、解决问题用法、化解矛盾靠法的法治环境。④

3. 推动人民广泛参与社会治理，打造共建共治共享的社会治理格局

习近平总书记的“全民守法”理念是融于法治社会建设之中的，是社会

---

① 习近平：《论坚持全面依法治国》，中央文献出版社 2020 年版，第 24 页。

② 习近平：《论坚持全面依法治国》，中央文献出版社 2020 年版，第 113 页。

③ 习近平：《论坚持全面依法治国》，中央文献出版社 2020 年版，第 128 页。

④ 习近平：《坚定不移走中国特色社会主义法治道路 为全面建设社会主义现代化国家提供有力法治保障》，载《求是》2021 年第 5 期。

治理法治化的基本内核，他注重调动和发挥人民群众参与社会治理的积极性、主动性，引领和推动社会力量参与社会治理。社会治理是国家治理的重要方面，习近平总书记多次强调要创新社会治理体制，要坚持在法治轨道上统筹社会力量、平衡社会利益、调节社会关系、规范社会行为、化解社会矛盾，确保社会在深刻变革中既生机勃勃又井然有序。具体而言，要全面提升社会治理法治化水平，完善社会治理体制机制，完善党委领导、政府负责、民主协商、社会协同、公众参与、法治保障、科技支撑的社会治理体系，建设人人有责、人人尽责、人人享有的社会治理共同体；推进多层次多领域依法治理；发挥人民团体和社会组织在法治社会建设中的作用等。

4. 提出完善预防性制度建设，坚持和发展新时代“枫桥经验”

习近平总书记强调，我国国情决定了我们不能成为“诉讼大国”。我国有 14 亿人口，大大小小的事都要打官司，那必然不堪重负！① 因而，法治建设既要抓末端、治已病，更要抓前端、治未病。要推动更多法治力量向引导和疏导端用力，完善预防性法律制度，坚持和发展新时代“枫桥经验”，完善社会矛盾纠纷源头预防多元化解综合机制，更加重视基层基础工作，充分发挥共建共治共享在基层的作用，推进市域社会治理现代化，促进社会和谐稳定。② 要加强源头治理，畅通和规范群众诉求表达、利益协调、权益保障通道，充分发挥人民调解在化解基层矛盾纠纷中的主渠道作用，努力将矛盾化解在基层，做到“小事不出村、大事不出乡”；整合矛盾纠纷化解资源力量，促进调解、仲裁、行政裁决、行政复议、诉讼等有机衔接等。③

（五）法治实施要抓住法治工作队伍建设和领导干部“关键少数”

法治工作队伍和领导干部是法治实施的重要主体和关键力量，是法治中国建设的队伍和人才保障。习近平总书记高度重视法治工作队伍建设，特别

① 习近平：《坚定不移走中国特色社会主义法治道路 为全面建设社会主义现代化国家提供有力法治保障》，载《求是》2021 年第 5 期。

② 习近平：《坚定不移走中国特色社会主义法治道路 为全面建设社会主义现代化国家提供有力法治保障》，载《求是》2021 年第 5 期。

③ 《中共全面依法治国委员会印发〈关于加强法治乡村建设的意见〉》，载中华人民共和国司法部、中国政府法制信息网，http：//www.moj.gov.cn/Department/content/2020-03/25/582_3244698.html，最后访问时间：2021 年 4 月 30 日。

强调要抓住领导干部这个“关键少数”。

1. 坚持建设德才兼备的高素质法治工作队伍

法律的生命力在于实施，法律的实施在于人。“法律需要人来执行，如果执法的人自己不守法，那法律再好也没有用！”[①] 建设法治国家、法治政府、法治社会，实现科学立法、严格执法、公正司法、全民守法，都离不开一支高素质的法治工作队伍。习近平总书记提出，建设高素质法治专门队伍，加强法律服务队伍建设，[②] 并对法治专门队伍的管理提出了更严标准和更高要求。

（1）建设好法治专门队伍。必须着力建设一支忠于党、忠于国家、忠于人民、忠于法律的社会主义法治工作队伍。要加强理想信念教育，深入开展社会主义核心价值观和社会主义法治理念教育，推进法治专门队伍正规化、专业化、职业化。在全面依法治国工作会议上，习近平总书记以鲜明问题导向就法治工作队伍建设提出明确要求。比如，要制定完善铁规禁令、纪律规定，用制度管好关键人、管到关键处、管住关键事；要坚决清查贪赃枉法、对党不忠诚不老实的人，深查执法司法腐败；坚持零容忍，敢于刀刃向内、刮骨疗毒。[③]

（2）建设好法律服务队伍。习近平总书记指出，法律服务队伍（律师、公证、司法鉴定、仲裁、调解等）也是全面依法治国的一支重要力量，要把拥护中国共产党领导、拥护我国社会主义法治作为法律服务人员从业的基本要求，加强教育、管理、引导，引导法律服务工作者坚持正确政治方向，依法依规诚信执业，认真履行社会责任，以满腔热忱投入社会主义法治国家建设。[④]

（3）培养好法治人才及后备力量。“法治人才培养上不去，法治领域不能人才辈出，全面依法治国就不可能做好。”[⑤] 习近平总书记反复强调要坚持立德

---

① 习近平：《论坚持全面依法治国》，中央文献出版社 2020 年版，第 21 页。

② 习近平：《论坚持全面依法治国》，中央文献出版社 2020 年版，第 91 页。

③ 习近平：《坚定不移走中国特色社会主义法治道路 为全面建设社会主义现代化国家提供有力法治保障》，载《求是》2021 年第 5 期。

④ 习近平：《坚持走中国特色社会主义法治道路 更好推进中国特色社会主义法治体系建设》，载《求是》2022 年第 26 期。

⑤ 习近平：《论坚持全面依法治国》，中央文献出版社 2020 年版，第 174 页。

树人，德法兼修，创新法治人才培养机制，努力培养造就一大批高素质法治人才及后备力量。[①] 习近平总书记提出，要推进法学院校改革发展，提高人才培养质量；要加大涉外法学教育力度，重点做好涉外执法司法和法律服务人才培养、国际组织法律人才培养推送工作，更好服务对外工作大局；[②] 要推动以马克思主义为指导的法学学科体系、学术体系、教材体系、话语体系建设等。

2. 坚持抓住领导干部这个“关键少数”

领导干部具体行使党的执政权和国家立法权、行政权、监察权、司法权，是全面依法治国的关键。党领导立法、保证执法、支持司法、带头守法，主要是通过各级领导干部的具体行动和工作来体现、来实现。各级领导干部在很大程度上决定着全面依法治国的方向、道路和进度。习近平总书记反复强调，各级党和国家机关以及领导干部要带头尊法学法守法用法，提高运用法治思维和法治方式深化改革、推动发展、化解矛盾、维护稳定、应对风险的能力。[③] 要把法治素养和依法履职情况纳入考核评价干部的重要内容，让尊法学法守法用法成为领导干部自觉行为和必备素质。

三、法治实施理论的显著特点与独特贡献

习近平法治思想中法治实施理论内涵丰富、博大精深，既遵循法治发展的一般规律性，又充分考虑我国法治需求与环境的特殊性，创新发展了传统法律实施理论，在体系架构、价值立场、治理理念、实施范围、实施方式等方面都具有突出理论贡献和实践价值。笔者尝试将其显著特点与独特贡献概括如下：

（一）在体系架构上，以系统性思维对法治实施作了整体理论构建

回顾我国法治建设历程，在很长的一段时间里，我们将侧重点放在法律

---

① 习近平：《论坚持全面依法治国》，中央文献出版社 2020 年版，第 231 页。

② 习近平：《坚定不移走中国特色社会主义法治道路 为全面建设社会主义现代化国家提供有力法治保障》，载《求是》2021 年第 5 期。

③《中共中央关于坚持和完善中国特色社会主义制度 推进国家治理体系和治理能力现代化若干重大问题的决定》，载《人民日报》2019 年 11 月 6 日。

规范层面，在法律体系建设中强调立法的功能与作用，对法律实施的理论认知与制度设计相对浅层、零散和薄弱。习近平总书记以系统性思维对法治实施作了全方位思考与理论架构，形成了逻辑严整的理论体系。系统性是法治实施理论的一个显著特征，也是其突出贡献，它注重法治实施各环节之间的“整体性、协同性、层次性、内在逻辑性等，并涵盖了前瞻性思考、全局性谋划、战略性布局、整体性推进之义”，[①] 从根本上改变了传统法律实施理念中各环节各自为政的“散装”模式。

第一，将法治实施（子体系）作为中国特色社会主义法治体系（总体系）的重要组成部分。这是习近平总书记对法治实施进行系统性考量的具体体现，即在客观把握法治实施与整体（法治体系）和组成整体的其他各要素（法律规范、法治监督、法治保障、党内法规体系等四个子体系）之间的内在关联性的基础上，从有利于发挥法治体系整体效应的角度出发，对法治实施的功能、目标、范围、构成、方式等作出基本定位。

第二，对法治实施本身进行体系化建构。法治实施体系是由执法体系、司法体系、守法体系等部分组成的一个有机的整体，“这三个子体系为实现法治总目标而协调运作及相互作用。”[②] 整体性是体系性的重要标志，它表明同属于一个整体的各要素之间，并非分散的互不关联的碎片，而是相互联系、相互支撑、相互影响、有机结合、内在统一的。正是在这个意义上，有学者指出，法治实施自身的整体性以及法治实施所形成法治的整体性，是习近平法治思想中法治实施的理论精髓。[③]

（二）在价值立场上，以社会公平正义为本位和目标

公平正义是一个亘古至今的话题，追求公平正义是法治的一个基本元素。不同的国家基于各自的国情特点、文化传统、制度样态和历史发展轨迹对“公平正义”存在差异性认识，从而导引出各不相同的法治道路和法治模式。

① 江必新、黄明慧：《习近平法治思想基本特征刍论》，载《中南大学学报（社会科学版）》2021 年第 1 期。

② 参见姜明安：《“建设高效法治实施体系”论坛发言节选》，载《法制日报》2015 年 3 月 4 日。

③ 关保英：《习近平法治思想中“法治实施理论”包含哪些深刻的法治精神》，载上观新闻，https：//www.jfdaily.com/staticsg/res/html/web/newsDetail.html?id=343510，最后访问时间：2021 年 4 月 30 日。

习近平法治实施理论以实现社会公平正义为价值引领，要求部署工作的出发点和落脚点都是出于这个考虑。习近平总书记指出："法治不仅要求完备的法律体系、完善的执法机制、普遍的法律遵守，更要求公平正义得到维护和实现。"①

习近平法治实施理论内在蕴含并外在体现为以社会公平正义为本位和目标的实质法治观，在法治实施的价值层面、制度层面、实践层面都有清晰表达。促进社会公平正义是我国法治的核心价值追求，全面依法治国，必须紧紧围绕保障和促进社会公平正义进行。我们的制度安排要更好地体现社会主义公平正义原则，要加快完善体现权利公平、机会公平、规则公平的法律制度，要用法治力量保障社会公平正义更好实现，要以更大的力度、更实的措施促进社会公平正义，努力让人民群众在每一项法律制度、每一个执法决定、每一宗司法案件中都感受到公平正义。党的十九届四中全会决定明确规定，健全社会公平正义法治保障制度。

可以说，追求和保障社会公平正义是习近平法治实施理论的精神内核。习近平总书记强调的是"社会公平正义观"，有着深刻的特有含义。（1）是社会主义的公平正义观，不同于资产阶级正义观。马克思、恩格斯、列宁更多强调实质公平、实质正义，批判了资产阶级形式公平、形式平等的正义观。（2）是马克思主义的公平正义观，不同于空想社会主义的正义观，也不同于社会民主主义的公平正义。马克思主义公平正义观阐述了一个很深刻的道理，即权利平等永远不能超出它所处的社会经济结构。也就是说，权利的要求、公平正义的要求，一定要跟社会经济发展的阶段相适应。这也正是习近平总书记一再强调的，开展具体工作必须与我国的社会经济发展水平相适应。（3）是融贯了中华民族精神的公平正义观。中华民族的传统文化素有"公天下"的思想，均贫富、等贵贱，含有朴素的平等思想。（4）是更全面更深层的公平正义。发展了法律面前人人平等理念，还包括起点平等、机会平等、各要素分配平等，平等参与、平等发展权利。（5）是"社会"的公平正义。不是某个阶级、群体或个人的公平正义，而是全社会的公平正义，是以人民为中心

① 中共中央文献研究室编：《习近平关于社会主义社会建设论述摘编》，中央文献出版社 2017 年版，第 30 页。

的公平正义，并特别强调法治对社会公平正义的保障。

（三）在治理理念上，将尊重人民主体性寓于法治实施的各个环节

尊重人民主体性也是习近平法治实施理论传递的一个核心理念，在其关于执法、司法、守法的观点中都有明显体现，特别是守法领域。尊重个人主体性是指在以人民为中心的基础上，充分尊重个人在法治建设中的主体性，而不是单纯作为执法司法对象存在。从个人角度而言，意即强化个人在法律上的主体意识。只有这样，人们才能发自内心地信仰和崇敬宪法法律，法律才能真正内化为人们的自觉行为准则，而不是成为外在羁绊。

我国公民在法治实施中的主体性缺失有一定的历史原因。在较长一段时间里，更多地处于被动的惯常性服从。在改革开放民主与法制建设重启之后，我们的观念里也一度认为，法律实施是国家立法后，公权力针对公民及其他社会主体执行或适用法律的过程，包括行政机关（执法）与司法机关（司法）。公民只是法律实施的启动者或者监督者，并非一种主体性的存在，这是建立在法律单向运作模式之上的一种思维。①显然，在现代民主法治国家，社会治理需要社会主体、民众更积极更广泛地参与，法治建设的一个核心任务就是法为民众所认同、信赖与实践。

习近平总书记关于法治实施的重要论述突破了以往法律实施中存在的观念局限，特别强调与注重提高公民在执法与司法过程中的参与度，并将全民守法明确纳入法治实施范围，②又将其与“科学立法、严格执法、公正司法”并提为法治中国建设的关键环节和重要任务，还就如何深入推进“全民守法”作了深刻阐述与全面部署，这些都充分体现了其对人民在法治实施过程中主体性地位的尊重。

（四）在实施范围上，将法治实施延伸至法治社会建设领域

将法治实施的范围延展至法治社会建设层面，是习近平法治思想中法治实施理论的一个突出理论贡献。在此前的法治理论与实践中，法律实施涉及

① 参见江必新：《严格依法办事：经由形式正义的实质法治观》，载《法学研究》2013年第6期。

② 《法治中国建设规划（2020—2025年）》第四部分提出，建设高效的法治实施体系，深入推进严格执法、公正司法、全民守法。可见，全民守法是形成高效法治实施体系的基础，同时也是高效法治实施体系建设的一项目标任务、推进途径和具体要求。

社会领域，也会考虑社会组织与公众在实施过程中的参与度，以实现和保障社会生活各方面的法治化、社会管理的法治化。但究其根本，仍是通过法律对社会进行管理，是政府的社会职能作用于处在社会之中的管理对象，实质仍属于国家维度的法治建设范畴。而在当前高度复杂与高速流变的现代社会，仅依赖国家公权力机关主控的“社会管理”外围模式，无疑已难以充分应对社会内部层出的各类矛盾和问题，也难以有效发挥法治对社会发展的促进和保障等积极作用。

习近平法治思想提出法治国家、法治政府、法治社会一体建设，指出法治社会是构筑法治国家的基础，这意味着法治社会建设是相对独立于国家的社会层面的建设内容，宣示了“法治社会”是法治中国一体建设中的重要一极，而不是仅仅作为“法治国家”中的一个方面而存在。“法治社会承认包括公权在内的多元治理力量和治理方式的有效性，并更加仰赖社会自治。”[①] 在法治社会维度，新的法治实施理论强调全民守法。习近平总书记指出，全民守法是法治社会的基础工程。[②] 因为全面依法治国需要全社会共同参与，全民法治观念、法治信仰，社会法治文化、法治环境对法治实施起着重要的基础性作用。

从习近平总书记诸多重要论述可以进一步得出，法治社会至少包含推进社会治理法治化、社会多元主体的广泛依法自治、全民自觉守法、权利依法维护、矛盾依法化解等基本要素。显然，这些要素都与法治实施密切相关，法治实施状况也直接影响法治社会建设进程；同时，法治实施也必须运用于法治社会之中，缺失法治社会维度的法治实施是不完整的。

总之，习近平法治思想中法治实施理论，是对法律实施的系统性升级，其含义更丰富、范围更广泛、逻辑更严密，更具有“社会适应性和内生进化力”，[③] 是一个更为包容和开放的先进的理论体系。

---

① 江必新、王红霞:《法治社会建设论纲》，载《中国社会科学》2014 年第 1 期。

② 习近平:《坚定不移走中国特色社会主义法治道路 为全面建设社会主义现代化国家提供有力法治保障》，载《求是》2021 年第 5 期。

③ 参见程关松:《当代法治实施模式及中国选择》，载《江西社会科学》2017 年第 1 期。

四、迈向高水平的法治实施

习近平法治思想是凝聚了我们党治国理政智慧和经验的最新法治理论成果，我们应当坚持以习近平法治思想为指导，提高法治实施水平，增强法治实施效能，努力投身法治中国建设。我们至少需要从以下七个方面付出实实在在的努力。

（一）不断完善法律规范体系

高效的法治实施，以科学完备的法律规范体系为前提。要加快完善中国特色社会主义法律体系，使之更加科学完备、统一权威。

1. 提高法律规范体系的可接受度

越是体现民意、符合国情的制度与法律，社会可接受程度就越高，也越容易得到实施，其立法目的也更容易实现。因而，“制度应当获得‘正当性’认同，从来源上是正当的且是得到人民实际认可的，且其本身是经得起道德论证的良善的制度”。[①]

2. 提升法律规范本身的可实施性、可操作性

不具有实施可行性、可操作性不强的法律规范无疑会加大实施成本，影响实施效率，甚至即使费尽苦心也难以得到有效实现。因而，立法应以利于善治为目标，要坚持问题导向，提高立法的针对性、及时性、系统性、可操作性；相应地，再从实施的角度来反观立法的质量，从而进一步完善法律规范。

3. 尽可能考虑法律规范自我实现的动力与能力[②]

“要在立法中构建法律实施的动力机制，注重利益导向，即在特定社会关系中利用社会关系本身的特质来寻求法律实施的动力。”[③]因而，在制定各类制度、法律及社会规范时，要充分考虑人民的根本利益诉求，并将国家法治目

---

① 参见江必新、黄明慧：《贯彻习近平法治思想建设高质量的制度体系》，载《法学论坛》2021年第1期。

② 参见江必新：《怎样建设中国特色社会主义法治体系》，载《光明日报》2014年11月1日。

③ 江必新：《贯彻习近平法治思想提升法治建设效能》，载《学习时报》2021年5月14日。

标和人民现实生活的法律权益结合起来。通过内在动力机制的设置，催生出外在推动力，从而使各方主体自觉遵守法律、适用法律、接受法律。

4. 增强各类规范之间的统一性、适配性

要格外注重制度的统筹推进和有效衔接，对于相同领域相关制度要统筹考量、同步规划、系统设计、整体推进，[①] 克服因不同制度、立法之间的冲突和摩擦而降低法律和制度的实施效能。

（二）加快更新法治实施观念

在法治实施中，法治观念起着重要的基础性作用，决定着法治实施成效，对全面依法治国具有重要的现实意义。法治观念是蕴藏在民众内心的对法治的认知，“是法治情感认同与法治思维习惯的融合”。[②] 法治建设需要全社会共同参与，只有全体人民信仰法治、厉行法治，国家和社会生活才能真正实现在法治轨道上运行。

我国是法治建设后起国家，是经由法律移植、国家建构而快速走上法治道路的国家，这种模式之下，民众法治观念、法治意识以及社会规则的成形往往相对滞后，这势必影响“法治产品”的提供。而现代化国家建设的新征程又急切需要法治发挥积极作用，没有时间等待全民法治观念漫长的自然进化。因此，要提高法治实施水平，确保宪法法律的有效实施，最紧要的是更新法治观念，增强法治信仰，培育法治思维，促进各类主体由被动地适用遵守制度规范转变为积极能动地实施法治。

1. 深入开展法治宣传教育，培养全民法治信仰

工作思路为：（1）加强普法的针对性和实效性，根据不同的群体安排实用的普法课程，特别加强青少年的法治教育，做到普法常态化。（2）重点引导群众通过法律程序、运用法律手段解决矛盾，逐步改变社会上那种遇事不是找法而是找人的现象，形成办事依法、遇事找法、解决问题用法、化解矛盾靠法的良好环境。要以执法司法的实际行动让老百姓相信法不容情、法不阿贵，只要是合理合法的诉求，就能通过法律程序得到合理合法的结果。

---

① 参见江必新：《迈向高水平法治实施建设高质量法治中国》，载江必新：《中国法治实施报告（2021）》，人民法院出版社 2021 年版，第 1~5 页。

② 汪习根：《让法治观念更加深入人心》，载《人民日报》2018 年 11 月 23 日。

（3）引导形成正确的规则观（严守法律规范、崇尚法律权威）、权利义务观（既依法维护合法权益，又自觉履行法定义务）、权力观（权力来源于权利，权力应当服务于权利，尊重、保障与促进权利的实现）等。法治观念的形成，除了靠法治宣传教育外，还靠制度约束和有效的法律惩戒。①

2. 培育社会主义法治文化

要注重培育人们的法律信仰、法治观念、规则意识，引导人们自觉履行法定义务、社会责任、家庭责任，营造全社会都讲法治、守法治的文化环境。实现路径为：（1）将社会主义核心价值观融入法治建设和社会治理，完善诚信建设长效机制，加大对公德失范、诚信缺失等行为惩处力度，形成良好的社会风尚和社会秩序。（2）加强道德建设，发挥德治的作用。以法治提升道德水准，以道德滋养法治精神。（3）开发多样的法治文化产品，丰富法治文化载体。

3. 更新领导干部的执法司法理念

领导干部是执法权、司法权等国家权力的具体行使者，同时又是普通民众的仿效对象，因而，强化与提高领导干部的法治观念尤为重要。领导干部要牢固树立宪法法律至上、法律面前人人平等、权由法定、权依法使等基本法治观念。习近平总书记进一步强调："领导干部心中无法、以言代法、以权压法是法治建设的大敌。各级领导干部必须强化法治意识，带头尊法学法守法用法，做制度执行的表率。"② 除此之外，领导干部应当树立服务行政、合作治理、公众参与等现代执法理念。

（三）科学创新行政执法方式

在现代行政法治理念之下，行政职能从传统的行政管制转向强调公共服务，强制性行政逐渐让位于参与式、协商式、合作式行政，这就要求在更新执法观念的同时，改进和创新执法方式。科学、合理、人性化的执法方式能提高民众对执法的可接受度，减少执法成本，提高执法效率，实现执法目的，从而更好地维护人民的权益。我们要认真贯彻落实习近平总书记提出的"要

---

① 刘作翔：《强化和提高规则意识是法律实施的关键》，载《人民法院报》2012 年 3 月 30 日。

② 习近平：《推进全面依法治国，发挥法治在国家治理体系和治理能力现代化中的积极作用》，载《求是》2020 年第 22 期。

让执法既有力度又有温度”[①]的实践要求，做到严格执法，同时又时刻秉持执法为民理念，不断改进和创新执法方式，切实提高法治实施水平。

1. 推行柔性执法方式

柔性执法是一种更注重沟通说理的平和理性的执法方式，它符合每一个个体都希望被他人尊重与平等对待的心理特点，能更好地体现民主、沟通与协商的法治理念。柔性执法并非降低执法的严格度，也绝不是和稀泥，是用更人性化、更易于让相对人自愿接受的方式来达到严格执法的要求。严格执法不是一板一眼的生硬执法，更不是粗暴执法。“现代执法越来越注重弱化执法方式的权力色彩，尽可能减少传统命令服从式的强制执法方式，积极采取指导、建议、商谈、合作、激励、警戒、劝诫等新的容易沟通的协商式柔性执法方式。”[②]此外，应当将柔性执法理念融入各项执法活动之中，比如在行政处罚、行政强制、行政命令等传统执法方式中，也要注重充分沟通说理、文明执法，多予劝诫、引导、批评教育等柔性方式，提高执法的说服性、文明度和可接受度。

2. 运用“数字法治”方式

当今时代，国家整体上向数字时代迈进，大数据与人工智能科技等飞速发展，有效提升了政府的治理能力。“科学技术对政府治理理念、制度或者方式的创新是全方位的。”[③]有学者认为，“造成法律实施困难的一个重要原因是制度运行环境中的信息成本高昂。当代信息和数据技术的发展和应用，将有望全面降低法律场景中与规范制定和执行有关的信息成本，由此显著地改善法律实施效果”。[④]国务院办公厅印发了《关于全面推行行政执法公示制度执法全过程记录制度重大执法决定法制审核制度的指导意见》，提出了行政执法三项制度建设的基本要求，明确了行政执法信息化、智能化的发展方向。要将大数据、智能科技等智慧治理方法运用于法治实施全过程，不断推进行政

---

① 习近平：《坚定不移走中国特色社会主义法治道路 为全面建设社会主义现代化国家提供有力法治保障》，载《求是》2021 年第 5 期。

② 周佑勇：《改进和创新疫情防控执法方式》，载《中国司法》2020 年第 3 期。

③ 彭中礼：《智慧法治：国家治理能力现代化的时代宣言》，载《法学论坛》2020 年第 3 期。

④ 戴昕、申欣旺：《规范如何“落地”——法律实施的未来与互联网平台治理的现实》，载《中国法律评论》2016 年第 4 期。

执法信息化建设，提高执法的智能度、规范度和便民度，以促进各主体间的沟通、互动与协作，提高执法效率。

3. 探索采用参与式、合作式执法方式

在条件允许的情况下，鼓励公众参与执法过程之中，一方面有利于公众监督执法，提高执法的公正度；另一方面，也体现了对人民主体性的充分尊重，公众参与意味着其有更为平等的机会能表达自己的诉求、能与行政机关协商与对话，从而也提高了执法的民主性，同时，在公众广泛参与之下形成的执法决定、措施等，也更容易落地生效。合作式执法方式，是基于合作行政的背景提出的。公私合作治理在我国行政法治实践中业已兴起，在一定程度上能减轻行政任务扩张与行政资源有限之间的紧张关系，有学者提出："在各个具体的行政领域（包括在传统的秩序行政领域）和行政活动的各个环节（包括执法环节）都能看到合作治理的身影。在有效履行行政任务的目标下可以引入辅助性原则和合作原则，在界限论和责任论的建构进路中引入国家保留和国家担保概念。"[①] 这种全新的合作行政模式涉及对我国传统行政法学理论与实践的突破，但我们依然可以在实践中作一些谨慎的有益的探索。

（四）切实提升司法能力水平

公平正义是法治的灵魂。在法治实施过程中，我们要全面坚持、深入贯彻习近平总书记落实公平正义的重要思想和基本要求，继续深化司法体制改革，深入推进公正司法，提高司法公信力。当前，人民群众对公平正义的期盼越来越高，对人民法院司法能力水平提出了新的更高要求，只有高水平的司法能力，才能真正推进公正司法。因而，要着力提升司法能力水平，切实满足人民群众司法需求，为服务党和国家事业发展大局提供有力司法服务和保障。

一是着力提升政治能力。要毫不动摇坚持党对人民法院工作的绝对领导，忠实履行宪法和法律赋予的职责，树立执法司法为民理念，为经济社会持续健康发展提供法治保障。提升防范化解风险能力，注重对复杂敏感案件的分析研判。二是着力提升审判执行能力，包括提高事实认定、法律适用、庭审

① 参见章志远：《迈向公私合作型行政法》，载《法学研究》2019 年第 2 期。

驾驭、文书写作、审判执行、信息化建设和运用等工作能力和水平等。尤其要注意，在新时代背景下，要遵循司法规律，把深化司法体制改革和现代科技应用结合起来，推动大数据、人工智能等科技创新成果同司法工作深度融合，提升运用现代科学技术的能力。三是提升综合业务能力，包括提升舆情应对能力、改革创新能力、推进社会治理现代化能力等。四是为培训与养成公正高效司法所必备的素质和能力完善配套机制，提供必要条件。落实公正司法，“不能仅仅盯着每一个进入诉讼程序的司法个案。法治实施需要个案的公正处理，更需要治理制度、规则的完善以及运行机制的科学”①。

（五）建立客观公正的评价体系

对法治实施进行评价是推动法治发展、检验法治成果的有效方式。“对于法治后发国家来说，建构型法治的推进更需要一个客观和量化的分析评价标准来衡量法治发展水平，校准法治建设的局部目标定位。”②因而，建立客观公正的评价体系至关重要。指标体系的设计是其关键因素，要突出指标的科学性、全面性、实效性、导向性等，③确保能客观真实反映法律实施的现状和水平。经过实践反复校验的评价指标体系实质上就是法治实施的具体标准。

1. 评价领域应涵盖行政执法、司法适用和社会治理④

（1）行政执法。严格执法是对行政主体执法的重点要求，此外还要考察规范执法、公正执法、文明执法程度以及行政效率。（2）司法适用。公正司法是司法活动的主要考察点，此外还要考察权威司法、廉洁司法、便民司法、智慧司法、高效司法、文明司法的程度。⑤（3）社会治理。主要从人性化、法治化、程序化、信息化等方面考察社会依法治理程度、社会矛盾化解、公共

---

① 张雪樵：《〈中国法治实施报告（2021）〉发布会上的评议演讲》，载“中国法治实施报告”微信公众号，2021年5月10日。

② 江必新、王红霞：《法治社会建设论纲》，载《中国社会科学》2014年第1期。

③ 详见江必新、程琥：《论良法善治原则在法治政府评估中的应用》，载《中外法学》2018年第6期。

④ 参见冯玉军：《法治中国：中西比较与道路模式》，北京师范大学出版社2017年版，第94页。

⑤ 参见江必新：《以改革促进审判制度的完善——兼论法院改革之初心、问题与路径》，载《中国应用法学》2020年第1期。

服务、公共安全、风险防控、政府社会协同治理等情况。①

2. 评价维度应包括权力制约监督、权利保障、社会秩序、法治信仰等内容

可作如下指标设置：权力制约监督通过职权法定、依法决策、廉洁、问责等指标来评价；权利保障通过私法权利（人身权、财产权、智力成果权等）及公法权利等基本权利的保障和落实情况来评价；社会秩序通过社会安全稳定、秩序、纠纷调解机制等情况来评价；法治信仰可通过对法治的信任度、认同度等来评价。

3. 效果检验应综合法律效果、政治效果、社会效果

这是贯彻习近平总书记在全国公安工作会议上提出的“努力实现最佳的法律效果、政治效果、社会效果”②的要求。政治与法律有着天然的联系，每一条法治道路下都有一种政治立场。“法律的制定是为了保障公民的福祉、国家的繁昌和人们的安宁而幸福的生活。”③因此，在评价法律实施的法律效果之外，还要综合考察政治效果和社会效果。政治效果可通过执政党领导地位的巩固、国家治理能力现代化的提升、社会秩序稳定状况等方面来评价。对社会效果至少有这些观测点：法律对社会的调整、规范与促进作用是否得到了实现，司法的运作过程及结果是否符合国情与现实情况，社会及当事人的满意度，能否推动社会的发展和进步等。④

4. 评价工作应由最高人民法院、最高人民检察院等联动推进

对法治实施状况的整体评估，涉及面广、难度大，要确保评价工作的客观公正及有序开展，必须由中央层面承担相关职能的国家机关联动推进，各方共同确定评价方法、审视指标体系、组织评估活动、督促评估结果的运用等。评估结果的科学运用是评价的目的所在和动力之源。对法律实施情况进行评估就是通过总结评估，及时发现问题和不足，进而进行修改与完善，因

① 参见江必新、王红霞：《国家治理现代化与社会治理》，中国法制出版社 2016 年版，第 10 页。

② 《习近平：坚持政治建警改革强警科技兴警从严治警 履行好党和人民赋予的新时代职责使命》，载《人民日报》2019 年 5 月 9 日。

③ ［古罗马］西塞罗：《论共和国论法律》，王焕生译，中国政法大学出版社 1997 年版，第 219 页。

④ 参见江必新：《在法律之内寻求社会效果》，载《中国法学》2009 年第 3 期。

而要注重评估结果的运用。

（六）强化法治实施的监督保障

为了保证法律的高效公正实施，还要强化对法治实施的监督。全国人大及其常委会和国家有关监督机关要担负起宪法和法律监督职责，加强对宪法和法律实施情况的监督检查，健全监督机制和程序，坚决纠正违宪违法行为。地方各级人大及其常委会要依法行使职权，保证宪法和法律在本行政区域内得到遵守和执行。[①]检察机关要积极参与、推动执法司法制约监督体系改革和建设，全面协调充分履行法律监督职能，捍卫宪法法律权威、维护社会公平正义。要切实加大对诉讼活动的法律监督力度，积极推动行政执法与刑事司法无缝对接，依法查办司法工作人员相关职务犯罪，要把加强司法制约监督落到实处。[②]

此外，还必须从政治、组织、队伍、人才、科技、信息、物质等多个方面加强法治保障，为法治高效实施提供强有力的支撑。还要特别注重发现影响法治实施的深层次问题，有针对性地进行程序设计、制度预防和机制阻隔，扫除有碍法治高效实施的阻力。在当前，人情、关系、金钱、权力等非法律因素的干扰以及暗箱操作给法治实施带来的不良影响仍然存在，应当持续进行整治。总之，只有全方位对法治实施进行监督和保障，才能实现法治实施体系的高效运行。

（七）在国家各领域建设中全面落实法治实施具体要求

习近平总书记特别强调要深化法治实践，提出全面依法治国要“围绕中国特色社会主义事业总体布局，体现推进各领域改革发展对提高法治水平的要求”，“适应推进国家治理体系和治理能力现代化要求”[③]。“要实现经济发展、政治清明、文化昌盛、社会公正、生态良好，就必须把全面依法治国坚持好、贯彻好、落实好。”[④]可见，法治实施不是笼统的，更不是抽象的，不能就法治论法治，应当全面融入国家经济、政治、文化、社会、生态文明、人类命运

---

① 习近平：《论坚持全面依法治国》，中央文献出版社 2020 年版，第 13 页。

② 张军：《坚持以习近平法治思想为引领 为书写法治中国建设新篇章贡献检察力量》，载《求是》2021 年第 5 期。

③ 习近平：《论坚持全面依法治国》，中央文献出版社 2020 年版，第 89 页。

④ 习近平：《论坚持全面依法治国》，中央文献出版社 2020 年版，第 195 页。

共同体等各项建设之中，为党和国家事业的蓬勃发展提供有力法治保障。

1. 保障和服务经济发展

（1）必须依法调控和治理经济。社会主义市场经济本质上是法治经济，要坚持法治思维，增强法治观念，不能简单依靠行政命令等方式来管理经济，不能用超越法律法规的手段和政策来抓企业、上项目推动发展，不能用陈旧的计划手段、强制手段完成收入任务。（2）完善社会主义基本经济法律制度，加强法治对市场经济的导向、支持和保障力度，营造各种所有制主体依法平等使用资源要素、公开公平公正参与竞争、同等受到法律保护的市场环境。（3）培养经济主体的公平竞争意识、产权保护意识等。（4）用法治来规范政府和市场的边界。充分发挥市场在资源配置中的决定性作用，更好发挥政府作用，改善营商环境，激发各类市场主体活力。

2. 保障和维护政治清明

（1）坚持总体国家安全观，完善集中统一、高效权威的国家安全领导体制，健全国家安全法律制度体系，坚持人民安全、政治安全、国家利益至上有机统一。（2）民主政治的发展需要法治的坚强保障，要用法治确保人民当家作主，落实公民参与国家和社会事务管理的权利，保障公民在国家政治生活中的权利。（3）依托法治全面从严治党，通过法治反腐保廉，保障党内的风清气正。（4）要坚持党对全面依法治国的领导，推进党的领导制度化、法治化，要运用法治思维和法治方式加强和改善党的领导。坚持领导立法、保证执法、支持司法、带头守法。

3. 保障和推进文化昌盛

（1）坚持马克思主义在意识形态领域指导地位的根本制度，坚持以社会主义核心价值观引领文化建设制度，推动理想信念教育常态化、制度化，把社会主义核心价值观要求融入法治建设和社会治理。（2）健全人民文化权益保障制度。（3）为文化建设提供法治化的促进与保障，建设社会主义法治文化，保障文化繁荣。

4. 保障和促进社会公正

（1）促进社会治理法治化。完善社会规范体系，健全社会服务和社会保障法律制度，坚持和发展新时代“枫桥经验”等社会纠纷多元化解机制，畅通和规范群众诉求表达、利益协调、权益保障通道。（2）构建基层社会治理新格局。完善群众参与基层社会治理的制度化渠道，健全党组织领导的自治、法治、德治相结合的城乡基层治理体系。（3）创新社会治理方式，提升维护社会公平正义能力，保障社会安全和谐稳定。

5. 保障和促进生态良好

（1）实行最严格的生态环境保护制度。健全源头预防、过程控制、损害赔偿、责任追究的生态环境保护体系。完善生态环境保护法律体系和执法司法制度。完善环境保护公众参与制度。（2）严明生态环境保护责任制度。完善生态环境公益诉讼制度，落实生态补偿和生态环境损害赔偿制度，实行生态环境损害责任终身追究制。加大行政机关、司法机关在生态保护过程中的执法司法力度。要用最严格的制度、最严密的法治保护生态环境，以法治理念、法治方式推动生态文明建设。

6. 参与和推动构建人类命运共同体

（1）加快涉外法治工作战略布局，坚持统筹推进国内法治和涉外法治。建立涉外工作法务制度，提高涉外工作法治化水平。（2）积极参与全球治理体系改革和建设，推动构建人类命运共同体。主动参与并努力引领国际规则制定，推动形成公正合理透明的国际规则体系。

◉ 第二章 ◉

法治实施需要把握的若干重大关系

“四个全面”是党的十八大以来，以习近平同志为核心的党中央从坚持和发展中国特色社会主义全局出发，提出并形成的治国理政战略布局。它是马克思主义与中国具体实际相结合、与中华优秀传统文化相结合的新飞跃，是马克思主义中国化的最新成果，是我们党治国理政方略与时俱进的行动纲领。“四个全面”战略布局为中国的法治实施指明了新方向、提出了新要求，是法治中国建设的一座全新的里程碑。为此，有必要厘清“四个全面”背景下法治实施的基本问题，凝聚各方共识和智慧。笔者认为，当前我国法治实施，应统筹把握以下十对关系。

一、既要关注合法性，又要关注合目的性与合正义性

法律红线不可逾越、法律底线不可触碰。依法施治是宪法法律的基本要求，是人民意志得以体现的前提，也是全面依法治国的应有之义。同时，法治实施也应当具有合目的性与合正义性。当前和今后一个时期的法治实施要有助于实现“两个一百年”奋斗目标、中华民族伟大复兴的中国梦。要服从、

服务于这个最大的大局。公平正义是法治的生命线，是党治国理政的一贯主张，也是社会主义社会的核心价值，社会主义法治实施必须具有合正义性。法治实践中，党和国家在宪法法律划定的红线内依法施治的同时，也应尽可能体现合目的性的要求，做到统筹、协调立法，避免机械执法、司法。同样，在法治实施的过程中，既要追求正义，又要引导全社会在法律之内寻求正义；既要防止过于机械的法条正义，更要警惕具有暴力倾向的“丛林法规”。

二、既要坚持规则治理，又要强调良法善治

要实现法治的全面性、系统性，规则治理尤为重要。全面依法治国，建设法治中国，党和国家应在法治实施中坚持规则治理，有法必依、执法必严，通过合规守则的执法、司法，引领全社会形成对规则和秩序的尊重。但规则治理并非法治的最终目标，“良法善治”亦是法治的应有内涵。法律是治国之重器，良法是善治之前提。习近平总书记指出，越是强调法治，越是要提高立法的质量。[①] 作为上层建筑，规则本身的良莠高下，在很大程度上决定着法治实施的效果和速度。法治实施中，应当继续坚持完善立法体制，坚持科学立法、民主立法，加强重点领域立法，坚持立改废释并举。失去科学立法，严格执法、公正司法便失去了意义；没有严格执法、公正司法，全民守法更无从谈起。唯有在坚持规则治理的同时强调良法善治，才能在全社会实现规则与行动的协同共振，实现全民守法的人心之治。

三、既要坚持形式正义，又要重视实质正义

建设法治中国，就要让每个人都感受到公平正义。对于社会正义，从其侧重追求的价值不同，可以分为形式正义与实质正义。形式正义要求法治实施中的国家权力合法依规、及时高效、程序正当、外观中立，实质正义则要求法治实施努力达到个别公正、权利义务统一、符合理性评价的结果。法治

① 习近平:《论坚持全面依法治国》，中央文献出版社 2020 年版，第 20 页。

的实现是形式正义与实质正义的双重实现，二者不可偏废。实现法治，必须活动于宪法法律划定的范围内，必须满足形式正义的要求；但如果形式正义脱离了实质正义，也会丧失其价值、失去其根基。一定程度上，形式正义是手段，实质正义是目的。从社会宏观角度，追求实质正义的目的，必须依赖形式正义的手段；从个别微观角度，形式正义又应当服从实质正义的目的并保障后者的最终实现。形式正义与实质正义在一定条件下可以互相转化，二者应辩证地统一于法治实施的过程中。

四、既要坚持依法推进改革、发展与稳定，又要求立法和司法主动适应改革、发展与稳定的需要

“四个全面”战略布局中，全面依法治国为全面深化改革提供稳定性、规范性，并为社会发展提供基本动力和保障。习近平总书记指出，凡属重大改革都要于法有据。[①] 这为现阶段的法治实施从两个角度提出了要求：要求推动改革、谋求发展、促进稳定在宪法法律框架内进行；同时，要求立法和司法主动引领和适应改革、发展、稳定的需要。改革、发展、稳定始终要以法治为框架、用法治作支撑、由法治来贯穿。当前，我国已全面建成小康社会，正向全面建成社会主义现代化强国的第二个百年奋斗目标迈进，我们面临的改革发展稳定任务繁重但可循先例少。这就要求我们在继续依法施治的同时，也要认识到法律的局限性和滞后性；要求我们走出一条立法先行、依法改革的新路来，走出一条顺应发展的新路来。在法治实施过程中，要统筹兼顾法治与改革发展、法治与稳定的关系，协调“车之双轮”可持续地滚滚向前。

五、既要以法治思维为底线，又要有政治思维、经济思维

“四个全面”以马克思主义的辩证唯物主义和历史唯物主义为哲学基础，既要解决经济基础的问题，又要解决上层建筑的问题，力求全面统筹社会建

① 《习近平：把抓落实作为推进改革工作的重点 真抓实干蹄疾步稳务求实效》，载《人民日报》2014年3月1日。

设的各方面工作。这就要求法治实施不仅要继续坚持法治思维这一底线思维，也要牢固树立政治思维和经济思维，既不能忘记讲政治，又不能放弃抓经济。社会主义法治必须旗帜鲜明地坚持社会主义政治立场，自觉运用社会主义政治思维。要坚持党的领导，将党的领导贯彻到依法治国的各个方面；要坚持中国特色社会主义，坚定不移地走中国特色社会主义法治道路；坚持人民主体地位，充分体现和保障人民性这一“四个全面”鲜明的理论特征和基本价值取向。在法治实施中注重经济思维，既是从实际出发、实干兴邦的务实思维，又是以依法施治确保现代化建设有序进行的目标思维。

六、既要坚持发展是第一要务，又要坚持依法办事是基本遵循

全面建成小康社会，从根本上说是发展问题。因而在法治实施中，必须坚持把发展作为党执政兴国的第一要务。同时，谋求社会经济发展、推动社会全面进步，又必须时刻遵循依法办事的底线和原则。要正确认识和处理好谋求发展和依法办事的辩证关系。尊重法律、厉行法治，是必须把握好的施治之要。要以法治实施保障发展、促进发展。既不能因循守旧、故步自封，辜负人民群众对社会发展、生活幸福的热切期望，也不能以言代法、以权压法，偏离依法治国、依法执政的正确道路。

七、既要保护公民、法人和其他组织的私法权利，又要保护其公法权益

法治的基本功能是保障权利。在现阶段，不单要坚持保障个体的人身权、财产权等私法权利，更要注重保障个体享有更多更切实的民主权利，尤其是赋予人民知情权、参与权、表达权、监督权等公法上的权利，并畅通和规范群众诉求表达、利益协调、权益保障渠道。在保障公民、法人和其他组织合法权利方面，要注意既保护实体权利，又保护程序权利。保护实体权利以追求实体公正为价值取向，程序权利的首要价值则是保障实体权利的实现。同时须看到，程序权利在实现定分止争、提升法治效率、树立法治权威方面亦

有其独立的价值。实践中，务必警惕以保护实体权利为名而行漠视程序权利之实的现象。

八、既要抓住“关键少数”，又要采取有效措施促进全民守法

全面推进依法治国、建设法治中国，必然要求在全社会牢固树立宪法和法律的权威，让广大人民群众充分相信法律、自觉运用法律。采取有效措施促进全民守法是应有之义。习近平总书记指出，党政主要负责人要履行推进法治建设第一责任人职责。[①]全面推进依法治国，不仅是一场治理革命，而且是一次触及领导干部灵魂的思想革命。公权力机关要率先垂范、尊法守法。尤其要抓住领导干部这个“关键少数”，抓住全面依法治国的“牛鼻子”。个别领导干部“乱作为”“不作为”，使部分社会成员缺乏守法依规行事的正面预期，出现钻制度空子、趟法律雷区、信访不信法等非正常社会现象。领导干部务必牢固树立法律规则意识、形成法律思维习惯，带头在全社会营造“办事依法、遇事找法、解决问题用法、化解矛盾靠法”的良好法治环境。

九、既要确保法律实现，又要完善各项法律设施，为法治实施提供必要的物质保障

“四个全面”战略布局中的法治实施，不但要完善法律制度、健全法治运行的体制机制，还要为实现法治持续提供必要的物质保障。一方面，物质是发展的目标和对象，法治是发展的重要保障。另一方面，法治实施需要物质保障，物质发展水平制约法治实施。申言之，必须坚持把服务法治大局作为完善法律设施的首要任务，必须把改革创新作为加强物质保障的强大动力，必须把建设高素质法治专门队伍、完善法律职业保障体系作为提供物质保障的核心和根本。要建立形成结构完整、机制健全、资源充分的物质保障系统，从根本上保证法治实施的顺利运行。

---

① 《习近平：领导干部要做尊法学法守法用法的模范 带动全党全国共同全面推进依法治国》，载《人民日报》2015年2月3日。

十、既要坚持党的领导，又要全面从严治党和改善党的领导

协调推进“四个全面”，最根本的是坚持党的领导毫不动摇。党的领导是中国特色社会主义最本质的特征，是社会主义法治最根本的保证。我国的国体和政体，决定了我国的法治实施必须接受党的领导。不但要坚持而且要加强党的领导，要把党的领导科学、有效贯彻到依法治国的全过程和各方面。习近平总书记指出，我们党要履行好执政兴国的重大职责，必须依据党章从严治党、依据宪法治国理政。[①]要坚持推动全面从严治党从中央向基层延伸，提高党的执政能力，推动法治实施进程。坚持不懈反“四风”，“老虎”“苍蝇”一起打，全面从严治党又通过法治实施得以保障。在法治实施过程中，党不断改进和完善自身领导方式，提升执政能力水平，及时回应群众关切，引领社会治理方向；不断自我净化、自我完善、自我革新、自我提高，为法治实施提供不竭动力。

① 《习近平关于〈中共中央关于全面推进依法治国若干重大问题的决定〉的说明》，载《人民日报》2014 年 10 月 29 日。

◉ 第三章 ◉

不断提升人民群众在法治实施中的获得感

高效法治实施体系的建设，是一个长期的系统工程，也是中国特色社会主义法治体系建设的攻坚工程。社会主义法治体系的生命力在于法治全系统的持续有效运行、严格高效实施。高效的法治实施体系，就是要使法律能得到全面、准确的贯彻，在理念和行动上做到严格执法、公正司法和全民守法，做到依法执政、落实宪法实施、形成有效的实施反馈，让法治高效运行，推动实现整个法治系统的自我优化和良性循环。社会主义法治建设以促进社会公平正义为核心价值追求，以保障人民安居乐业为根本目标，法治为民是中国特色社会主义法治的重要价值。法治建设为了人民、法治发展依靠人民、法治红利由人民共享。法治对人民期待的回应程度、对人民需求的满足程度是衡量法治建设水平的重要指标。随着中国特色社会主义法治实施体系建设的加快推进，硬件建设的显著提升，下一阶段法治深化的着力重心、检验法治质效的第一标准，就是依法治国是否以及多大程度地增强了人民群众在法治建设中的获得感。有鉴于此，应当从如下十个方面全面提升人民群众对法治建设的获得感。

一、全面强化法治建设，增强人民群众公正感

习近平总书记指出，“必须牢牢把握社会公平正义这一法治价值追求，努力让人民群众在每一项法律制度、每一个执法决定、每一宗司法案件中都感受到公平正义。”[①]公平正义是法治的灵魂。在执法、司法中要全面坚持公平正义的基本要求。要进一步完善执法、司法的体制和机制，确保执法、司法权有效行使，强化对执法、司法权的有效监督，排除权力、人情、关系和利益对执法、司法的干扰，有效防止执法、司法人员被相对人、当事人围猎的现象，建立严格而科学的执法、司法问责、追责机制，防止执法、司法权的滥用、误用和怠用。要特别重视发挥司法公正对社会公正的引领作用，努力让人民群众在每一个司法案件中感受到公平正义；要加快完善体现权利公平、机会公平、规则公平的法律制度；要更加重视清除市场壁垒，促进资源配置公平，促进公平竞争；要努力拓展完善和落实更加公平可持续的社会保障制度，消除相对剥夺感。

二、切实改善社会治安、行业监管，增强人民群众安全感

要通过法律的严格实施，使人权得到切实保障，产权得到有效保护。要完善对维护群众切身利益具有重大作用的制度，强化法律在化解矛盾中的权威地位，建立健全畅通有序的诉求表达、矛盾调处、权益保障、心理干预机制，优化和拓展救济渠道，解决好人民群众最关心最直接最现实的利益问题，使人民群众由衷地感到权益受到了公平对待、利益得到了有效维护。要重视完善法律援助制度，扩大援助范围，健全司法救助体系，保证人民群众在遇到法律问题或者权利受到侵害时获得及时救济，减轻转型阶段人们的焦虑和不安。

---

① 习近平：《论坚持全面依法治国》，中央文献出版社 2020 年版，第 229 页。

三、简政放权、优化服务，增强人民群众方便感

习近平总书记指出，要创新基层管理体制机制，整合优化县乡公共服务和行政审批职责，打造“一门式办理”“一站式服务”的综合便民服务平台。[①]要进一步完善各类制度，保证人民依法享有广泛的权利和自由、承担应尽的义务。进一步优化制度实施机制，充分运用各种资源、各类技术手段，使其在符合法治理念的前提下更加便民、快捷、有效。通过加快建设严格执法、公正司法、全面守法的法治实施体系，推动社会各领域秩序的快速形成，从而使人民群众获得更大的自由和发展空间。

四、加快建设法治政府，增强人民群众信任感

习近平总书记指出，法治政府建设是全面依法治国的重点任务和主体工程。[②]要努力加强对公权力的科学管理。以规范和约束公权力为重点，加大监督力度，做到有权必有责、用权受监督、违法必追究，坚决纠正有法不依、执法不严、违法不究行为。各级政府创新执法体制，完善执法程序，推进综合执法，严格执法责任，建立权责统一、权威高效的依法行政体制；加快建设职能科学、权责法定、执法严明、公开公正、廉洁高效、守法诚信的法治政府；严格规范公正文明执法，规范运用自由裁量权。切实增强人民群众对法治和公权力规范运行的可预期性和可信赖感，增进国家治理的公信力和社会生活的安定性，巩固依法治国的社会基础。

---

① 中共中央党史和文献研究院编：《习近平关于“三农”工作论述摘编》，中央文献出版社 2019 年版，第 136 页。

② 《高举中国特色社会主义伟大旗帜 为全面建设社会主义现代化国家而团结奋斗》，载《人民日报》2022 年 10 月 26 日。

五、促进执法规范化，保障人民群众受尊重感

习近平总书记指出，要深化行政执法体制改革，推进执法规范化建设，着力解决执法不严格、不规范、不文明、不透明等问题。[①] 尊重和保障公民基本政治权利、人身权、财产权等各项权利。要进一步优化信息公开，保障人民群众知情权；尊重人民诉求和意见的表达，虚心接受、认真聆听群众建议。规范执法言行，充分考虑执法对象、司法当事人的切身感受，敏锐把握社会心态和群众情绪，优化法律实施措施和手段，倡导人性化执法、柔性执法、阳光执法，进一步探索执法司法便民利民机制，全面提升人民群众受尊重感。

六、优化政府职能，增强人民群众受益感

要用法律和制度遏制一些政府部门不当干预经济的惯性和冲动，解决好政府职能越位、缺位、错位的问题。紧紧围绕保障和改善民生，服务改革、促进发展，更好发挥政府作用。保障公民经济、文化、社会等各方面权利得到落实。全面加强基层和地方法治实施，让法律的效力、法治的红利"一竿子插到底"，让百姓在生活中切实感受到法治的进步并受惠其中。提高公共法律服务均等化与普惠性水平，让所有人在法治的发展中受益。

七、保障和促进个体发展，增强人民群众成就感

法治是发展的保障。坚持以人民为中心的发展思想，把增进人民福祉、促进人的全面发展作为发展的出发点和落脚点。制定、调整、贯彻各类制度，推动大众创业万众创新，为个体发展开辟渠道；保障人民平等参与、平等发展；实现好、维护好人民的增量利益。促进实现发展的根本目的、激活推动发展的根本力量。让社会成员在法治的保障下有所作为，以法治的力量撬动

① 习近平：《论坚持全面依法治国》，中央文献出版社 2020 年版，第 233~234 页。

人民投身发展、实现自我的积极性、主动性、创造性。

八、开拓渠道、探索机制，增强人民群众参与感

习近平总书记指出，法治建设需要全社会共同参与。[①]要充分调动人民群众投身依法治国实践的积极性和主动性，开拓各种渠道、探索有效机制，方便人民群众参与法治实施，构筑法治建设的强大合力。尊重和保障人民群众在治国理政活动中的主体地位和政治权利，以公民权利制约权力，进一步拓展监督，防止权力失控、决策失误、行为失范。积极组织人民群众以自己的方式、用自己的优势宣传法治理念，传播法律知识。发掘有效方式鼓励人民群众参与社会治安防范、社会纠纷调处，优化社会治理。鼓励人民群众建言献策，贡献智识，共同为法治中国大业贡献力量。

九、创造法治氛围，增强人民群众认同感

好的法律必须转化为人们内心自觉才能真正为人们所遵行。高质量的法律实施依靠人民发自内心的拥护，需要人民对法治的真诚信仰。让群众感受到法治建设是为了人民、依靠人民、造福人民，以保障人民根本权益为出发点。要深入开展法治宣传教育，在全社会弘扬社会主义法治精神，传播法律知识，培养法律意识，在全社会形成宪法至上、守法光荣的良好氛围。要强化法治传播，规范媒体报道，使社会上大多数人认同法治道路，相信法律能够解决问题，改变靠找门路、托关系，甚至聚众闹事等极端行为解决问题的做法。要通过各种途径营造法治氛围，弘扬法治精神，增强法治意识，使全体人民都成为社会主义法治的忠实崇尚者、自觉遵守者、坚定捍卫者，使尊法、学法、守法、用法成为全体人民的共同追求。

① 习近平:《推进全面依法治国，发挥法治在国家治理体系和治理能力现代化中的积极作用》，载《求是》2020 年第 22 期。

十、迈向良法善治的法治强国，增强人民群众归属感

释放依法治国的凝聚力、感召力，释放中国特色社会主义法治的优越性。发挥好道德的教化作用，必须以道德滋养法治精神、强化道德对法治文化的支撑作用。大力弘扬社会主义核心价值观，弘扬中华传统美德，培育社会公德、职业道德、家庭美德、个人品德，提高全民族思想道德水平，为依法治国创造良好人文环境。通过良法善施促进社会合作，使全社会呈现团结、和谐、欣欣向荣的良善局面。

◉ 第四章 ◉

不断拓展宪法实施的路径

宪法实施是指宪法规定的制度及其蕴含的价值和精神得以具体化和现实化，从而使宪法理念和宪法制度在国家和社会生活中发挥应有的作用。我国现行宪法，是根据党的十一届三中全会的路线方针政策，适应改革开放和社会主义现代化建设历史新时期的需要，于 1982 年 12 月 4 日由第五届全国人民代表大会第五次会议通过的。现行宪法公布施行后，根据我国改革开放和社会主义现代化建设的实践和发展，在党中央领导下，全国人大分别于 1988 年、1993 年、1999 年、2004 年和 2018 年，先后 5 次对 1982 年《宪法》的个别条款和部分内容作出必要的也是十分重要的修正，先后通过 52 条修正案。2018 年 3 月，全国人大通过了《宪法修正案》，把党和人民在实践中取得的重大理论创新、实践创新、制度创新成果通过国家根本法确认下来，确立了习近平新时代中国特色社会主义思想在国家政治和社会生活中的指导地位，完善了依法治国和宪法实施举措，充实了坚持和加强中国共产党全面领导的内容，调整了国家主席任职方面的规定，增加了有关监察委员会的各项规定，为新时代坚持和发展中国特色社会主义提供有力宪法保障。宪法的生命在于实施，宪法的权威也在于实施。习近平总书记多次强调，全面贯彻实施宪法是全面依法治国、建设社会主义法治国家的首要任务和基础性工作。[①] 全面推进依法治国，加快建设社会主义法治国家，必须全面贯彻实施宪法。

一、宪法实施的基本遵循

宪法作为国家的根本法，在党和国家事业中发挥着极为重要的、独特的作用。党的十八大以来，以习近平同志为核心的党中央把宪法摆在全面依法治国十分突出的位置，围绕宪法阐明一系列重大论断，作出一系列重大部署，推进一系列重大工作。习近平总书记关于宪法的重要论述，为新时代全面依法治国、依宪治国，加强宪法实施，指明了前进方向、提供了根本遵循。

（一）坚持党的领导

办好中国的事情，关键在党。推动宪法全面有效实施，关键也在党。党的领导是全面推进依法治国、加快建设社会主义法治国家最根本的保证。习近平总书记指出："我们党高度重视发挥宪法在治国理政中的重要作用，坚定维护宪法尊严和权威，推动宪法完善和发展，这是我国宪法保持生机活力的根本原因所在。"[②] 我国《宪法》在关于国家根本制度的条文中规定"中国共产党领导是中国特色社会主义最本质的特征"，确认了党在国家政权结构中总揽全局、协调各方的领导核心地位。坚持和加强党的全面领导，是宪法的明确要求，也是宪法实施的重要内容，更是宪法实施的根本保证。加强宪法实施，就是要落实宪法确立的"中国共产党领导是中国特色社会主义最本质的特征"这一重要原则，坚持党对一切工作的领导，坚定维护以习近平同志为核心的党中央权威和集中统一领导，把党和国家的中心工作、基本原则、重大方针、重要政策落实到国家运行机制和各项具体制度中，确保党的领导核心作用得以发挥，确保党和人民意志得以体现，确保党和人民利益得以实现。

（二）坚持以人民为中心

坚持以人民为中心是习近平法治思想的重要内涵。习近平总书记在中央全面依法治国工作会议上指出："要把体现人民利益、反映人民愿望、维护人

① 习近平：《论坚持全面依法治国》，中央文献出版社 2020 年版，第 196 页。
② 习近平：《论坚持全面依法治国》，中央文献出版社 2020 年版，第 213 页。

民权益、增进人民福祉落实到全面依法治国各领域全过程。推进全面依法治国，根本目的是依法保障人民权益。要积极回应人民群众新要求新期待，系统研究谋划和解决法治领域人民群众反映强烈的突出问题，不断增强人民群众获得感、幸福感、安全感，用法治保障人民安居乐业。”[①] 中国特色社会主义进入新时代，我国社会的主要矛盾已经转化为人民日益增长的美好生活需要和不平衡不充分的发展之间的矛盾，人民群众对美好生活的向往逐渐向民主、法治、公平、正义、安全、环境等方面拓展。这对坚持和完善人民代表大会制度、建设社会主义法治国家都提出了新要求。全面贯彻实施宪法，必须坚持人民主体地位，保障实现人民当家作主，切实维护公民的基本权利，把人民对美好生活的向往作为奋斗目标，努力实现最广大人民的根本利益。只有保证人民依法享有广泛的权利和自由，维护最广大人民根本利益，实现人民群众对美好生活的向往和追求，宪法才能深入人心，走入人民群众，宪法实施才能真正成为全体人民的自觉行动。

（三）坚持走中国特色社会主义道路

习近平总书记指出：“中国特色社会主义法治道路本质上是中国特色社会主义道路在法治领域的具体体现。”[②] 走什么样的法治道路，是由一个国家的基本国情决定的。中国特色社会主义法治道路是最适合中国国情的法治道路，其核心要义包括坚持党的领导，坚持中国特色社会主义制度，坚持中国特色社会主义法治理论以及坚持从中国实际出发，走中国自己的发展道路，不能照搬照抄西方。坚持走中国特色社会主义法治道路是直面中国问题、解决中国问题，从我国革命、建设、改革实践中探索符合自身国情之路的必然选择。全面贯彻实施宪法，是全面依法治国、建设社会主义法治国家的首要任务和基础性工作，必须坚持走中国特色社会主义法治道路，坚决抵制和反对鼓吹西方“宪政”概念及其模式的错误观点，使宪法实施始终保持正确的政治方向。

---

① 习近平：《论坚持全面依法治国》，中央文献出版社 2020 年版，第 2 页。

② 《习近平在中央全面依法治国工作会议上强调 坚定不移走中国特色社会主义法治道路 为全面建设社会主义现代化国家提供有力法治保障》，载《人民日报》2020 年 11 月 18 日。

二、宪法实施的特点和经验

西方国家的宪法实施建立在“分权学说”基础之上，奉行三权分立的权力结构模式，国家权力一般被分为立法权、行政权和司法权，三者是平行的权力，既相互分立，又相互制衡。分权学说的背后所代表的仍然是资产阶级的利益。我国的宪法实施建立在“马克思主义国家学说”和“人民主权论”基础之上，强调国家的一切权力属于人民，人民是国家的主人。我国的宪法实施遵循坚持党的领导、以人民为中心、坚持中国特色社会主义道路等基本原则。党的十八大以来，在以习近平同志为核心的党中央领导下，我国的宪法实施取得了显著成效和重要进展。

（一）宪法实施的特点

我国宪法实施的特点是多渠道、多方式、多主体、多层次。宪法的实施不能只通过一种渠道、采用一种方式，而是必须通过多种渠道、采用多种方式。通过建立健全法律法规和制度体系，推动和保障宪法实施，是我国宪法实施的基本途径。宪法是国家法律法规和各种制度的总依据，具有最高的法律地位、法律权威、法律效力。因而，宪法经常被称为“母法”，是法律法规和制度体系的源头、统领和统帅。加强立法工作，提高立法质量，形成完备的法律规范体系，是宪法实施的必然要求，也是宪法实施的主要渠道和方式。除了通过建立健全法律法规和制度体系予以实施外，宪法实施还可以通过发展国家各项事业、推进国家各方面工作而得到充分、有效实施。另外，宪法中有一些规定具有直接适用的性质，不必通过其他渠道和方式实施。对于宪法法律没有明确规定的事项，必要时，根据宪法精神，可以采取创制性办法，及时妥善处理实践中遇到的没有规定、没有先例的新情况、新问题。

我国的宪法实施还具有多主体、多层次的特点。全体公民、所有的国家机关、社会组织都是宪法实施主体。宪法实施涉及国家政治、经济、文化、社会生活的方方面面，牵涉公民、国家机关、社会组织的一切活动。宪法是国家的根本大法，它的实施需要由具体的法律制度予以保证。这种以宪法为“纲”，以各部门法为“目”的多层次、立体化的法规系统功能的实现，就是宪法实施的主要方面。另外，我国的立法、行政、司法活动都是依据宪法法律分层次进行的，只要这些不同层次、不同层级的国家机关依法各司其职，宪法实施也就得到了有力保障。

（二）宪法实施的经验

经过长期坚持不懈的共同努力，我国的宪法实施水平不断提高，我国宪法实施的经验主要体现在以下几个方面：

1. 通过强化执政党依宪执政、依宪治国确保宪法实施

我国宪法确认了中国共产党的执政地位，确认了党在国家政权结构中的总揽全局、协调各方的核心地位。宪法是中国共产党长期执政的根本法律依据。党领导人民制定宪法法律，领导人民实施宪法法律，党自身必须在宪法法律范围内活动。坚持依法治国首先要坚持依宪治国，坚持依法执政首先要坚持依宪执政。

2. 通过制定法律法规落实宪法制度确保宪法实施

近年来，全国人大及其常委会通过修改全国人大组织法、全国人大议事规则，进一步完善全国人大的组织制度和工作制度。通过作出有关特赦的决定，实施宪法规定的特赦制度。制定国家勋章和国家荣誉称号法，落实宪法规定的国家功勋荣誉表彰制度。制定英雄烈士保护法，以国家立法的形式维护英雄烈士尊严和合法权益。修改国旗法、国徽法，更好维护国家形象、弘扬爱国主义精神，让捍卫国旗和国徽的尊严成为人们的自觉行动。作出关于国家监察委员会制定监察法规的决定，制定监察法，保障各级监察机关更好地履行职责。作出关于加强国有资产管理情况监督的决定，为全国人大常委会履行国有资产监督职能，推进国有资产治理体系和治理能力现代化提供制度保障。

作出关于建立健全香港特别行政区维护国家安全的法律制度和执行机制的决定，通过香港特别行政区维护国家安全法，依法维护国家主权、安全、发展利益和香港长期繁荣稳定，扭转了香港在国家安全领域长期“不设防”的严峻局面。作出关于香港立法会议员资格问题的决定。作出关于完善香港特别行政区选举制度的决定，确保以爱国者为主体的“港人治港”，维护香港特别行政区宪制秩序、法治秩序。

3. 通过在全国人民代表大会设立宪法和法律委员会，履行宪法监督和合宪性审查职责，确保宪法实施

宪法和法律委员会是全国人民代表大会的专门委员会，主要负责统一审议列入全国人大和全国人大常委会会议议程的法律案。2018 年 3 月，第十三届全国人大一次会议审议通过《宪法修正案》，将《宪法》第 70 条第 1 款中的“法律委员会”修改为“宪法和法律委员会”。2018 年 6 月，第十三届全国人大常委会第三次会议审议通过了《关于全国人民代表大会宪法和法律委员会职责问题的决定》，明确规定全国人大宪法和法律委员会在继续承担统一审议法律草案工作的基础上，增加推动宪法实施、开展宪法解释、推进合宪性审查、加强宪法监督、配合宪法宣传等职责。

4. 通过加强规范性文件的备案审查工作确保宪法实施

规范性文件备案审查是具有中国特色的宪法监督制度，是保障宪法法律实施、保护公民合法权益、维护国家法治统一的重要制度设计，是全国人大常委会履行宪法监督职权的重要方式。根据立法法、监督法等法律的规定，各有关国家机关制定的行政法规、监察法规、地方性法规、自治条例和单行条例、经济特区法规和司法解释，应当自公布之日起 30 日内通过备案审查信息平台报送全国人大常委会备案。全国人大常委会对报送备案的法规、司法解释进行合宪性、合法性、适当性等方面的审查，对与宪法、法律相抵触的法规、司法解释有权予以撤销、纠正。根据法律规定，任何公民、组织认为法规、司法解释存在与宪法、法律相抵触的问题，都可以向全国人大常委会提出审查建议。党的十八大以来，全国人大常委会共收到公民、组织提出的各类审查建议 14000 余件。① 全国人大常委会有关工作机构对收到的每一件审查建议都认真进行研究处理。

例如，根据众多公民提出的审查建议，纠正了地方性法规中将具有本地户籍作为出租车、网约车司机就业条件的规定；推动最高人民法院修改完善婚姻法司法解释中关于夫妻共同债务的规定，有效保护夫妻关系中另一方当事人的合法权益；2021 年组织开展了涉及长江流域保护的法规、规章、规范

① 《加强宪法实施监督 推进备案审查工作》，载“全国人大”微信公众号，2022 年 7 月 11 日。

性文件专项清理工作，清理发现需要修改或者废止的规范性文件322件，其中行政法规3件，部门规章和规范性文件14件，省级地方性法规107件，自治条例5件，单行条例15件，地方政府规章和规范性文件178件；为保障新修订的行政处罚法贯彻实施，组织开展了涉及行政处罚内容的法规、规章和其他规范性文件专项清理工作，清理发现需要修改或者废止的规范性文件共4012件，其中行政法规13件，国务院规范性文件7件，部门规章和规范性文件610件，地方性法规725件，单行条例82件，经济特区法规5件，地方政府规章和规范性文件2570件；为贯彻落实党中央关于计划生育政策调整的决策部署，确保修改后的人口与计划生育法正确实施，组织开展了涉及计划生育内容的法规、规章、规范性文件专项清理工作，推动有关方面取消社会抚养费征收规定，废止计划生育相关处罚、处分规定，以及将个人生育情况与入学、入户、入职等相挂钩的有关规定，清理发现需要修改或者废止的规范性文件共3632件，其中行政法规3件，国务院规范性文件2件，部门规章和规范性文件43件，地方性法规57件，自治条例35件，单行条例11件，地方人大及其常委会决定、决议44件，地方政府规章和规范性文件3437件。全国人大常委会建立了听取和审议备案审查工作情况报告制度，每年向社会公布备案审查制度的运行情况。

此外，中国共产党、国务院、中央军委也都建立了本系统的备案审查制度，对党内法规、国务院部门规章、军事规章等开展备案审查工作。各系统之间还建立了备案审查衔接联动机制，保障各级、各类国家机关制定的规范性文件不同宪法相抵触。全国人大常委会法制工作委员会积极加强与党中央、国务院、中央军委及省级地方人大常委会等单位备案审查工作机构之间的沟通协作，通过移送审查、征求意见、规范报备内容、协调审查标准、开展业务交流等方式，逐步探索并初步形成了一套协同各方、便于操作的备案审查衔接联动工作机制。

在规范性文件备案审查工作中，注重审查是否存在不符合宪法规定和宪法精神的内容。比如，全国政协十三届一次会议期间，有全国政协委员提出提案，建议对收容教育制度进行合宪性审查。收容教育制度的主要法律依据是1991年第七届全国人大常委会第二十一次会议通过的《关于严禁卖淫嫖娼的决定》。制定该决定主要是为了补充修改当时的刑法和治安管理处罚条例的有关规定，制定程序和内容均符合宪法规定。随着我国经济社会的快速发展和民主法治建设的深入推进，特别是2013年废止劳动教养制度后，情况发生了很大变化。通过调研论证，各有关方面对废止收容教育制度已经形成共识，启动废止工作的时机已经成熟。为了深入贯彻全面依法治国精神，建议有关方面适时提出相关议案，废止收容教育制度。再如，国务院有关主管部门对有的民族自治地方民族教育条例等法规提出合宪性审查建议，认为条例中的有关规定存在合宪性问题，不利于促进民族交往交流交融。全国人大常委会法制工作委员会审查认为，宪法和有关法律已对推广普及国家通用语言文字作出明确规定，包括民族地区在内的全国各地区应当全面推行国家通用语言文字教育教学，对有关法规中的相关内容应予纠正。经沟通，制定机关已废止有关法规。

除全国人大常委会外，地方各级人大常委会也都具有规范性文件备案审查方面的职权，对同级地方政府、监察委员会、法院、检察院制定的规范性文件进行备案审查，有权撤销和纠正其中不合宪、不合法的规定。全国人大加强对地方人大联系指导，持续推动地方人大实现备案审查全覆盖，建立听取和审议备案审查工作情况报告制度，加强备案审查信息化建设，开展备案审查典型事例交流，增强备案审查工作整体实效。2021年5月，宪法和法律委员会围绕设区的市地方立法在维护国家法治统一中的作用这一主题召开专题调研座谈会，全国102个设区市人大的相关负责同志参加会议。会议提出进一步加强备案审查工作，坚决避免和纠正立法与上位法相抵触的突出问题，维护国家法治统一。

5. 通过制定和完善法律法规和制度体系，推动和保障宪法实施

宪法是国家各种制度和法律法规的总依据，是法律法规和制度体系的源头、统领和统帅，是制定各种法律的规范依据和权威来源。加强立法工作，形成完备的法律规范体系，是宪法实施的内在要求，也是宪法实施的基本途径。截至2024年12月，我国现行有效的法律有306件，其中宪法及相关法53件。

6. 通过强化宪法实践促进宪法的实施

设立国家宪法日，开展宪法宣传教育。2014年，全国人大常委会作出

《关于设立国家宪法日的决定》，以立法形式，将12月4日设立为国家宪法日，国家通过多种形式开展宪法宣传教育活动。自2014年以来，已经连续开展11个国家宪法日活动，在全社会弘扬宪法精神。

建立宪法宣誓制度。国家工作人员行使国家公权力，履行宪法使命，必须牢固树立宪法意识，恪守宪法原则。为激励和教育国家工作人员忠于宪法、遵守宪法、维护宪法，加强宪法实施，彰显宪法权威，2015年，全国人大常委会作出《关于实行宪法宣誓制度的决定》，决定建立宪法宣誓制度，规定各级人大及县级以上人大常委会选举或者决定任命的国家工作人员，以及各级人民政府、人民法院、人民检察院任命的国家工作人员，在就职时应该公开进行宪法宣誓。2018年3月17日上午，新当选的中华人民共和国主席、中华人民共和国中央军事委员会主席习近平左手抚按宪法，右手举拳，面向近3000名全国人大代表郑重进行宪法宣誓。这也是我国历史上首次国家领导人宪法宣誓，是宪法宣誓制度施行以来首次在全国人民代表大会上举行的宪法宣誓仪式，彰显了中国共产党坚持依宪治国、依宪执政的信念和决心。

2015年，依据《宪法》规定，全国人大常委会通过《关于特赦部分服刑罪犯的决定》，国家主席发布特赦令，这是我国改革开放以来第一次实行特赦，具有重大政治意义和法治意义。

2017年，全国人大常委会通过《国歌法》，同之前已经施行的《国旗法》《国徽法》一道，构成和落实了宪法规定的关于国家象征和标志的重要制度。

2017年12月27日，全国人大常委会批准了内地与香港特别行政区关于在广深港高铁西九龙站设立口岸实施“一地两检”的合作安排，确认有关合作安排符合宪法和香港基本法，解决了在香港特别行政区行政区域范围内实施“一地两检”的合宪性、合法性依据问题。此外，全国人大常委会还健全规范性文件备案审查制度，建立健全党委、人大、政府、军队间备案审查衔接联动机制，加强备案审查制度和能力建设，实行有件必备、有备必审、有错必纠。

7. 通过主动进行宪法解释，促进宪法实施

我国《宪法》规定，全国人大常委会有解释宪法的职权。通过立法对宪法的相关规定进行解释、细化和适当拓展，是我国宪法解释的一个显著特点。比如，外商投资法草案初次审议时，有意见提出，草案第2条中关于投资主

体的表述“外国的自然人、企业和其他组织”，与《宪法》第 18 条中“外国的企业和其他经济组织或者个人”是否一致，建议研究。经研究认为，宪法这一规定是根据 1982 年的经济社会情况作出的，以此为基础，国家利用外资方针政策不断调整，相关法律法规日益完善，“经济组织”一词在相关法律规定中也已发生变化，不再单独使用。在法律中以更专业、准确的用语取代“经济组织”是可行的、必要的。在中国特色社会主义进入新时代的历史背景下，实践赋予了宪法规定新的内涵，宪法规定的内涵外延进行了渐进式、扩容性演进，这体现了宪法的适应性，符合立法规律，符合人民期待、发展规律和时代要求，符合宪法的规定和精神。宪法解释是宪法实施的必然途径，特别是在处理宪法的稳定性和社会适应性之间的关系上，可以起到重要作用。2016 年，依据《宪法》和《香港特别行政区基本法》赋予的权力，全国人大常委会主动释法，作出《关于〈中华人民共和国香港特别行政区基本法〉第一百零四条的解释》，一锤定音，充分表明中央贯彻“一国两制”方针的坚定决心和反对“港独”的坚定立场。

8. 通过严肃处理违宪行为，确保宪法的实施

2016 年，全国人大常委会根据宪法精神和有关法律原则，采取创制性办法及时妥善处理了辽宁拉票贿选案有关问题，坚决维护人民代表大会制度的权威和尊严。

三、宪法实施的发展与完善

全面加强宪法实施，推动宪法实施迈上新台阶，需要从以下几个方面入手。

（一）进一步健全以宪法为核心的法律制度体系

党的十九届五中全会要求，完善以宪法为核心的中国特色社会主义法律体系，加强重点领域、新兴领域、涉外领域立法。宪法是国家各项制度和法律法规的总依据，在中国特色社会主义法律体系中，宪法居于核心地位，所有的法律都是依据宪法制定的，都是对宪法精神、原则和制度的具体化。在推动宪法实施方面，立法扮演着重要角色、发挥着重要作用。在新形势下，要遵循宪法确立的制度和原则，加强和改进立法工作，坚持科学立法、民主

立法、依法立法，不断健全以宪法为核心的法律和制度体系，以良法促进发展、保障善治，确保宪法确立的制度、原则和规则得到贯彻落实，为党和国家应对重大挑战、抵御重大风险、克服重大阻力、解决重大矛盾提供法律支撑，促进各方面制度更加成熟、更加定型，为全面实施宪法、全面依法治国、推进国家治理体系和治理能力现代化提供长期性的制度保障。

例如，要研究和解决经济社会发展面临的深层次问题，用科学管用的法律制度保障新发展格局的构建，确保“十四五”规划任务的完成；积极回应人民群众新要求新期待，用法治保障人民安居乐业；积极推进重要领域立法，抓紧补齐数字经济、互联网金融、人工智能、大数据、云计算等新技术新应用方面的法律短板，确保立法适应改革开放和社会主义现代化建设的需要；通过立法给行政权力定规矩、划界限，规范行政决策程序，加快转变政府职能，推进严格规范公正文明执法，提高司法公信力等。

党的十八届四中全会明确把党内法规体系纳入中国特色社会主义法治体系。这意味着，不仅国法要符合宪法精神，而且党规、社会自治规范等也要符合宪法精神。党章和宪法是高度统一的。党内法规体系既要符合党章，也要以宪法为总依据，《中国共产党党内法规制定条例》第27条、第32条明确了党内法规不得同宪法相抵触。宪法规定了党的领导地位，国家法律一般不具体规定党如何来领导，将党的领导主体具体化、职责任务清单化、工作运行机制化、保障措施制度化的任务主要是由党的领导法规来完成的。[①]党的领导法规不仅要巩固党的领导地位、强化党的领导权责，也要规范党的领导行为，促进依宪治国、依宪执政。党的组织法规、自身建设法规、监督保障法规也都要贯彻宪法的精神和价值。党内法规制定机关和审查机关应严格执行党章、党内法规制定条例、党内法规和规范性文件备案审查规定，确保党内法规制度体系符合宪法精神、保障宪法实施。

（二）进一步落实宪法解释程序机制

2019年，党的十九届四中全会报告中提出，“落实宪法解释程序机制”。2021年初，中共中央印发的《法治中国建设规划（2020—2025年）》明确

① 参见蒋清华：《党的领导法规之法理证成》，载《上海政法学院学报（法治论丛）》2020年第2期。

提出，“落实宪法解释程序机制，回应涉及宪法有关问题的关切。”做好宪法解释工作，需要进一步促进宪法解释程序机制的制度化。可以考虑制定一部“宪法解释程序法”，或者先以全国人大常委会内部工作规则形式制定“宪法解释程序工作规定”，明确宪法解释的提请主体，启动事由和方式，征求意见机制，宪法解释案的审议程序，表决通过的比例要求，宪法解释的效力位阶，宪法解释的名称和公布等具体问题。例如，宪法解释的提请主体是直接比照《立法法》第 99 条[①] 关于法规审查提请主体的规定，还是可以有新的设计？宪法解释草案是否原则上应当向全社会公开征求意见？宪法解释案是否由全国人大常委会会议进行一次审议即可交付表决？表决通过的比例是否应设计为三分之二以上，等等。

（三）进一步完善合宪性审查制度

合宪性审查是宪法实施监督的基本途径，广义的合宪性审查包括对法律的“事前”审查、“事中”审查及“事后”审查。有关方面拟出台的法规规章、重要政策和重大举措，凡涉及宪法有关规定如何理解、如何适用的，都应事先经过全国人民代表大会常务委员会合宪性审查，必要时通过适当方式作出合宪性安排，确保与宪法规定、宪法精神相符合。要认真研究在审查对象形成过程之中和生效之后不同阶段的合宪性审查结果的作出主体、表现形式、处理方式、效力类型等具体问题，完善备案审查的机制、程序和标准，确保合宪性审查工作符合正当程序的基本要求，不断提高备案审查工作质量。

要针对合宪性审查的弱项和短板，开展有针对性的研究和改进，确保所有的法律、法规、规章、司法解释等规范性文件都依法依规纳入备案审查范围。例如，要探索完善全国人大及其常委会通过法律和作出决定决议的内审机制，确保全国人大及其常委会通过的法律、作出的决定、决议符合宪法规定、宪法精神。在备案审查工作中，有的地方对省、市两级人大常委会作出的决议、决定是否需要报送备案理解、把握不一。笔者认为，凡涉及公民、

---

① 现为《立法法》（2023 年修正）第 110 条第 1 款规定，国务院、中央军事委员会、国家监察委员会、最高人民法院、最高人民检察院和各省、自治区、直辖市的人民代表大会常务委员会认为行政法规、地方性法规、自治条例和单行条例同宪法或者法律相抵触，或者存在合宪性、合法性问题的，可以向全国人民代表大会常务委员会书面提出进行审查的要求，由全国人民代表大会有关的专门委员会和常务委员会工作机构进行审查、提出意见。

组织权利义务或者国家机关职权职责并设有法律责任内容的决议、决定，都属于法规性质文件、规范性文件，应当纳入备案审查的范围。

尊重和保障人权是现代宪法的基本价值追求，合宪性审查也应以切实维护基本权利为价值指引，进一步畅通人民利益表达渠道。全国人大常委会法工委明确提出："保证党中央令行禁止，保障宪法法律实施，保护公民法人合法权利，是实行备案审查制度、开展备案审查工作的初衷所在、职责所在。"①因此，合宪性审查制度的完善，要考虑如何更好地保护公民的宪法权利，妥善处理公民、组织提出的合宪性审查申请，提高公民、组织对合宪性审查的参与程度，健全完善人民群众与最高国家权力机关直接联系的平台与载体，认真做好公民、组织提出的审查建议的研究、处理和反馈工作，重点审查人民群众集中反映的、影响老百姓切身利益、直接涉及公民权利义务的法规、司法解释等规范性文件。

推进合宪性审查工作，既要积极，也要稳妥。习近平总书记在部署全面深化改革时指出："提出改革举措当然要慎重，要反复研究、反复论证，但也不能因此就谨小慎微、裹足不前，什么也不敢干、不敢试。搞改革，现有的工作格局和体制运行不可能一点都不打破，不可能都是四平八稳、没有任何风险。只要经过了充分论证和评估，只要是符合实际、必须做的，该干的还是要大胆干。"②习近平总书记在十九届中共中央政治局第四次集体学习时要求，完善宪法监督制度，积极稳妥推进合宪性审查工作。③这要求我们处理好推进合宪性审查工作中积极与稳妥的关系。积极推进合宪性审查工作，就是要勇于担当、主动作为、乘势而上，顺应时代发展和人民意愿，把合宪性审查的具体制度尽快完善起来，把审查工作队伍尽快壮大起来，进一步提高全国人大宪法和法律委员会、全国人大常委会法制工作委员会的权威，发挥备

---

① 沈春耀：《全国人民代表大会常务委员会法制工作委员会关于 2018 年备案审查工作情况的报告——2018 年 12 月 24 日在第十三届全国人民代表大会常务委员会第七次会议上》，载《中国人大》2019 年第 3 期。在 2019 年备案审查工作报告中，也有类似表述。

② 中共中央文献研究室编：《习近平关于全面深化改革论述摘编》，中央文献出版社 2014 年版，第 39~40 页。

③《习近平：更加注重发挥宪法重要作用 把实施宪法提高到新的水平》，载《人民日报》2018 年 2 月 26 日。

案审查专家委员会作用，提高审查工作效率，使每一部立法、每一项施政行为都符合宪法精神。稳妥推进合宪性审查工作，主要是保持战略定力，把握正确政治方向，处理好改革发展稳定的关系，既不轻言违宪，也不拒言违宪，而是慎言违宪，以宪法问题来定性和处理时，要坚持“穷尽法律救济”“合宪性推定”“政治问题不审查”等通行原则，使每一个合宪性审查结论都取得良好的政治效果、法律效果和社会效果。

（四）进一步拓展宪法实践活动的主体范围

宪法的全面有效实施，离不开各级干部特别是领导干部增强宪法观念、提高依宪履职尽责的能力水平。宪法实践，首先是国家工作人员的宪法实践。习近平总书记在党的十九届二中全会第二次全体会议上指出：“宪法的实施，同每一个国家工作人员的工作都密切相关。我国宪法对国家工作人员明确规定了义务性规范。这次宪法修改建议又增加了一个新内容，就是‘国家工作人员就职时应当依照法律规定公开进行宪法宣誓’。宪法宣誓誓词开头就讲，‘忠于中华人民共和国宪法，维护宪法权威，履行法定职责’。”① 深化宪法实践活动，首先要拓展宪法宣誓的主体范围。按照全国人大常委会关于实行宪法宣誓制度的决定，宪法宣誓的主体范围是各级人大及其常委会选举或决定任命的，以及各级“一府一委两院”任命的国家工作人员。2018 年修订后的《公务员法》第 9 条规定：“公务员就职时应当依照法律规定公开进行宪法宣誓。”目前实践中组织开展宪法宣誓活动主要限于具有领导职务的公务员层面。为此，应落实宪法的规定，建议将包括全体公务员，国有企业、事业单位、人民团体中从事公务的人员，国家机关、国有企业、事业单位委派到非国有单位从事公务的人员，以及其他依照法律从事公务的人员在内的所有国家工作人员都纳入宪法宣誓的主体范围，并制定专门的“宪法宣誓法”。

习近平总书记在省部级主要领导干部学习贯彻十八届四中全会精神专题研讨班上强调，各级领导干部要做学法的模范，“首要的是学习宪法”②。因此，针对国家工作人员的宪法教育需要从针对普通民众的宪法教育中独立出来。除了就职时公开进行宪法宣誓之外，还要编写专门针对国家工作人员的高质

① 习近平：《论坚持全面依法治国》，中央文献出版社 2020 年版，第 207 页。
② 习近平：《论坚持全面依法治国》，中央文献出版社 2020 年版，第 137 页。

量的宪法教育读本，在每年的全国宪法宣传周期间组织所有国家工作人员原原本本阅读我国宪法，加大国家工作人员学法考试中的宪法内容比重等。

（五）进一步拓展宪法宣传教育的途径和形式

保障宪法全面有效实施离不开合宪性审查等法律机制，也离不开宪法学习宣传教育等文化机制，对这两个机制，应当两手抓，两手都要硬。我们不能当然地认为仅凭宪法教育就能很好地捍卫宪法尊严，但也不能认为仅靠具有实效性的宪法监督制度就能很好地维护宪法权威。在加强宪法解释与合宪性审查制度建设的同时，还应继续加强宪法实施的文化机制建设。彭真同志在五届全国人大五次会议上作宪法修改草案报告时讲过一句深刻的话：十亿人民“同违反宪法和破坏宪法的行为进行斗争，这是一个伟大的力量。”[①]彭真同志在其他公开和内部的讲话中，多次提出要靠人民群众监督宪法实施的思想，他十分重视以群众力量和社会力量来监督宪法实施，甚至把这一监督的重要性置于全国人大及其常委会之前、之上，全国人大及其常委会的监督作为一个最后的法律手段。[②]习近平总书记在纪念现行宪法公布施行30周年大会上指出，全面贯彻实施宪法要坚持人民主体地位，“宪法的根基在于人民发自内心的拥护，宪法的伟力在于人民出自真诚的信仰”[③]。2014年1月7日，习近平总书记在中央政法工作会议上指出：“法律要发挥作用，需要全社会信仰法律。卢梭说，一切法律中最重要的法律，既不是刻在大理石上，也不是刻在铜表上，而是铭刻在公民的内心里。”[④]2014年11月1日，习近平总书记在福建调研时指出：“要通过群众喜闻乐见的形式宣传普及宪法法律。”[⑤]把宪法交给人民掌握，就必须重视宪法宣传教育，培育包括国家工作人员在内的全体公民的宪法意识，在全社会形成深厚的宪法文化。全国人大常委会以立法形式将每年12月4日设立为国家宪法日，在全社会弘扬宪法精神，“五四

---

① 《彭真文选》（1941—1990年），人民出版社1991年版，第463页。

② 参见刘松山：《彭真与宪法监督》，载《华东政法大学学报》2011年第5期。

③ 习近平：《论坚持全面依法治国》，中央文献出版社，第13~14页。

④ 中共中央文献研究室编：《习近平关于全面依法治国论述摘编》，中央文献出版社2015年版，第88~89页。

⑤ 中共中央文献研究室编：《习近平关于全面依法治国论述摘编》，中央文献出版社2015年版，第91页。

宪法”历史资料陈列馆建成开馆，[①] 全国学生“宪法晨读”“学宪法 讲宪法”活动持续组织开展，“宪法七进”（宪法进企业、进农村、进机关、进校园、进社区、进军营、进网络）活动扎实推进，这些推动宪法实施的文化机制卓有成效。

在此基础上，我们还可以进一步丰富和细化面向社会公众的宪法宣传教育途径和形式。例如，在首都建设一所全国性的宪法中心（博物馆），各地人大、政府等国家机关办公楼墙面或者附近构筑物镌刻重要宪法条文，鼓励各地以严肃、恰当方式用“宪法”命名街道、村落、广场、楼宇等；于每年宪法日发行邮政首日封，在“五四宪法”逢十纪念日、“八二宪法”逢五纪念日发行邮票套票；编写专门针对普通群众的高质量的宪法学习读物，拍摄宪法主题的电视专题片、电影，谱写宪法主题歌曲；发行宪法纪念纸币、硬币，在通用纸币、硬币上印制宪法图案等。概言之，就是要通过生动活泼的形式、喜闻乐见的语言、灵活多样的途径，讲好中国宪法故事，让宪法精神深入人心。

---

① 习近平总书记在第三个国家宪法日到来之际作出的重要指示中提出：“设立‘五四宪法’历史资料陈列馆，对开展宪法宣传教育、增强社会主义民主法治意识、推动尊法学法守法用法具有重要意义。开展宪法宣传教育是全面依法治国的重要任务。”习近平：《论坚持全面依法治国》，中央文献出版社 2020 年版，第 127 页。

◉ 第五章 ◉

法治实施与法治政府建设

习近平法治思想系统阐明了全面依法治国的政治方向、重要地位、工作布局、重点任务、重大关系、重要保障等关键问题，科学锚定了新时代全面依法治国的方位航向，是法治中国建设的理论指导和实践指南。习近平法治思想是集时代性、实践性、系统性、原创性于一体的开放的科学理论体系，法治政府建设理论是其重要组成部分与核心篇章。法治政府建设理论是以习近平同志为核心的党中央从治国理政的战略高度，科学总结我国长期以来特别是党的十八大以来法治政府建设经验，聚焦“为什么要建设法治政府、建设什么样的法治政府、怎样建设法治政府”重大命题，对法治政府建设的战略定位、核心目标、衡量标准、着力重点、实现路径等所作的体系化理论建构。本书在充分吸收法学理论界已有研究成果[①]的基础上，从理论的演进脉

---

① 相关研究主要有：马怀德：《习近平法治思想中法治政府理论的核心命题》，载《行政法学研究》2020 年第 6 期；马怀德：《论习近平法治思想中的法治政府理论》，载《政法论坛》2020 年第 6 期；张文显：《习近平法治思想的理论体系》，载《法制与社会发展》2021 年第 1 期；张文显：《习近平法治思想的基本精神和核心要义》，载《东方法学》2021 年第 1 期；张文显：《习近平法治思想研究（下）——习近平全面依法治国的核心观点》，载《法制与社会发展》2016 年第 4 期；黄文艺：《习近平法治思想要义解析》，载《法学论坛》2021 年第 1 期；曹鎏：《论我国法治政府建设的目标演进与发展转型》，载《行政法学研究》2020 年第 4 期等。

络出发，着重对习近平总书记的原创性重大观点和论断进行分类阐释，着力展示这一理论的科学内涵与重大创新。

一、法治政府建设理论的演进脉络

改革开放以来，我国民主与法制建设再次起步并稳步发展，推进依法行政成为政府法制建设的基本主题，政府对社会生活各个方面的管理实现了从"主要依靠行政手段"到"把依法行政作为基本准则"的历史性转变，依法行政理念也从最初的依法"治事"逐步转向为依法"治权"。[①] 在由"法制"走向"法治"的摸索过程中，依法行政、法治政府、法治国家等概念、理念相继走进我国法治建设视野。[②]2004 年国务院政府工作报告首次提出"法治政府"概念，同年国务院出台《全面推进依法行政实施纲要》提出建设法治政府的目标。这些为新时代法治政府建设实践积累了经验素材，为走出一条中国特色社会主义法治道路奠定了基础。

法治政府建设是全面依法治国总工程中的重中之重。党的十八大以来，以习近平同志为核心的党中央高度重视并持续推进法治政府建设。在指导、推进法治政府建设的长期实践中，习近平总书记对法治政府建设的理论认知与思考不断深入，体现在党的历次重大会议的报告决定、党和国家出台的重要文件以及个人发表的一系列讲话、论述、文章之中。沿着时间脉络，可以清晰看到习近平法治政府建设理论的初步形成、全面丰富、系统集成、深化拓展的发展进程。

2012 年党的十八大"全面推进依法治国"的顶层构想出台，意味着系统化、全方位的中国特色社会主义法治建设工程全面启动。党的十八大后不久，习近平总书记在纪念宪法公布实施 30 周年大会上提出，"坚持依法治国、依法执政、依法行政共同推进，坚持法治国家、法治政府、法治社会一体建设"

---

① 参见曹康泰：《政府法制建设三十年的回顾与展望》，中国法制出版社 2008 年版，第 1~7 页。

② 1993 年党的十四届三中全会提出"各级政府都要依法行政，依法办事"；1997 年党的十五大将"依法治国"确定为党领导人民治理国家的基本方略；1999 年，《宪法》修改增加规定"中华人民共和国实行依法治国，建设社会主义法治国家"；2002 年党的十六大提出健全社会主义法制，建设社会主义法治国家；2007 党的十七大提出全面落实依法治国基本方略，加快建设社会主义法治国家等。

的重大命题，[①] 此后在十八届中央政治局第四次集体学习等多个场合反复强调。有学者评论，"习近平总书记将法治政府从法治国家中抽取出来，提出法治国家、法治政府、法治社会一体建设，凸显了建设法治政府的重要性，体现了全面推进依法治国的新布局"。[②]2013 年党的十八届三中全会将坚持"三个共同推进""三个一体建设"纳入建设法治中国的要求之中，并将深化行政执法体制改革作为建设法治中国的一项重要任务。[③]2014 年党的十八届四中全会是党中央首次以全会的形式专门研究法治问题，会上提出了全面推进依法治国的总目标，将坚持"三个共同推进""三个一体建设"作为工作布局，还提出了法治政府的六项核心目标（职能科学、权责法定、执法严明、公开公正、廉洁高效、守法诚信）和一系列推进举措。[④] 这些目标和举措直指阻碍法治政府建设的顽瘴痼疾，清晰勾勒了法治政府的建成图景与实现路径。党的十八届四中全会对法治政府的全面多维的体系化描绘，丰富了法治政府建设的理论内涵，充分体现出习近平总书记对法治政府建设的思考已更加深入与成熟。

2017 年党的十九大作出中国特色社会主义进入新时代的重大论断，标示我国发展新的历史方位，相应地，我国法治政府建设也同步伐迈入新征程。党的十九大报告对实现第二个百年奋斗目标作出了分两步推进的新战略安排，明确提出到 2035 年"法治国家、法治政府、法治社会基本建成"的时间表。党的十九届三中全会专题部署党和国家机构改革，"下决心解决党和国家机构设置和职能配置中存在的突出矛盾和问题"，[⑤] 理顺组织与机构职能，以支撑法治政府建设。2018 年党中央组建中央全面依法治国委员会，在委员会第一次会议上习近平总书记强调，建设法治政府是全面推进依法治国的重点任务和主体工程，并提出要健全依法决策机制、加大决策合法性审查力度、研究

① 《习近平在首都各界纪念现行宪法公布施行 30 周年大会上的讲话》，载《人民日报》2012 年 12 月 5 日。

② 张文显：《习近平法治思想研究（下）——习近平全面依法治国的核心观点》，载《法制与社会发展》2016 年第 4 期。

③ 《中共中央关于全面深化改革若干重大问题的决定》，人民出版社 2013 年版，第 31~33 页。

④ 《中共中央关于全面推进依法治国若干重大问题的决定》，人民出版社 2014 年版，第 4、15 页。

⑤ 本书编写组编著：《〈中共中央关于深化党和国家机构改革的决定〉〈深化党和国家机构改革方案〉辅导读本》，人民出版社 2018 年版，第 76 页。

建立健全行政纠纷解决体系等具体要求。[①]2019 年中央全面依法治国委员会第二次会议上，习近平总书记进一步指出，法治政府建设是重点任务和主体工程，对法治国家、法治社会建设具有示范带动作用。法治政府建设应该率先取得突破，要加强对示范创建活动的指导。[②] 还提出要用法治来规范政府和市场的边界，解决好政府职能越位、缺位、错位的问题 [③] 等。党的十九届四中全会提出了“坚持和完善中国特色社会主义行政体制，构建职责明确、依法行政的政府治理体系”的具体要求。中央全面依法治国工作会议上，习近平总书记作重要讲话再次强调了法治政府建设是重点任务和主体工程，要率先突破，用法治给行政权力定规矩、划界限，规范行政决策程序，加快转变政府职能。[④] 党的二十届三中全会提出：“扎实推进依法行政。法治政府建设是全面依法治国的重点任务和主体工程。转变政府职能，优化政府职责体系和组织结构，推进机构、职能、权限、程序、责任法定化，提高行政效率和公信力。”

综上，可以看出，习近平总书记将法治政府建设摆在法治中国建设的突出位置，几乎每一次重大场合都要作出相关部署。习近平法治政府建设理论，既强调法治政府建设的主体工程地位，提出率先突破，又将其纳入党和国家发展全局进行整体部署、统筹推进；既注重研究法治政府建设的全局性、普遍性问题，把握法治政府建设的一般规律，又特别注重根据每个时段国家发展的阶段性特征作出针对性的工作安排；“既着眼于对当下问题的深入思考，又系统论述了长远战略，是面向未来的法治政府建设理论”。[⑤]

二、法治政府建设理论的科学内涵

习近平法治政府建设理论内涵丰富，不仅在顶层战略上作了系统设计，还在法治政府的核心目标和发力点作了具体部署。习近平总书记在党的十八

① 习近平：《论坚持全面依法治国》，中央文献出版社 2020 年版，第 233~234 页。

② 习近平：《论坚持全面依法治国》，中央文献出版社 2020 年版，第 252 页。

③ 习近平：《论坚持全面依法治国》，中央文献出版社 2020 年版，第 255 页。

④ 习近平：《论坚持全面依法治国》，中央文献出版社 2020 年版，第 4 页。

⑤ 参见马怀德：《论习近平法治思想中的法治政府理论》，载《政法论坛》2020 年第 6 期。

届四中全会上提出的法治政府建设的六项核心目标——职能科学、权责法定、执法严明、公开公正、廉洁高效、守法诚信，描绘了法治政府的基本形态，回答了建设什么样的法治政府的问题。①

同时，习近平法治政府建设理论针对法治政府建设实践中存在的短板，提出了贯彻落实的努力方向和实现路径，回答了如何建设法治政府这一关键命题，形成并绘制了“法治政府”总图景——政府职能依法全面履行，依法行政制度体系完备，行政决策科学民主合法，宪法法律严格公正实施，行政权力规范透明运行，人民权益切实有效保障，依法行政能力普遍提高。这些重要观点体现在党的十八届四中全会决定、《法治政府建设实施纲要（2015—2020年）》等重要文件之中。现对应以上七个方面对理论的深刻内涵进行阐述。

（一）依法全面履行政府职能

政府职能科学清晰，是政府依法全面履职的前提。法治政府核心目标的第一项就是职能科学，因而，法治政府建设第一要务就是要科学设置政府职能。党的十九届四中全会报告中提出，优化政府职责体系，完善政府经济调节、市场监管、社会管理、公共服务、生态环境保护等职能。②党的十九届五中全会决定再次强调，建设职责明确、依法行政的政府治理体系。③习近平总书记还对政府和市场关系在理论上进一步作了定位，“使市场在资源配置中起决定性作用和更好发挥政府作用”④。“使市场在资源配置中起决定性作用，不是说政府就无所作为，而是必须有所为、有所不为……发挥党和政府积极作用，管好那些市场管不了或管不好的事情。”⑤并强调“政府职能转变到哪一步，法治建设就要跟进到哪一步。要发挥法治对转变政府职能的引导和规范作用，既要重视通过制定新的法律法规来固定转变政府职能已经取得的成果，引导和推动转变政府职能的下一步工作，又要重视通过修改或废止不合适的

① 姜明安教授对党的十八届四中全会上提出的法治政府建设的六项目标的具体内涵已作详尽解读和阐释。详见姜明安：《行政法》，北京大学出版社 2017 年版，第 145~151 页。

② 《中共中央关于坚持和完善中国特色社会主义制度 推进国家治理体系和治理能力现代化若干重大问题的决定》，载《人民日报》2019 年 11 月 6 日。

③ 《中共中央关于制定国民经济和社会发展第十四个五年规划和二〇三五年远景目标的建议》，载《人民日报》2020 年 11 月 4 日。

④ 习近平：《习近平谈治国理政》（第一卷），外文出版社 2018 年版，第 75 页。

⑤ 习近平：《习近平谈治国理政》（第三卷），外文出版社 2020 年版，第 172 页。

现行法律法规为转变政府职能扫除障碍”[①]。习近平总书记对科学配置政府职能、促进政府依法履职的重要观点与论述主要体现在三个方面：

1. 依法履职

各级政府和政府部门严格依照法定权限、规则、程序行使权力、履行职责，做到法定职责必须为、法无授权不可为、法定职权职责依法为。要以建设法治政府为目标，推进机构、职能、权限、程序、责任法定化，推进各级政府事权规范化、法律化，不得违背法律法规随意作出减损公民、法人和其他组织合法权益或增加其义务的决定。“严格依法行政，切实履行职责，该管的事一定要管好、管到位，该放的权一定要放足、放到位，坚决克服政府职能错位、越位、缺位现象。”[②]

2. 全面履职

一个现代法治政府应当深化行政审批制度改革，大力推行权力清单、责任清单、负面清单制度并实行动态管理，理顺政府与市场、政府与社会的关系，优化政府组织结构，切实转变政府职能，依法全面履行宏观调控、市场监管、社会管理、公共服务、环境保护等方面的职责。要最大限度减少政府对微观事务的管理。对保留的审批事项，要推行权力清单制度，公开审批流程，提高审批透明度，压缩自由裁量权。

3. 积极履职

法治政府不是机械地依法办事，不是“消极政府”，而是蕴含着服务政府、便民政府、高效政府等多个维度。习近平总书记强调，各级政府必须依法全面履行职能，坚持法定职责必须为、法无授权不可为，[③]勇于负责、敢于担当，坚决纠正不作为、乱作为，坚决克服懒政、怠政，坚决惩处失职、渎职[④]。习近平总书记还对特定关键领域的全面依法履职作了强调，如审计机关

① 中共中央文献研究室编：《习近平关于全面依法治国论述摘编》，中央文献出版社 2015 年版，第 45 页。

② 《习近平：正确发挥市场作用和政府作用推动经济社会持续健康发展》，载《人民日报》2014 年 5 月 28 日。

③ 习近平：《习近平谈治国理政》（第二卷），外文出版社 2017 年版，第 120 页。

④ 《中共中央关于全面推进依法治国若干重大问题的决定》，人民出版社 2014 年版，第 15~16 页。

要在党中央统一领导下，适应新时代新要求，紧紧围绕党和国家工作大局，全面履行职责，坚持依法审计[①]。此外还强调党委发挥领导作用，支持依法履职。各级党委要肩负起促一方发展、保一方平安的政治责任，支持政法各单位依法履行职责。

（二）完善依法行政制度体系

依法行政是各级政府活动的基本准则，也是法治政府建设最重要最基本的要求。因而，首先要完善依法行政制度体系，在制度层面提供基本保障。关于完善依法行政制度体系，主要需要强调以下几个方面：

1. 依法行政制度的全面性

要把国家各项事业和各项工作纳入法制轨道，实现国家和社会生活制度化、法制化。

2. 依法行政制度的系统性

构建系统完备、科学规范、运行有效的依法行政制度体系，使政府管理各方面制度更加成熟更加定型，为建设社会主义市场经济、民主政治、先进文化、和谐社会、生态文明，促进人的全面发展，提供有力制度保障。

3. 通过多种举措提高行政立法质量

“依法行政不仅指依法执法，还包括依法制定行政法规、规章和规范性文件等。”[②]“推动法治政府建设离不开良法善治的引领。完备的制度体系是法治政府运行的可靠保障，要把良法善治落实到政府立法和公共政策之中。”[③]“行政立法在实践中是不可缺失的，对于琐碎的具体事务的处理，立法机关可谓鞭长莫及。”[④]行政立法质量直接影响法治政府建设，必须重视行政立法的民主性、科学性问题，否则良法将无从谈起。具体包括完善政府立法体制机制、加强重点领域政府立法、提高政府立法公众参与度、加强规范性文件监督管

---

① 《习近平：紧紧围绕党和国家工作大局 全面履行职责坚持依法审计完善体制机制》，载《人民日报》2020 年 1 月 3 日。

② 参见姜明安：《法治政府建设的四个关键点》，载《人民论坛》2018 年第 13 期。

③ 江必新、程琥：《论良法善治原则在法治政府评估中的应用》，载《中外法学》2018 年第 6 期。

④ 参见［英］威廉 · 韦德等：《行政法》（第十版），骆梅英等译，中国人民大学出版社 2018 年版，第 651~653 页。

理、建立行政法规、规章和规范性文件清理长效机制等。

（三）推进行政决策科学化、民主化、法治化

“行政决策是行政过程的起点，‘无决策，即无行政’，决策也是为行政执行和行政监督提供依据。”[①] 行政决策科学民主合法，是法治政府建设的衡量标准之一。违法决策、不当决策、拖延决策直接影响行政决策公信力和执行力，从而阻碍法治政府建设进程，因而应当严格落实决策法定程序、提高决策质量、保证决策效率，推进行政决策科学化、民主化、法治化。

1. 健全依法决策机制

要着力构建决策科学、执行坚决、监督有力的权力运行机制，完善重大行政决策程序制度，明确决策主体、事项范围、法定程序、法律责任，规范决策流程，强化决策法定程序的刚性约束。

2. 提高决策质量

提高决策质量包括增强公众参与实效（对重大行政决策事项应广泛听取民意，推行文化教育、医疗卫生、资源开发、环境保护、公用事业等重大民生决策事项民意调查制度等）、提高专家论证风险评估质量（对专业性、技术性较强的决策事项应组织专家、专业机构论证，落实重大决策社会稳定风险评估机制等）、加强合法性审查（建立行政机关内部重大决策合法性审查机制）、坚持集体讨论决定等。

3. 严格决策责任追究

决策机关应当跟踪决策执行情况和实施效果，根据实际需要进行重大行政决策后评估。健全并严格实施重大决策终身责任追究制度及责任倒查机制，对决策严重失误或者依法应该及时作出决策但久拖不决造成重大损失、恶劣影响的，严格追究行政首长、负有责任的其他领导人员和相关责任人员的党纪政纪和法律责任。

（四）坚持严格规范公正文明执法

行政执法是政府实施法律法规、履行法定职能、管理经济社会事务的主要方式。习近平总书记指出：“国务院和地方各级人民政府作为国家权力机

---

① 肖捷：《完善国家行政体制》，载本书编写组编著：《党的十九届四中全会〈决定〉学习辅导百问》，党建读物出版社、学习出版社 2019 年版，第 161 页。

关的执行机关，作为国家行政机关，负有严格贯彻实施宪法和法律的重要职责，要规范政府行为，切实做到严格规范公正文明执法。”①习近平总书记进一步提出：“针对当前依然存在的执法不规范、不严格、不透明、不文明以及不作为、乱作为等突出问题，必须加快建立权责统一、权威高效的依法行政体制。”②“要推进严格执法，理顺执法体制，完善行政执法程序，全面落实行政执法责任制。”③习近平总书记对坚持严格规范公正文明执法的重要论述分三个层次。

1. 深化行政执法体制改革

要合理配置执法力量，最大限度减少不必要的行政执法事项；进一步整合行政执法队伍，继续探索实行跨领域跨部门综合执法，推动执法重心下移，提高行政执法能力水平；落实行政执法责任制和责任追究制度。④在深化党和国家机构改革中，习近平总书记提出，“把深化综合执法改革作为专项任务，在市场监管、生态环保、文化市场、交通运输、农业等领域整合组建执法队伍，大幅减少执法队伍类别，合理配置执法力量，着力解决多头多层重复执法问题，努力做到严格规范公正文明执法”⑤。这些都是全面提高执法效能的有效举措。

2. 全面贯彻严格规范公正文明执法

目前，执法过程中仍存在粗放执法、变通执法、越权执法等问题，严重影响党和政府的形象。行政机关是执法主体，要带头严格执法。要严格执法资质、完善执法程序，建立健全行政裁量权基准制度，确保法律公正、有效实施。习近平总书记强调，“公平正义是执法司法工作的生命线。”“要抓住关键环节，完善执法权力运行机制和管理监督制约体系，努力让人民群众在每一起案件办理、每一件事情处理中都能感受到公平正义。”“严格规范

---

① 习近平：《在首都各界纪念现行宪法公布施行30周年大会上的讲话》，人民出版社2012年版，第9页。

② 习近平：《习近平谈治国理政》（第三卷），外文出版社2020年版，第174页。

③ 习近平：《加强党对全面依法治国的领导》，载《求是》2019年第4期。

④ 参见《中共中央关于坚持和完善中国特色社会主义制度、推进国家治理体系和治理能力现代化若干重大问题的决定》，载本书编写组编著：《党的十九届四中全会〈决定〉学习辅导百问》，党建读物出版社、学习出版社2019年版，第12页。

⑤ 习近平：《习近平谈治国理政》（第三卷），外文出版社2020年版，第174页。

公正文明执法是一个整体，要准确把握、全面贯彻，不能畸轻畸重、顾此失彼。”“要树立正确法治理念，把打击犯罪同保障人权、追求效率同实现公正、执法目的同执法形式有机统一起来，坚持以法为据、以理服人、以情感人，努力实现最佳的法律效果、政治效果、社会效果。”① 习近平总书记还特别强调，“涉及群众的问题，要准确把握社会心态和群众情绪，充分考虑执法对象的切身感受，规范执法言行，推行人性化执法、柔性执法、阳光执法，不要搞粗暴执法、‘委托暴力’那一套。”②

3. 加强行政执法保障

推动形成全社会支持行政执法机关依法履职的氛围。对妨碍行政机关正常工作秩序、阻碍行政执法人员依法履责的违法行为，坚决依法处理。各级党政机关和领导干部要支持行政执法机关依法公正行使职权，不得让行政执法人员做不符合法律规定的事情。

（五）强化对行政权力的制约和监督

纵观人类政治文明史，权力是一把双刃剑，在法治轨道上行使可以造福人民，在法律之外行使则必然祸害国家和人民。任何国家机关及其工作人员的权力都要受到制约和监督。行政机关拥有资源配置和社会管理的广泛权力，是各种腐败现象的高发领域。加强对行政权力的制约和监督，对法治政府建设至关重要。法治政府同时应是诚信政府、阳光政府、廉洁政府。习近平总书记对权力监督作了许多精辟的阐述。

1. 健全权力运行制约和监督体系

要健全权力运行制约和监督体系，有权必有责，用权受监督，失职要问责，违法要追究，保证人民赋予的权力始终用来为人民谋利益。要强化制约，合理分解权力，科学配置权力，不同性质的权力由不同部门、单位、个人行使，形成科学的权力结构和运行机制。

2. 加强政府内部权力的制约

强化对行政权力制约的重点是加强对政府内部权力的制约与监督。对财政资金分配使用、国有资产监管、政府投资、政府采购、公共资源转让、公

① 习近平：《论坚持全面依法治国》，中央文献出版社 2020 年版，第 259~260 页。

② 习近平：《论坚持全面依法治国》，中央文献出版社 2020 年版，第 52 页。

共工程建设等权力集中的部门和岗位实行分事行权、分岗设权、分级授权，定期轮岗，强化内部流程控制，防止权力滥用。完善政府内部层级监督和专门监督，改进上级机关对下级机关的监督，建立常态化监督制度。完善纠错问责机制，健全责令公开道歉、停职检查、引咎辞职、责令辞职、罢免等问责方式和程序。完善审计制度，保障依法独立行使审计监督权。

3. 增强监督合力和实效

要加强党内监督、人大监督、民主监督、行政监督、司法监督、审计监督、社会监督、舆论监督，努力形成科学有效的权力运行和监督体系，增强监督合力和实效。习近平总书记强调："要强化监督，着力改进对领导干部特别是一把手行使权力的监督，加强领导班子内部监督，加强行政监察、审计监督、巡视监督。"[①]

4. 全面推进政务公开

政务公开是建设法治政府的一项重要制度。要以制度安排把政务公开贯穿政务运行全过程，权力运行到哪里，公开和监督就延伸到哪里。习近平总书记强调，全面推进政务公开。[②]要推进权力运行公开化、规范化，完善党务公开、政务公开、司法公开和各领域办事公开制度，让人民监督权力，让权力在阳光下运行。[③]坚持以公开为常态、不公开为例外原则，推进决策公开、执行公开、管理公开、服务公开、结果公开。各级政府及其工作部门依据权力清单，向社会全面公开政府职能、法律依据、实施主体、职责权限、管理流程、监督方式等事项。重点推进财政预算、公共资源配置、重大建设项目批准和实施、社会公益事业建设等领域的政府信息公开。要创新公开方式，扩大政务公开参与，注重公开实效，让群众看得懂、听得懂、能监督、好参与。

此外，习近平总书记还强调了监督部门的自身监督意识与职责，"纪检监

---

① 中共中央文献研究室编：《习近平关于全面从严治党论述摘编》，中央文献出版社 2016 年版，第 202 页。

② 中共中央文献研究室编：《十八大以来重要文献选编》(中)，中央文献出版社 2016 年版，第 189 页。

③ 中共中央文献研究室编：《十八大以来重要文献选编》(中)，中央文献出版社 2016 年版，第 78 页。

察机关要在强化自我监督、自我约束上作表率，牢固树立法治意识、程序意识、证据意识，严格按照权限、规则、程序开展工作，下更大气力把队伍建强、让干部过硬”[①]。

（六）依法有效化解社会矛盾纠纷

矛盾处理是一个国家、社会长治久安的基础性工作。解决问题的宗旨，就是为人民服务。老百姓都能够顺心满意，我们这个国家才能越来越好。人民权益要靠法律保障，为使人民权益得到切实有效保障，应当依法有效化解社会矛盾纠纷。

1. 增强全民法治观念

要强化法律在维护群众权益、化解社会矛盾中的权威地位，引导和支持人们理性表达诉求、依法维护权益，通过法定渠道解决矛盾纠纷，使大家都相信，只要是合理合法的诉求，通过法律程序就能得到合理合法的结果。

2. 完善社会矛盾纠纷源头预防多元化解综合机制

行政机关在预防、解决行政争议和民事纠纷中要充分发挥作用。基层是社会和谐稳定的基础。要完善社会矛盾纠纷多元预防调处化解综合机制，把党员、干部下访和群众上访结合起来，把群众矛盾纠纷调处化解工作规范起来，让老百姓遇到问题能有地方“找个说法”，切实把矛盾解决在萌芽状态、化解在基层。要加强和创新基层社会治理，坚持和完善新时代“枫桥经验”，加强城乡社区建设，强化网格化管理和服务，完善社会矛盾纠纷源头预防多元化解综合机制，切实把矛盾化解在基层，维护好社会稳定。

3. 健全依法化解纠纷机制

构建对维护群众利益具有重大作用的制度体系，建立健全社会矛盾预警机制、利益表达机制、协商沟通机制、救济救助机制。加强行政复议工作，完善行政调解、行政裁决、仲裁制度，加强人民调解工作，促使各种纠纷解决方式有机衔接、相互协调，全面形成公正、高效、便捷、成本低廉的多元化矛盾纠纷解决机制。改革信访工作制度，把信访纳入法治化轨道，保障合

---

① 《习近平在十九届中央纪委第四次全会上发表重要讲话强调 一以贯之全面从严治党强化对权力运行的制约和监督 为决胜全面建成小康社会决战脱贫攻坚提供坚强保障》，载《人民日报》2020 年 1 月 14 日。

理合法诉求依照法律规定和程序就能得到合理合法的结果。

（七）全面提高政府工作人员法治思维和依法行政能力

政府工作人员特别是领导干部是法治政府建设的主力军，具体行使国家行政权，其法治思维和依法行政能力水平直接影响法律的公正有效实施，影响法律的尊严和权威，影响人民群众对社会公平正义的信心。执法是把纸面上的法律变为现实生活中活的法律的关键环节，执法人员必须忠于法律、捍卫法律，严格执法、敢于担当。要加强公职人员队伍建设和管理，提高依法履职能力。习近平总书记多次强调建设一支德才兼备的高素质法治队伍至关重要，提出必须着力建设一支忠于党、忠于国家、忠于人民、忠于法律的社会主义法治工作队伍，一支党和人民信得过、靠得住、能放心的政法队伍。

1. 重视法治素养和法治能力的用人导向

用人导向最重要、最根本、也最管用。法治观念、法治素养是干部德才的重要内容。在相同条件下，优先提拔使用法治素养好、依法办事能力强的干部。

2. 抓住领导干部这个“关键少数”

领导干部必须带头尊崇法治、敬畏法律，了解法律、掌握法律，遵纪守法、捍卫法治，厉行法治、依法办事，不断提高运用法治思维和法治方式深化改革、推动发展、化解矛盾、维护稳定的能力，做尊法学法守法用法的模范，以实际行动带动全社会尊法学法守法用法。领导干部提高法治思维和依法办事能力，关键要做到以下几点：一是要守法律、重程序，这是法治的第一位要求。二是要牢记职权法定，明白权力来自哪里、界线划在哪里，做到法定职责必须为、法无授权不可为。三是要保护人民权益，这是法治的根本目的。四是要受监督，这既是对领导干部行使权力的监督，也是对领导干部正确行使权力的制度保护。习近平总书记强调，各级领导干部“不要去行使依法不该由自己行使的权力，也不要去干预依法自己不能干预的事情，更不能以言代法、以权压法、徇私枉法”①。

① 习近平：《论坚持全面依法治国》，中央文献出版社 2020 年版，第 25 页。

3. 要注重法治人才的培养

“法治人才培养上不去，法治领域不能人才辈出，全面依法治国就不可能做好。”[①] 要加强理想信念教育，深入开展社会主义核心价值观和社会主义法治理念教育，推进法治专门队伍正规化、专业化、职业化，提高职业素养和专业水平。要坚持立德树人，德法兼修，创新法治人才培养机制，努力培养造就一大批高素质法治人才及后备力量。在中央全面依法治国工作会议上，习近平总书记强调：“坚持统筹推进国内法治和涉外法治。要加快涉外法治工作战略布局，协调推进国内治理和国际治理，更好维护国家主权、安全、发展利益。”[②] 这实质上对加强涉外法治人才培养提出了具体要求。会后不久，时任中国法学会会长王晨同志在北京部分高等院校调研时强调，要以习近平法治思想为指导，推进涉外法治人才培养，为加快涉外法治工作战略布局提供有力人才支撑。加强法律储备和人才储备，努力培养大批政治立场坚定、专业素质过硬、跨学科跨领域、善于破解实践难题的一流涉外法治人才队伍。健全国际法学科体系，建立以实践为导向的涉外法治人才培养机制，主动服务国家战略，服务重点领域、新兴领域、涉外领域立法，为提升我国在国际法律事务和全球治理方面的话语权和影响力作出积极贡献。[③]

综上，习近平总书记关于法治政府建设的重要论述全方位地提出法治政府建设的新规划，这既是法治政府建设的目标方向，也是检验法治政府建设的衡量标准，更是法治政府建设的实践要求。

三、法治政府建设理论的重大创新

习近平总书记关于法治政府建设的重要论述与新时代法治建设实践紧密结合，是对我国以往法治政府建设理论与实践的总结提炼与发展创新，理论创新主要体现在以下四个方面：

---

① 《习近平在中国政法大学考察》，载《人民日报》2017 年 5 月 4 日。

② 习近平：《论坚持全面依法治国》，中央文献出版社 2020 年版，第 5 页。

③ 《以习近平法治思想为指导推进涉外法治人才培养》，载《人民日报》2020 年 11 月 27 日。

（一）拓展深化了党的领导理论

中国共产党的领导是中国特色社会主义最本质的特征，是社会主义法治最根本的保证。把党的领导贯彻到依法治国全过程和各方面，是我国社会主义法治建设的一条基本经验。在指导与推进法治政府建设进程中，习近平总书记关于法治政府建设的重要论述对党的领导理论作出了创新发展：

1. 强化了党总揽全局、协调各方的领导地位

从当前和长远的国家发展需要来看，我国经济社会系统的复杂程度远超历史上任何一个时期，发展环境也面临深刻复杂变化，对国家治理、政府履责的精准性、系统性、协调性、前瞻性都提出了更高的要求；加之随着改革的不断深入，各部门各领域各方面各环节的关联性、互动性也明显增强，某一方面的决策都可能对其他方面产生影响，而每一项决策的执行落实又需要相关方面的协力配合，这些都势必需要更好发挥我国制度的最大优势——中国共产党领导。习近平总书记强调，确保党发挥总揽全局、协调各方的领导核心作用。[①]“党总揽全局、协调各方的领导体系是居于统领地位的，是全覆盖、全贯穿的，人大、政府、政协……在党的统一领导下，各就其位、各司其职、各尽其责、有序协同，保证中央和地方各级政令统一、运行顺畅、执行高效、充满活力。”[②]只有在党的集中统一领导下，才能更加有力有序有效地把党的领导贯彻落实到法治政府建设的方方面面，才能保证政令上下贯通、执行有力，才能促进协同配合，形成工作合力，才能优化政策效应，提高行政效能，从而更好地发挥政府的作用。

2. 强调党对法治政府建设的积极推动作用

从世界范围来看，法治秩序的形成与经济社会发展需要一般是同步的，是一个自发的、内生的、渐进的过程，但这个过程往往比较漫长，需要经过上百年甚至几百年的时间。而我国有着自己的特殊国情，一方面，在短短七十多年的时间里，我们党领导人民创造了世所罕见的“经济快速发展、社会长期稳定”两大奇迹；但同时也要注意到，相对而言，我国属于法治后发国家，因而法治要跟上经济社会发展速度，发挥引领、规范、保障作用，就必

① 习近平：《论坚持全面依法治国》，中央文献出版社 2020 年版，第 43 页。
② 习近平：《习近平谈治国理政》（第三卷），外文出版社 2020 年版，第 169 页。

须发挥党和政府对法治的推动作用。习近平总书记指出，“我们要在短短几十年时间内在十三亿多人口的大国实现社会主义现代化，就必须自上而下、自下而上双向互动地推进法治化”。[①]以习近平同志为核心的党中央立足全局和长远，对法治政府建设进行战略谋划和顶层设计，明确了目标方向，规划了时间表、任务书等。比如，2018 年党中央组建中央全面依法治国委员会就是加强党对法治政府建设领导的一项重要举措；党的十八届四中全会对“深入推进依法行政，加快建设法治政府”作了全面部署，提出了法治政府的建设目标和重点任务；2021 年，中共中央印发了《法治中国建设规划（2020—2025 年）》重要文件，其中相当大的一部分内容关涉法治政府建设问题，如提出构建职责明确、依法行政的政府治理体系的具体要求。以上这些都充分体现了党对法治政府建设的谋划和推动作用。

3. 切实将党的领导落实到法治政府建设的各方面、各环节

坚持党的领导不是一句空的口号，必须具体体现在党领导立法、保证执法、支持司法、带头守法上。党的十八届四中全会《决定》提出，各级政府必须坚持在党的领导下、在法治轨道上开展工作，并提出了一些重要措施。习近平总书记在对《决定》作出说明时强调，全面推进依法治国的重点应该是保证法律严格实施。[②]习近平总书记早在 2012 年就提出党要“保证执法”，[③]后来进一步阐释“对执法机关严格执法，只要符合法律和程序的，各级党委和政府都要给予支持和保护，不要认为执法机关给自己找了麻烦，也不要担心会给自己的形象和政绩带来什么不利影响”[④]。此外，习近平总书记还提出，要支持政法系统各单位依照宪法法律独立负责、协调一致开展工作。同时强调，党对政法工作的领导是管方向、管政策、管原则、管干部，不是包办具体事务，不要越俎代庖。[⑤]

---

① 习近平：《论坚持全面依法治国》，中央文献出版社 2020 年版，第 135~136 页。

② 习近平：《论坚持全面依法治国》，中央文献出版社 2020 年版，第 96~97 页。

③ 习近平：《在首都各界纪念现行宪法公布施行 30 周年大会上的讲话》，人民出版社 2012 年版，第 11 页。

④ 中共中央文献研究室编：《习近平关于全面依法治国论述摘编》，中央文献出版社 2015 年版，第 59 页。

⑤ 习近平：《论坚持全面依法治国》，中央文献出版社 2020 年版，第 44 页。

（二）创造性提出了“三个共同推进、三个一体建设”理论

“三个共同推进、三个一体建设”是习近平总书记关于法治政府建设的重要论述中的重要观点，是对法治政府建设理论的重大创新。习近平总书记最初提出“坚持依法治国、依法执政、依法行政共同推进，坚持法治国家、法治政府、法治社会一体建设”是在首都各界纪念现行宪法公布施行30周年大会上，[①]后来在中共十八届中央政治局第四次集体学习、党的十八届三中全会、十八届四中全会、十九大等许多重大场合都进行了强调与阐述，其内涵不断丰富与完善。《法治中国建设规划（2020—2025年）》也将其列为法治中国建设主要原则之一“坚持统筹推进”中的重要内容。

1.强调共同推进、一体建设的整体性

法治国家、法治政府、法治社会是有机联系的统一整体，必须一体建设、形成合力。随着全面深化改革的深入，改革进入攻坚期和深水区，更多深层次的体制机制问题暴露出来，许多都是涉及利益关系和权力格局调整的“硬骨头”，这些对统筹谋划、协调推进的要求更高，法治建设必须回应这一现实问题。正是在这种时代背景下，习近平总书记提出了“三个共同推进、三个一体建设”。他指出，全面依法治国是一个系统工程，必须统筹兼顾、把握重点、整体谋划，更加注重系统性、整体性、协同性。[②]要“在共同推进上着力，在一体建设上用劲”[③]。依法治国、依法执政、依法行政同样是一个有机整体，三者本质一致、目标一体、成效相关，关键在于党要坚持依法执政、各级政府要坚持依法行政。坚持“三个共同推进”“三个一体建设”，体现的是统筹兼顾原则，可以有效避免畸轻畸重、顾此失彼的现象。[④]

2.法治国家、法治政府、法治社会统一于法治中国的框架之中

一般意义上而言，国家是上位概念，包含了政府和社会，而政府和社会则是国家构成的不同呈现形式。法治国家中存在法治政府和法治社会的分野，

---

① 《习近平在首都各界纪念现行宪法公布施行30周年大会上的讲话》，载《人民日报》2012年12月5日。

② 习近平：《加强党对全面依法治国的领导》，载《求是》2019年第4期。

③ 习近平：《加快建设社会主义法治国家》，载《求是》2015年第1期。

④ 江必新：《习近平全面依法治国新理念新思想新战略对法治理论的发展》，载《法学杂志》2020年第5期。

二者统一于法治国家的框架中，“旨在解决法治建设方面各自为政的问题，增强法治建设的整体性、系统性、协同性”。①

3. 深化了法治国家、法治政府、法治社会三者的相互关系

法治国家、法治政府、法治社会三者各有侧重、相辅相成，法治国家是法治建设的目标，法治政府是建设法治国家的主体，法治社会是构筑法治国家的基础。统属于法治中国整体的各个部分虽有不同侧重，但相互之间是相互联系、不可割裂的。比如，法治政府建设也不是单依靠政府自身就可以实现，还需要良好的法治环境，需要社会多元主体共同治理，需要党和国家的各类资源等。在一体建设中，如果只片面注重某一方面，就容易受到其他方面的掣肘，影响治理效能；而坚持统筹考量、整体推进，则能相互促进、相互强化、相互支撑。党的十九大报告提出“法治国家、法治政府、法治社会建设相互促进”的表述。党的二十大报告也强调“坚持法治国家、法治政府、法治社会一体建设”的要求。

4. 强调了依法行政、法治政府在共同推进、一体建设中的主体地位和枢纽功能

将法治政府建设作为依法治国的重点任务和主体工程，将依法行政作为依法治国的关键之一，凸显了法治政府在法治中国建设中的主体地位。具体表现为，将法治政府建设作为抓手，率先进行突破，以法治政府的建设水平来衡量、评判国家的法治水平，以法治政府建设作为联结“三个共同推进、三个一体建设”的枢纽，从依法行政环节来助推科学立法和公正司法，由法治政府带头尊法、信法、守法、用法、护法，为法治国家、法治社会树立典型示范，发挥对法治国家与法治社会建设的示范带动作用。

（三）充实完善了依法治国的重点

严格执法是依法行政的基本要求，是建设法治政府的关键环节。在党的十八大以前，严格执法的要义集中体现在执法必严、违法必究方面。习近平总书记在法治实践基础上，对严格执法理论作了全面拓展：

① 张文显：《习近平法治思想的理论体系》，载《法制与社会发展》2021 年第 1 期。

1. 强调了严格执法的重要地位

全面推进依法治国，必须坚持严格执法。法律的生命力在于实施。如果有了法律而不实施，或者实施不力，搞得有法不依、执法不严、违法不究，那制定再多法律也无济于事。法令行则国治，法令弛则国乱。现实生活中出现的很多问题，往往同执法失之于宽、失之于松有很大关系。对违法行为一定要严格尺度、依法处理。各级国家行政机关、审判机关、检察机关是法律实施的重要主体，必须担负法律实施的法定职责。这是因为，法治建设要为了人民、依靠人民、造福人民、保护人民。执法部门代表的是人民利益，决不能成为家族势力、黑恶势力的保护伞。不能有法不依、执法不严，把法律法规当儿戏。我们必须促进严格规范公正文明执法，让人民群众真正感受到公平正义就在身边。

2. 强调了严格规范公正文明执法的统一性

全面依法治国的重点任务是着力推进科学立法、严格执法、公正司法、全民守法，这也被称为新时代我国法治建设的“新十六字”方针。这其中将执法环节的要求概括为严格执法，是对执法环节的重点要求的强调，同时也是高度精练概括的需要。但不可据此认为，法治政府建设对执法环节仅仅是提出了严格执法的要求。推进严格执法，重点是解决执法不规范、不严格、不透明、不文明以及不作为、乱作为等突出问题。此处的严格执法实质上是广义的概念，涵盖了严格规范公正文明执法，这也是法治建设的重点任务和基本要求。习近平总书记强调：“严格文明公正执法是一个整体，要全面贯彻。文明执法、公正执法要强调，严格执法也要强调，不能畸轻畸重。”[①] “能不能做到严格规范公正文明执法，事关人民群众切身利益，事关党和政府法治形象。”[②] 执法的最好效果就是让人口服心服，因此，必须注重执法目的与执法形式的有机统一，做到严格规范文明公正执法，切不可片面地、机械地理解和实施，这既是形式法治与实质法治相统一的基本要求，也是实现执法的最佳法律效果、政治效果和社会效果的必然要求。

---

① 中共中央文献研究室编：《习近平关于全面依法治国论述摘编》，中央文献出版社 2015 年版，第 58 页。

② 习近平：《论坚持全面依法治国》，中央文献出版社 2020 年版，第 259 页。

3. 将严格执法延伸到每个领域都一体实施，对所有对象均一视同仁

习近平总书记对互联网、生态环境保护等多个领域明确提出严格执法要求。他指出，无论什么形式的媒体，无论网上还是网下，无论大屏还是小屏，都没有法外之地、舆论飞地。① 习近平总书记还特别强调了加大环境保护执法力度："生态文明建设是关系中华民族永续发展的千年大计。"② 要"用最严格的制度、最严密的法治保护生态环境"③。

4. 强化对执法的监督保障

不受监督的权力必将走向滥用乃至腐败。强化对执法的监督，是确保法律公正有效实施的有效途径。习近平总书记强调，"行政机关是实施法律法规的重要主体，要带头严格执法。""法律需要人来执行，如果执法的人自己不守法，那法律再好也没用！我们要加强对执法活动的监督，坚决排除对执法活动的非法干预，坚决防止和克服地方保护主义和部门保护主义，坚决防止和克服执法工作中的利益驱动，坚决惩治腐败现象，做到有权必有责、用权受监督、违法必追究。"④

（四）推动了行政法理论体系的创新发展

习近平总书记关于法治政府建设的重要论述是习近平法治思想的重要内核，与新时代法治政府建设实践紧密相连，阐明了新时代特定社会背景下的法治理论元素，推动了我国法学理论尤其是行政法理论体系的发展。

1. 推动行政法基础理论的发展

有学者指出，"每一种行政法理论背后，皆蕴藏着一种国家理论。"⑤ 党的十八大以来，中国共产党在对法治建设实践经验进行总结提炼的基础上，提出了与我国国情相符的改革发展举措，取得了一些制度与理论创新成果，但同时也较以往发生了系列变化，这是行政法理论的新的时代背景。"进入新时代的中国亦将出现或者已经出现若干需要行政法调整但又无法在现有框架中

① 习近平：《加快推动媒体融合发展 构建全媒体传播格局》，载《求是》2019年第6期。

② 习近平：《论坚持人与自然和谐共生》，中央文献出版社2022年版，第249页。

③ 习近平：《推动我国生态文明建设迈上新台阶》，载《求是》2019年第3期。

④ 习近平：《论坚持全面依法治国》，中央文献出版社2020年版，第21~22页。

⑤ ［英］卡罗尔·哈洛、理查德·罗林斯：《法律与行政》（上卷），杨伟东等译，商务印书馆2004年版，第1页。

找到准确坐标的区域”，[①] 行政法的调整范围也必然随着时代赋予的新任务变化而发生变化。比如，党的十九届三中全会通过的《深化党和国家机构改革方案》提出，要推进职责相近的党政机关合并设立或合署办公。这能有效破解机构设置和职能配置中的各种突出矛盾，推进机构职能优化协同高效，强化法治政府建设的组织机构方面的支撑。但同时，党的机关通过实质行使行政权的方式直接参与到国家治理之中，“而现有行政法理论和制度并没有将‘党’在行政过程中的角色予以明确界定，也无法为党政机构融合之后产生的问题提供现成的解决方案”，[②] 这无疑给公法原理及制度特别是行政法理论带来了极大的冲击，也将推进行政主体理论、行政行为理论、行政合法性审查理论、行政责任理论、行政救济理论等行政法基础理论的革新。比如，有学者针对党政合设合署所引发的党的机构的被告资格如何认定、党的机构制发或牵头制发的规范性文件的可审查性、强势被告对行政审判体制的考验等问题，在行政诉讼制度范围作了探讨回应。[③]

2. 推动行政法治理念的变化

习近平总书记深刻指出，人民对美好生活的向往，就是我们的奋斗目标，[④] 这也是新时代国家的主要任务。“我国法治建设、改革发展、国家治理、制度建设都应当以人民根本利益为依归，都要热切呼应人们对美好生活的需要。”[⑤] “坚持以人民为中心是法治政府建设的本质要求。”[⑥] 习近平总书记关于法治政府建设的重要论述蕴含着积极法治观，一方面强调要规范公权力的行使以维护人民权益，同时又强调促进和保障公权力积极发挥作用以增进人民福祉。特别是在风险社会，政府承担更多的公共职责，许多行政任务的实现、

① 卢护锋：《新时代我国行政法的主题变奏与体系建构》，载《吉林大学社会科学学报》2018 年第 4 期。

② 林鸿潮：《党政机构融合与行政法的回应》，载《当代法学》2019 年第 4 期。

③ 详见黄先雄：《党政合设合署与行政诉讼制度的回应》，载《中外法学》2020 年第 2 期。

④《习近平：人民对美好生活的向往就是我们的奋斗目标》，载《人民日报》2012 年 11 月 16 日。

⑤ 参见江必新、黄明慧：《贯彻习近平法治思想 建设高质量的制度体系》，载《法学论坛》2021 年第 1 期。

⑥ 马怀德：《习近平法治思想中法治政府理论的核心命题》，载《行政法学研究》2020 年第 6 期。

行政目标的达成都需要政府以更积极的状态去履行职责。有学者认为，新时代人们对行政权所持的相对消极立场会发生变化，将步入一个相对积极的时代，“控制行政权以保障私人权益”和“激励行政权以增进社会福祉”成为新时代行政法的两大主题。[①] 我们党的重要报告中也多次提出，要建设职能科学、结构优化、廉洁高效、人民满意的服务型政府。

3. 推动行政法具体制度的完善

法治政府建设理论推动了行政法治理念、基本理论的发展变化，也必然反射到具体的制度构建中。比如，（1）为转变优化政府职能，作出的优化政府组织结构，统筹党政群机构改革，推进机构编制管理科学化、规范化、法制化等部署，会推动行政组织法律制度的更新；（2）在积极行政理念之下，必然带来行政激励制度与监管制度的革新；（3）在更多领域推行的公私合作与更深度的公众参与，促使行政程序制度的不断优化；（4）新时代行政任务目标、方式手段的变化，会促进行政决策、行政协议、行政指导、行政应急等制度的完善；（5）建设法治政府要求研究建立健全行政纠纷解决体系，也将推动行政调解、行政裁决、行政复议、行政诉讼有机衔接的纠纷解决机制的构建；（6）以智慧法治提高政府治理效能，也必然要求建立健全大数据等新兴科技辅助科学决策和社会治理的机制等。

① 卢护锋：《新时代我国行政法的主题变奏与体系建构》，载《吉林大学社会科学学报》2018 年第 4 期。

◉ 第六章 ◉

法治实施与公正司法

习近平法治思想对司法工作最为核心的要求是坚持公正司法，努力让人民群众在每一个司法案件中感受到公平正义。司法机关要切实做好司法工作，必须紧紧围绕这一核心要求，深入学习领会习近平法治思想，把习近平法治思想融会贯穿于司法工作的全过程和各环节，切实保证公正司法真正落到实处，坚决守护好社会公平正义的最后一道防线。以习近平法治思想引领司法工作，需要着重把握好以下七个方面。

一、提高政治站位，坚持正确的司法原则

习近平总书记多次强调各级司法机关要增强“四个意识”、坚定“四个自信”、做到“两个维护”，着力推进司法领域全面深化改革，提高司法工作现代化水平。司法工作是政治性很强的业务工作，也是业务性很强的政治工作，提高政治站位，坚持正确的司法原则是首要工作要求。

（一）司法工作要坚持中国特色社会主义政治原则

司法工作具有鲜明的政治性，司法机关要旗帜鲜明地把政治建设放在首

位，坚持在党的领导下，保障全面依法治国基本方略的顺利实施。

1. 坚持党对司法工作的绝对领导

坚持党对司法工作的绝对领导是新中国成立以来的政治原则和政治实践，是我国社会主义法治建设的一条基本经验。司法机关是党领导下的国家司法审判和法律监督机关，在司法工作中“一定要保持政治清醒和政治自觉，任何时候任何情况都不能有丝毫动摇”[①]，不仅要坚持党对司法工作的绝对领导不动摇，还要加强和改善党对司法工作的领导，不断提高党领导司法工作的能力和水平。习近平总书记强调要坚持党领导立法，保证执法，支持司法、带头守法，[②]全面呈现了党统筹协调依法治国各环节的领导核心地位，明确了党支持司法的指导思想。党对司法工作的领导是政治领导，不得干预司法机关具体案件的处理，党自身也必须在宪法和法律范围内活动，并要切实保障司法机关依法独立公正行使审判权和检察权。

2. 坚持以人民为中心

以人民为中心反映了中国特色社会主义司法制度鲜明的人民性特征。司法机关应始终以让人民群众满意为服务宗旨，认真对待人民群众的诉求，公正处理每一个司法案件。以人民为中心要求司法机关以公正公开赢民心。要“加大司法公开力度，回应人民群众对司法公正公开的关注和期待。”[③]如果司法不公、人心不服，司法的功能就难以实现。以人民为中心要求司法机关以热情服务解民困。司法机关要改进工作作风，“切实解决好老百姓打官司难问题”，[④]做到想群众之所想，解群众之所急，让人民群众有更多的安全感、获得感和幸福感。以人民为中心要求司法机关以情理法融合纾解纠纷。司法工作要善于将“国法”“公理”“人情”融入审判执行监督各环节中，既要向当事人讲清法理，又要讲明事理，还要讲透情理，在给当事人带来正义的同时，还

---

① 中共中央文献研究室编：《习近平关于全面依法治国论述摘编》，中央文献出版社 2015 年版，第 20 页。

② 习近平：《习近平谈治国理政》（第二卷），外文出版社 2017 年版，第 39 页。

③ 中共中央文献研究室编：《习近平关于全面依法治国论述摘编》，中央文献出版社 2015 年版，第 69 页。

④ 中共中央文献研究室编：《习近平关于全面依法治国论述摘编》，中央文献出版社 2015 年版，第 68 页。

要解开当事人的“心结”，做到真正案结事了。

3. 坚持履行服务于党和国家工作大局的政治责任

司法机关要“始终把司法工作置于党和国家大局、国内国际两个大局中进行前瞻性思考，把司法工作同厚植党长期执政的群众基础紧密结合起来”[①]。司法机关必须以党和国家工作大局为重，以最广大人民利益为念，切实肩负起中国特色社会主义事业建设者、捍卫者的职责使命。[②]习近平总书记强调：要“把政法综治工作放在全面推进依法治国大局中来谋划，深入推进平安中国建设”[③]。司法机关要履行好维护社会大局稳定、促进社会公平正义、保障人民安居乐业的职责使命，在司法案件中协调好国家利益与个人利益的关系，兼顾社会效果与法律效果的统一。司法工作要立足国情，在经济社会发展全局中进行谋划，处理好依法办案和服务大局的辩证关系，贯彻落实好党中央的重大决策部署，努力建设更高水平的平安中国、法治中国。

（二）司法工作要坚持人类法治文明认同的法律原则

我国的司法制度为世界法治发展贡献了中国智慧，是世界法治文明的重要组成部分，因此也要遵循人类法治文明认同的法律原则。

1. 坚持宪法法律至上

坚持宪法法律至上是全面依法治国的应有之义，要求任何组织或者个人都必须在宪法和法律范围内活动，任何公民、社会组织和国家机关都要以宪法和法律为行为准则，依照宪法和法律行使权利或权力、履行义务或职责[④]。坚持宪法法律至上要求司法机关坚决维护宪法和法律的权威。习近平总书记强调：“维护宪法法律权威就是维护党和人民共同意志的权威，捍卫宪法法律尊严就是捍卫党和人民共同意志的尊严，保证宪法法律实施就是保证党和人民共同意志的实现。”[⑤]司法机关作为宪法法律的实施机关，要勇于担起全面贯

① 参见周强：《坚持以人民为中心 努力让人民群众在每一个司法案件中感受到公平正义》，载《习近平法治思想研究与实践》专刊 2021 年第 2 期（《民主与法制》周刊 2021 年第 44 期）。

② 习近平：《论坚持全面依法治国》，中央文献出版社 2020 年版，第 17 页。

③ 习近平：《论坚持全面依法治国》，中央文献出版社 2020 年版，第 119 页。

④ 参见中共中央文献研究室编：《习近平关于全面依法治国论述摘编》，中央文献出版社 2015 年版，第 87~88 页。

⑤ 中共中央文献研究室编：《习近平关于全面依法治国论述摘编》，中央文献出版社 2015 年版，第 121 页。

彻实施宪法法律的职责使命，捍卫党和人民的共同意志。司法人员要带头弘扬社会主义法治理念，要把法治精神当作主心骨，抵挡住各种诱惑和不当干预，只服从事实和法律，秉公执法，公正办案。

2. 坚持法律面前人人平等

法律面前人人平等是指宪法法律保障任何组织和个人享有平等的法律人格。任何组织和个人都一律平等地受到宪法和法律保护；不允许任何组织和个人享有超越宪法和法律的特权。社会主义法治国家的平等是指人民共同拥有国家主权，每个人在法律人格上都是平等的，都具有以平等的身份获得司法救济的权利。司法机关要在遵循司法工作规律的前提下，尊重并保障每一个诉讼参与人的实体和程序权利，不受权力、人情、关系的干涉。司法机关要维护国家法制的统一、尊严、权威，确保任何组织和个人在宪法法律范围内活动，平等地享有宪法和法律规定的各项权利和履行各项义务。

3. 坚持公平正义

公正司法是社会公平正义的保障，是司法工作的生命线，“是我们党追求的一个非常崇高的价值”①。坚持公平正义要深化司法体制改革，一方面需健全开放、利民、透明的阳光司法工作机制，通过加强外部监督促进公正司法；另一方面要建立记录、通报和追究责任制度，通过完善内部监督遏制干预司法活动。坚持公平正义要从确保个案公正做起。个案公正是公正司法的基础，是确保司法权威的前提。习近平总书记提出的“努力让人民群众在每一个司法案件中感受到公平正义”是对个案公正的具体要求。司法机关要改进司法方式，提高司法工作能力，通过个案的司法程序将抽象的公平正义具体化、现实化。

4. 坚持依法制约和监督权力

习近平总书记高度重视制约和监督权力问题，强调要“健全权力运行制约和监督体系”②。司法权作为公权力的一种，理应坚持依法制约和监督权力原则。首先，司法机关要切实履行司法监督职能。司法机关应当通过司法程序

---

① 中共中央文献研究室编：《习近平关于全面依法治国论述摘编》，中央文献出版社 2015 年版，第 38 页。

② 习近平：《习近平谈治国理政》（第一卷），外文出版社 2018 年版，第 142 页。

有效监督其他机关，特别是行政机关按照法定权限和程序行使权力，做到有权必有责、用权受监督、违法必追究。其次，还要加强对司法机关及其司法人员的监督。司法权同样具有权力的“双刃剑”属性，要依法对其规范、制约及监督，把权力关进制度的笼子，从机构设置、职权划分和管理制度等方面建立一套权责明确、高效廉洁的司法体制。

5. 坚持尊重和保障人权

尊重和保障人权是党的一贯主张。[①] 人权司法保障是人权保障的有效救济机制和最后一道防线，对实现人的生存发展及美好生活的期望都具有重要作用。加强人权司法保障要特别关注弱势群体权益。习近平总书记提出要“加大对困难群众维护合法权益的法律援助”，[②] 并要健全诉讼权利保障机制和冤假错案纠正工作机制，切实保障弱势群体的合法权益。加强人权司法保障还要切实维护人民群众的知情权、监督权、评价权等权利，满足人民群众对美好生活和公平正义的期待。要扩大司法公开途径，加深案外人对人权司法保障的理解，遏制其他权力对人权的侵犯。要赋予人民群众司法评价权，检验司法体制改革成效。

6. 坚持依法独立公正行使职权

司法的性质、功能和使命要求司法机关保持中立性，依法独立公正行使职权，不受各种不当干扰，而“防范这些干扰要有制度保障”[③]。保证司法机关依法独立公正行使职权需要政治制度的支持。习近平总书记强调，各级党组织和领导干部都要旗帜鲜明支持司法机关依法独立行使职权，绝不容许利用职权干预司法。[④] 党对司法工作的领导是方向、政策、原则方面的领导，并不包办具体事务。保证司法机关依法独立公正行使职权还需要司法管理制度的支持。通过推进司法管辖体制改革、司法机关人财物管理体制改革，建立健

① 党的十八大指出，要保证人民依法享有广泛权利和自由。党的十八届四中全会指出，要增强全社会尊重和保障人权意识，加强人权司法保障。党的十九大再次强调，要加强人权法治保障，保证人民依法享有广泛权利和自由。党的二十大报告指出，坚持走中国人权发展道路，积极参与全球人权治理，推动人权事业全面发展。

② 习近平：《论坚持全面依法治国》，中央文献出版社 2020 年版，第 23 页。

③ 中共中央文献研究室编：《习近平关于全面依法治国论述摘编》，中央文献出版社 2015 年版，第 69 页。

④ 参见习近平：《加快建设社会主义法治国家》，载《求是》2015 年第 1 期。

全干预司法活动的登记备案通报制度和责任追究制度等举措，排除地方保护主义对司法工作的干扰，保证司法机关依法独立公正行使职权。

二、坚持正确定位，全面履行司法职责

习近平法治思想明确了新的时代背景下司法工作的地位作用、方向目标及主要任务，为司法机关全面履行司法职责提供了根本遵循。

（一）司法权及司法机关的正确定位

1. 司法权是对案件事实和法律的判断权和裁决权

习近平总书记指出，“司法活动具有特殊的性质和规律，司法权是对案件事实和法律的判断权和裁决权。”[①] 判断权和裁决权是司法权的本质属性。判断是在证据基础上对事实和法律问题的处理，裁决是在对事实判断的基础上，通过审判程序，作出的裁判决定。裁判权体现了司法机关解决诉讼纠纷和化解社会矛盾的基本功能。为充分发挥司法权的判断和裁决作用，首先需要维护法的确定性，释明法律规定的具体含义。其次，判断和裁决是通过个案进行的，离开诉讼场景难以实现。因此，司法机关要坚持推进以审判为中心的诉讼制度改革，在执法办案过程中查明事实真相，依法作出判决。

2. 司法权是中央事权

习近平总书记指出：“我国是单一制国家，司法权从根本上说是中央事权。各地法院不是地方的法院，而是国家设在地方代表国家行使审判权的法院。司法机关人财物应该由中央统一管理和保障。”[②] 将司法权定位为中央事权，确立了司法权的国家权力属性，明晰了各级法院、检察院与地方党政权力机关的关系。由于受历史因素影响，目前司法权的中央事权属性与司法权实现方式的地方属性存在一定的冲突。为避免地方保护主义影响公正司法，现有司法体制改革是由省级财政统筹地方各级司法机关的经费。这一模式是我国司法改革的创新性举措，具有过渡性和阶段性，同时也具有进一步完善

---

① 中共中央文献研究室编：《习近平关于全面依法治国论述摘编》，中央文献出版社 2015 年版，第 102 页。

② 习近平：《论坚持全面依法治国》，中央文献出版社 2020 年版，第 62 页。

的开放性。[①] 既缓和了司法权中央事权属性与实现方式地方属性之间的理论冲突，也体现了习近平法治思想将顶层设计和基层探索有机统一起来的辩证思想。

3. 司法机关是党和人民的“刀把子”

政法机关是党和人民的刀把子，要“培育造就一支忠于党、忠于国家、忠于人民、忠于法律的政法队伍，确保刀把子牢牢掌握在党和人民手中”[②]。司法机关作为政法机关的重要组成部分，在防范危害国家安全和社会稳定的重大风险中具有不可或缺的重要地位。要确保司法人员的纯洁性，把“刀把子”牢牢掌握在忠于党和人民、忠于社会主义事业的人手里，培养一支敢于坚决同危害国家安全、损害人民利益的违法犯罪分子作斗争的司法工作队伍。另外，针对司法机关内部出现的一些腐败问题，“要敢于刀刃向内、刮骨疗毒，坚决清除害群之马”，[③] 确保刀把子的权威性、公正性。

4. 司法机关是国家的免疫系统

政法机关是国家的免疫系统，是祛邪扶正、保证社会肌体健康的重要力量。党的十八大以来，以习近平同志为核心的党中央高度重视法治，充分发挥司法机关对腐败犯罪的惩治作用，保障了国家经济社会的健康有序快速发展。发挥司法机关的国家免疫系统作用，首先要推进反腐败司法工作。反腐败司法是运用法治思维、法治方式、法治手段惩治腐败犯罪、实现反腐败目标的有力工具，有助于树立清正廉洁的国家形象。其次，为有效提高对腐败问题的司法治理能力，应大力加强司法机关作风建设，坚决惩治司法腐败。“对司法腐败，要零容忍。”[④] 这是我们党反对司法腐败、维护司法廉洁的坚定决心和鲜明态度。

（二）司法机关的司法职责

习近平总书记关于我国司法机关职责使命的论述是一个与时俱进的变化过程。在不同时期，司法机关的职责重点有所不同，但综合起来看，可以归

① 参见蒋惠玲：《论“中央事权—省级统管”模式及完善》，载《政法论丛》2021 年第 3 期。

② 中共中央文献研究室编：《习近平关于全面依法治国论述摘编》，中央文献出版社 2015 年版，第 118 页。

③ 习近平：《论坚持全面依法治国》，中央文献出版社 2020 年版，第 249 页。

④ 习近平：《论坚持全面依法治国》，中央文献出版社 2020 年版，第 58 页。

纳为五个方面。

1. 维护国家政治安全

维护国家政治安全是司法机关步入新时代的首要职责。政治安全事关中华民族的生存发展，事关党和国家的长治久安，是社会大局稳定、社会公平正义得以实现的重要前提。司法机关要增强国家忧患意识，提高风险预警能力，“落实好平安建设领导责任制，履行好维护一方稳定、守护一方平安的政治责任”①。司法机关不仅要依法办理好案件，还要在法律框架内充分延伸司法审判和法律监督的职能，在维护社会稳定、化解社会矛盾中切实贯彻好党的群众路线，善于把党的领导和我国社会主义制度优势转化为国家治理效能，协同构建一个稳定、平安、公正的新型社会治理体系。

2. 确保社会大局稳定

当今社会已进入风险社会，恐怖袭击、公共安全隐患等各类风险不断叠加，严重影响平安中国、法治中国建设。司法机关作为全面依法治国的重要主体，是确保社会大局稳定不可或缺的中坚力量。确保社会大局稳定作为司法机关的基本任务，首先，要让司法机关站在全面深化改革、推进国家治理现代化的战略高度上，充分发挥司法职能，依法惩治违法犯罪，公正处理涉民生案件，积极参与社会综合治理，保障社会平安。其次，要正确处理司法体制改革与维护社会大局稳定的关系。坚持从实际出发，把改革的进度、力度与社会可承受程度统一起来，以改革促进社会稳定，获得人民群众的理解支持，确保司法体制改革积极稳妥推进。

3. 促进社会公平正义

公平正义是司法工作的生命线，司法机关是维护社会公平正义的最后一道防线。促进社会公平正义要求司法机关始终按照公平正义的价值要求，以事实为依据，以法律为准绳，公正高效地办好每一起案件。在刑事司法领域，要对严重危害人民生命健康安全的违法犯罪行为加大惩治力度，维护好社会的和谐稳定。在民商事司法领域，要充分发挥职能作用，促使当事人之间实质性化解矛盾纠纷，做到案结事了。在行政司法领域，既要监督行政机关依

① 习近平：《习近平谈治国理政》（第三卷），外文出版社 2020 年版，第 353 页。

法行使职权，又要有效化解当事人与行政机关之间的行政争议，实现司法与行政的良性互动。

4. 保障人民安居乐业

保障人民安居乐业是政法工作的根本目标。司法机关要以便民利民作为改革出发点，不断提高司法机关工作服务水平，积极回应人民群众对司法服务的新需求和新期待。司法工作还应与社会综合治理紧密结合，对于执法办案中发现的涉及国家经济建设、社会安全稳定等方面的问题，应及时向国家有关机关提出社会风险预警，弥补社会治理漏洞；或者通过健全诉讼与非诉讼相衔接的矛盾纠纷解决机制，将大量的社会矛盾化解在诉前和基层，促进社会和谐稳定；或者通过与社会自治组织的积极配合，规范监外执行、完善社区矫正制度，推动社会自治能力的提高，实现社会治理的现代化等。

5. 服务经济社会发展

“十四五”规划和二〇三五年远景目标提出了司法机关要找准服务经济社会发展的结合点和着力点，为我国“十四五”规划开好局提供司法保障。服务经济社会发展要求司法机关强化服务职能，紧紧围绕经济社会发展目标，持续改善市场化、法治化、国际化的营商环境。要结合贯彻实施《民法典》，落实平等保护原则，激发市场主体活力；要紧紧围绕国家重大工作部署，落实司法为民的工作宗旨；要注重分析研判司法案件背后的大数据，充分发掘整合司法数据的价值，为促进经济社会发展贡献司法力量。

三、锁定工作目标，着力实现公平正义

公平正义是司法工作的灵魂和生命，所有司法机关都要以实现公平正义为总目标来履行职责，着力解决影响公正司法和制约司法能力提高的深层次问题。

（一）公正司法是形式公正与实质公正的统一

习近平总书记指出：“我们要依法公正对待人民群众的诉求，努力让人民群众在每一个司法案件中都能感受到公平正义”[①]，这一目标是形式公正与实质

① 习近平：《论坚持全面依法治国》，中央文献出版社 2020 年版，第 14 页。

公正的统一。形式公正是指司法机关严格按照法律、既定的规则或者公认的原则履行司法职责。实质公正不仅要求司法行为在形式上符合法律规定、既定的规则或公认的原则，还要求司法案件的处理结果符合实质正义。[①] 公正司法既要追求形式公正，也要追求实质公正。

做到形式公正与实质公正相统一，必须正确处理好恪守法律和发展法律的关系。在司法实务中，经常会出现法律规定与社会现实已不相适应的情况。对此，法官和检察官不能僵化地执行法律条文，而要按照立法精神、法律解释的规则来科学合理解读法律，才能作出正确的判断和裁决。另外，为避免同一法律条文出现不同的理解，要建立科学的法律规范解释规则，在法律规范明确的情况下必须依法适用法律；在有歧义的情况下，要按照规范的法律解释规则对法律条文进行阐释。同时，类似情况类似处理的司法原则也在一定程度上减少了司法人员之间以及与当事人之间对公平正义的认知分歧，促进了公正司法的实现。

（二）公正司法是实体公正与程序公正的统一

习近平总书记指出："所谓公正司法，就是受到侵害的权利一定会得到保护和救济，违法犯罪活动一定要受到制裁和惩罚。"[②] 而实现公正司法，需要实体公正与程序公正的统一。实体公正是指司法机关就当事人的实体权利和义务关系所作出的裁决或处理是公正的。程序公正是指当事人在司法活动中所受到的对待是公正的，主张权利的机会是公正的。[③] 换言之，实体公正注重的是结果公正，程序公正注重的是过程公正。实现实体公正与程序公正相统一，符合法律规定是基本前提。

做到实体公正和程序公正相统一，要认识到程序公正的重要价值。"坚决摒弃'重打击轻保护''重实体轻程序'等错误思想，做到严格依法办案。"[④] 如今要坚决摒弃重实体轻程序的错误思想，重视程序公正的价值。另外，程

---

① 参见江必新：《社会主义司法基本价值初探》，载《法律适用》2009 年第 12 期。

② 中共中央文献研究室编：《习近平关于全面依法治国论述摘编》，中央文献出版社 2015 年版，第 67 页。

③ 参见何家弘：《司法公正论》，载《中国法学》1999 年第 2 期。

④ 表定波、孙若丰：《全国高级法院院长会议在京召开 周强强调 牢固树立五大发展理念大力弘扬改革创新精神 为实现"十三五"规划营造良好法治环境》，载《中国审判》2016 年第 2 期。

序公正给当事人一种公平对待之感，有利于促进纠纷解决，增进双方之间的信任。规范司法程序，不仅可以保证司法人员正确认定案件事实和正确适用法律，还可以保护当事人的权利，监督制约司法人员的恣意和任性。

做到实体公正与程序公正相统一，也要看到程序公正的局限性。实体公正是根本目标，而程序公正是实现实体公正的基础和保障。离开实体公正谈程序公正，将使公正司法最终流于形式，程序公正就会毫无价值。离开程序公正谈实体公正，实体公正也可能很难实现，同时在追求实体公正的过程中可能又会带来新的不公正。程序公正决定实体公正是有前提的，即程序本身必须是公正合理、科学正当的，并且程序得到严格遵守，程序权利得到切实维护，程序义务得到有效履行。因此，司法活动中的实体公正与程序公正缺一不可。

（三）公正司法是社会公正与个案公正的统一

习近平总书记指出："司法公正对社会公正具有重要引领作用，司法不公对社会公正具有致命破坏作用。"[①]一次不公正的审判，其恶果甚至超过十次犯罪。这些论述表明了个案公正对社会公正的重要影响。社会公正是普遍正义，维护的是社会整体的利益。个案公正是社会公正的基础，维护的是个人利益。公正司法不仅要实现个案公正，还要实现社会公正。

实现社会公正与个案公正相统一，需要明确我国对群体利益与个人利益的价值定位。公正司法是以一定的社会价值观念为基础的，不同国家基于不同文化传统所确定的公正司法必然要反映这种价值观念上的定位和取向。[②]我国的文化传统具有群体利益高于个人利益的价值取向，在司法工作中协调群体利益与个体利益的冲突时，往往会优先保护社会整体公正。因为社会公正能够创造一个更加公平正义的社会环境，是个案实现公正的外部要素和重要条件。兼顾社会公正与个案公正，要把促进社会公平正义作为核心价值追求，在每一个案件中平衡好群体利益与个人利益。

实现社会公正与个案公正相统一，需要有效规范裁判者的自由裁量权。个案不公正会严重影响社会公正。习近平总书记指出："一个错案的负面影响

---

① 习近平：《论坚持全面依法治国》，中央文献出版社 2020 年版，第 98 页。

② 参见何家弘：《司法公正论》，载《中国法学》1999 年第 2 期。

足以摧毁九十九个公正裁判积累起来的良好形象。”[①]要重视每一个案件的公正裁判，使每一个司法案件都能因其公正而让人们信服。最高人民法院党组书记、院长张军指出，办理具体案件时，以让人民群众感受到公平正义为目标，在法律框架内，努力寻求案件处理的最佳方案，使司法裁判“文本法”的适用符合人民群众感受的“内心法”。[②]但个案情况千差万别，法律不可能穷尽预设各种例外情形，要实现个案公正，必然要赋予司法人员适度的自由裁量权。而为防止裁量权的滥用，又需要建立裁量权科学、正当、合理行使的基本规则，如通过案例指导制度、司法指导性意见等各种方式加以控制。因此，兼顾社会公正与个案公正，裁判者既要在案件办理中坚守法的安定性，又要结合具体情况增强法的灵活性。

（四）公正司法是客观公正与主观公正的统一

习近平总书记指出：“完善司法制度、深化司法体制改革，要遵循司法活动的客观规律。”[③]“司法体制改革成效如何，说一千道一万，要由人民来评判。”[④]这些论述体现了司法活动中客观公正与主观公正的因素。客观公正在司法活动中表现为用严格的程序和制度确保司法机关查明、认定的事实符合案件发生时的客观真相。主观公正体现为人民群众对公正司法的评价，主要是指人民群众对公正司法的主观感受。公正的客观存在和公正的主观感受只有有机融合在一起，才能实现法律效果与社会效果的统一。

实现客观公正与主观公正相统一，需要深化司法体制改革，加强司法制度供给。目前司法体制改革的主体框架已基本建立，还要继续推进司法体制综合配套改革。要加大司法工作的规则供给，明确司法规则，统一法律适用标准。要提升司法机关公正履职能力，将公平正义体现在司法工作的各个环节与各个方面。要推进司法制度体系和司法能力的现代化，加快智慧法院和检察院建设，提高司法信息化水平。要加强司法工作队伍建设，培养一批能

---

① 中共中央文献研究室编：《习近平关于全面依法治国论述摘编》，中央文献出版社 2015 年版，第 96 页。

② 《全国大法官研讨班开幕 张军强调 稳中求进 守正创新 以审判工作现代化服务保障中国式现代化》，载《人民法院报》2023 年 7 月 14 日。

③ 习近平：《论坚持全面依法治国》，中央文献出版社 2020 年版，第 148 页。

④ 习近平：《论坚持全面依法治国》，中央文献出版社 2020 年版，第 147 页。

够信仰和坚守法治，铁面无私、秉公执法的高素质人才。

实现客观公正与主观公正相统一，必须提高司法工作服务水平，尽可能满足人们对司法服务的多元需求。首先，要保障当事人的各项诉讼权利，维护当事人的主体地位，使当事人在诉讼参与过程中，在主观上感受到公平正义。其次，要加强司法人员的释法说理能力，在司法文书中写明裁判结论的理由和依据，在司法审判和法律监督过程中对当事人释疑解惑，促进当事人对案件处理结果的内心认同。再次，为当事人提供司法救济便利，如通过建立一站式诉讼服务中心、提供线上线下智能化诉讼服务、完善多元化纠纷解决机制等来提升当事人的司法服务体验。最后，加强普法宣传教育，普及司法知识，增强人民群众对司法工作的认识和理解。

四、深化司法改革，实现司法体制机制的现代化

党的十八大以来，在以习近平同志为核心的党中央领导下，司法体制改革在重要领域和关键环节取得了诸多突破性进展，中国特色社会主义司法权力运行体系初步形成。为巩固改革成果，还需要继续深化司法改革，完善落实配套制度，实现社会主义司法体制机制的现代化。

（一）积极探索司法管辖制度改革

随着跨行政区域乃至跨境案件的增多，有的司法机关所在地有关部门和领导对案件处理越发关注，“甚至利用职权和关系插手案件处理，造成相关诉讼出现‘主客场’现象”，[①] 对外地当事人合法权益的平等保护、人民法院独立审判、人民检察院独立监督的保障都十分不利。另外，人民法院的审级制度存在着职能定位不够清晰，案件提级审理机制不够健全；人民检察院的公益诉讼制度监督范围过窄，对公共利益保护不足等相关问题。为有效回应社会需求，提高司法效率，我国陆续推动了一系列完善司法管辖制度的改革。

探索设立跨行政区划的人民法院和人民检察院管辖制度取得良好成效。自 2014 年全国首家跨行政区划人民法院——上海市第三中级人民法院，首家

① 习近平：《论坚持全面依法治国》，中央文献出版社 2020 年版，第 100 页。

跨行政区划检察院——上海市检察院第三分院成立以来，我国逐步构建了普通案件由区划法院或检察院办理，特殊类型案件由跨行政区划法院或检察院办理的诉讼格局。跨行政区划法院和检察院管辖制度可以有效克服地方保护主义的干预，对提高司法机关的公正性、效率性及专业性具有重要意义。此外，最高人民法院还通过设立巡回法庭方式，审理跨行政区域重大行政和民商事案件，目的是将审判机关的重心下移到地方，方便当事人参与诉讼，就地解决矛盾纠纷。检察机关也开始探索建立公益诉讼制度，不断扩大监督范围，对履行职责中发现的行政机关违法行使职权或不行使职权的行为进行督促纠正，促进行政机关依法行政、严格执法，加强对公共利益的保护。①

（二）继续推进以审判为中心的诉讼制度改革

以审判为中心的内涵体现为诉讼主体关系上以审判权为中心；事实认定上以庭审为中心；定罪量刑上以法官为中心，② 其核心环节是以司法审判中的庭审标准为中心。以审判为中心有利于更好地实现诉讼目的，真正发挥其居中裁决和终局判断的权威作用，使法庭审理更具实质性；有利于完善人权的司法保障，有效贯彻执行罪刑法定、非法证据排除、宽严相济、疑罪从无等法律原则和制度。

以审判为中心的诉讼制度改革的重点是庭审实质化。习近平总书记强调："充分发挥审判特别是庭审的作用，是确保案件处理质量和司法公正的重要环节"，"保证庭审在查明事实、认定证据、保护诉权、公正裁判中发挥决定性作用"。③ 以审判为中心重点要解决长期以来的庭审虚置问题，要保护诉讼当事人及其他诉讼参与人的诉权，加强律师辩护的有效化；要全面贯彻证据裁判规则，认定的事实必须达到客观真实的证明标准，进一步健全非法证据排除规则；确保庭审的主导功能，逐步弱化法官对庭下阅卷的依赖等。

以审判为中心的诉讼制度改革，要正确处理司法机关之间的关系。我国司法机关在贯彻"分工负责、互相配合、互相制约"诉讼原则过程中，长期

---

① 习近平：《论坚持全面依法治国》，中央文献出版社 2020 年版，第 101 页。

② 参见王满生、谷声燕：《以审判为中心诉讼制度改革的三项突破》，载《江西师范大学学报（哲学社会科学版）》2019 年第 3 期。

③ 习近平：《论坚持全面依法治国》，中央文献出版社 2020 年版，第 101~102 页。

以来对互相配合过于强调，对互相制约缺乏重视。为改进这一问题，首先，要正确处理司法权与政治权力、立法权、行政权、监督权之间的关系，通过改革司法机关的管理制度和人事体制，形成各有关机关之间相互配合、相互制约的和谐关系。其次，要按照刑事诉讼法进一步理顺侦查机关、检察机关和审判机关之间的关系。加强检察机关对侦查机关侦查取证行为的监督制约，在源头上避免冤假错案的发生；加强检察机关对法官审理案件过程中违法行为的监督，维护司法权威；加强审判机关对侦查机关的监督制约，发挥庭审对证据的认定效力，从而促进三个司法机关之间关系的合理化。

（三）优化司法机关内部职权配置

习近平总书记强调："要优化司法职权配置，规范司法行为，加大司法公开力度，回应人民群众对司法公正公开的关注和期待。"[①] 优化司法机关内部职权配置要以形成定位科学、职能明确、运行有效的司法职权配置模式为改革目标，核心问题是正确处理司法职权内部上下级司法机关之间、司法机关内部不同主体之间的权力配置关系。

优化司法机关内部职权配置要理顺上下级法院之间的指导与监督关系，上下级检察院之间的领导与监督关系。明确上级法院对下级法院进行有关司法审判业务的指导功能，规范下级法院向上级法院的请示报告制度等。但要注意上级法院的指导和监督不能干预下级法院依法独立公正行使审判职权，认为下级法院确有错误可通过法定程序予以纠正。明确上级检察院对下级检察院在司法检察、行政管理等事项范围的领导地位，但还需在法律上进一步完善上级检察院领导下级检察院的范围、方式、程序及法律责任等。总之，在强化上级司法机关的指导、领导、监督职能的同时，也要注意在人力资源及物资资源上加大对下级司法机关的支持和保障。

优化司法机关内部职权配置要落实司法行政事务管理权与审判权、检察权的分离。首先，要明确法官、检察官与司法辅助人员各自的角色定位及职责划分。明确法官、检察官在司法工作中的主体地位和对案件办理的主导权。司法辅助人员是辅助法官、检察官办理案件的人员，按照法官、检察官的要

① 习近平：《论坚持全面依法治国》，中央文献出版社 2020 年版，第 23 页。

求处理案件具体事务。两者法定职责不同，业绩评价体系也应有所区别。其次，要深化执行改革，推动实行审判权和执行权相分离的体制改革试点，落实执行裁决权与执行实施权的分离。为实现司法正义的“最后一公里”，将执行权分为执行裁决权与执行实施权是突破执行难问题的理论创新。执行裁决权是一种判断权和裁量权，应由审判机关承担。执行实施权是一种行政权，可以由行政机关承担，甚至可以在法律授权情况下由社会组织或机构承担。

（四）健全司法权力运行机制

习近平总书记指出：“健全司法权力运行机制，完善主审法官、合议庭办案责任制，让审判者裁判、由裁判者负责”。[①] 这一论述表明，确保司法机关依法独立公正行使审判权、检察权，应以司法责任制为核心，构建权责明确、权责统一、监督有序、制约有效的司法权力运行机制。健全司法权力运行机制的总体要求是严格遵循审判权和检察权的权力运行规律，突出审判权在诉讼制度中的中心地位，体现审判权的独立性、中立性、程序性和终局性等特征，加强检察权的诉讼监督功能，保障审判权依法独立公正行使。

健全司法权力运行机制要健全主审法官、检察官、合议庭办案机制，明确“让审理者裁判”的审判权归属，落实“由裁判者负责”的责任归属。首先应界定清楚主审法官与其他司法审判人员的职权范围，理顺法官、合议庭、院庭长、审判委员会等不同审判主体之间的职责分工，建立独任法官、合议庭审判规则及审判人员权力清单。其次要建立完善的独任法官、检察官及合议庭办案责任制，习近平总书记强调：“要紧紧牵住司法责任制这个‘牛鼻子’，凡是进入法官、检察官员额的，要在司法一线办案，对案件质量终身负责。”[②] 司法责任制赋予了法官、检察官办理案件的裁判主导权，强调法官、检察官要对自己的案件处理结果负责，对法官、检察官的司法能力提出了更高的要求。

健全司法权力运行机制要以保障审判权和检察权高效公正廉洁行使为目标，建立完善的司法廉洁监督机制。审判权、检察权与监督权之间的合理配

---

① 习近平：《论坚持全面依法治国》，中央文献出版社 2020 年版，第 33 页。
② 习近平：《论坚持全面依法治国》，中央文献出版社 2020 年版，第 147 页。

置是司法正义实现的制度基础。监督权既要确保审判权与检察权的独立性，又要防止法官、检察官滥用自由裁量权。加强对审判权与检察权的制约和监督，要按照体现权力制约、权责统一、尊重程序、公开公正等相关要求，建立符合司法权力运行规律的内外部监督制度。健全司法廉洁监督机制还应严格执行司法机关的“三个规定”[①]，切实落实法官与检察官的司法职权，从日常监督入手，防范内外部人员干预司法工作，从制度上保障审判权和检察权的依法独立公正行使。

五、创新司法方式，实现司法效益最大化

创新司法方式，不断提高司法效益是公正司法的应有之义。司法工作应以高效司法为价值导向之一，力求当事人诉讼成本的最小化与司法资源的最低消耗，不断创新司法方式，优化协同司法体制机制，着力提高司法效益。

（一）健全多元化纠纷解决机制

从《人民法院第二个五年改革纲要（2004—2008）》到《人民法院第六个五年改革纲要（2024—2028年）》，都对司法机关参与社会治理、深化多元化纠纷解决机制改革作了强调和部署。多元化纠纷解决机制是指各种纠纷解决方式、程序或制度以其特定的功能共同存在、相互协调所构成的纠纷解决系统。[②]其对化解社会矛盾、降低司法成本、提高司法效益都具有重要意义。

健全多元化纠纷解决机制要加快建设覆盖城乡、便捷高效、均等普惠的现代公共法律服务体系。多元化纠纷解决机制是为满足城乡居民日益增加的多元化司法需求而提出的，包括了协商和解、人民调解、行业调解、商事调解、律师调解、行政调解、公证调解等各种解纷方式。要建立完善的公共法

① 三个规定是指：中共中央办公厅、国务院办公厅印发的《领导干部干预司法活动、插手具体案件处理的记录、通报和责任追究规定》；中央政法委员会印发的《司法机关内部人员过问案件的记录和责任追究规定》；最高人民法院、最高人民检察院、公安部、国家安全部、司法部联合印发的《关于进一步规范司法人员与当事人、律师、特殊关系人、中介组织接触交往行为的若干规定》。

② 参见李少平：《努力构建具有中国特色的多元化纠纷解决体系》，载《人民法院报》2016年7月6日。

律服务体系，将这些多元化纠纷解决方式与司法机关主导的诉讼方式有机结合，“统筹研究律师、公证、法律援助、司法鉴定、调解、仲裁等工作改革方案，让人民群众切实感受到法律服务更加便捷”，[①] 满足社会解纷需求。

健全多元化纠纷解决机制要建立健全党委领导下的政府负责、社会协同、公众参与、法治保障的社会治理体制。要充分发挥党委领导的巨大政治优势，“完善基层群众自治机制，调动城乡群众、企事业单位、社会组织自主自治的积极性”，[②] 通过自治、法治、德治相结合的基层治理方式将社会矛盾化解在基层。一方面以诉调对接为切入点，拓宽调解前置范围，壮大纠纷解决队伍；另一方面以执行效力为落脚点，实现调解协议强制力，发挥司法保障作用。[③] 以此引导社会各界共同推进法治社会建设，促进政府治理和社会自治的良性互动。

（二）实行案件繁简分流制度

习近平总书记指出：“要加快构建立体化、多元化、精细化的诉讼程序体系，推进案件繁简分流，提高办案质量和效率。”[④] 最高人民法院出台的《关于进一步推进案件繁简分流优化司法资源配置的若干意见》，指导各地法院对案件进行分层分流处理，建立“简案快审”“繁案精审”的诉讼程序机制。最高人民检察院下发的《“十四五”时期检察工作发展规划》也提出要推动案件繁简分流，完善案件复查制度，切实提高办案效率。实行案件繁简分流制度不仅提高了简单案件的审判效率，也能确保重大复杂案件有机会得到深入细致的审理，有利于破解实践中案多人少的困境。

实行案件繁简分流要明确简易案件与疑难复杂案件的分类标准。最高人民法院《关于建设一站式多元解纷机制一站式诉讼服务中心的意见》中对繁简分流提出了原则性要求，其一是根据案由、诉讼主体、诉讼请求、法律关系、诉讼程序等要素确定简案范围；其二是普遍应用系统算法加人工识别实现精准分流。另外，在繁简分流的程序设置上，可以采用诉前案件过滤模式、

---

① 习近平：《论坚持全面依法治国》，中央文献出版社 2020 年版，第 234~235 页。

② 习近平：《论坚持全面依法治国》，中央文献出版社 2020 年版，第 247 页。

③ 参见龚稼立：《努力为人民群众提供多元化纠纷解决路径》，载《人民法院报》2016 年 9 月 28 日。

④ 习近平：《论坚持全面依法治国》，中央文献出版社 2020 年版，第 234 页。

审前程序分流模式、案件分类审理模式等，层层递进、多次分流。最高人民检察院“改革规划”中提出检察工作要健全与多层次诉讼体系相适应的公诉模式。在确保公正司法的前提下做到“简案快办”“繁案精办”，形成简易案件更加注重效率、疑难案件更加注重精准、敏感案件更加注重效果的公诉模式。

实行案件繁简分流要充分运用现代信息技术提高司法辅助事务工作效率。对于审判管理和检察管理中共性的辅助事务，要依托人工智能、大数据等技术，统筹研发运用智能辅助办案和管理系统，完善类案检索分析、预警办案期限超期等，推广语音识别同步转录、文书自动生成、智能辅助阅卷等技术，不断简化司法管理程序，减少人力投入。同时还应进一步推进跨部门大数据办案平台建设，促进司法机关之间案件信息网上流转和业务协同办理，整体性提高司法工作效率。但也应注意，实行案件繁简分流制度要符合司法工作规律，要始终坚持以人为本，要处理好程序简化与权利保障、诉讼改革与绩效评价之间的辩证关系。①

（三）优化审判监督管理机制

优化审判监督管理机制是诉讼制度改革防范冤假错案产生的有效手段，对提高司法效益具有重要作用。我国的审判监督管理机制经过了从“高度收权模式”到“高度放权模式”，又到“相对收权模式”的发展历程，其基本内容包括对案件程序和流程的监控、案件质量评查与司法绩效的评估等。最高人民法院、最高人民检察院先后印发系列规范性文件，②对完善新型审判监督管理机制、全面落实司法责任制、正确处理有序放权和有效监管的关系提出了相关要求。

优化审判监督管理机制要规范人民法院院庭长的监督管理职权，准确界定监督管理范围以及监督内容，实现精准化的监督管理。《人民法院第五个五年改革纲要（2019—2023）》对完善审判监督管理机制作了概括性说明，提出

---

① 参见章志远：《行政诉讼繁简分流的制度逻辑》，载《东方法学》2021年第5期。

② 最高人民法院发布了《关于落实司法责任制完善审判监督管理机制的意见（试行）》《关于进一步全面落实司法责任制的实施意见》《进一步加强最高人民法院审判监督管理工作的意见（试行）》；最高人民检察院发布了《关于完善人民检察院司法责任制的若干意见》《人民检察院民事行政抗诉案件办案规则》等文件。

要明确院长、庭长的权力清单和监督管理职责，健全履职指引和案件监管的全程留痕制度。《人民法院第六个五年改革纲要（2024—2028年）》就进一步落实和完善司法责任制，优化和完善审判管理制度作出具体部署，细化院庭长监督管理权责。深入落实党的二十大关于“全面准确落实司法责任制”的要求，认真总结司法责任制在实施中出现的问题，细化完善院庭长“阅核”制度，把院庭长依法应尽的审判监督管理职责承担起来。同时，通过科学的审判质量管理指标体系和自上而下的提醒、督促，提升院庭长审判管理效果。

优化审判监督管理机制要完善人民检察院运用抗诉强化审判监督工作，坚持既要敢抗与抗准、抗轻与抗重并举，又要杜绝或减少滥用诉权现象，合理规划国家司法资源的配置。坚持把监督纠正个案问题与维护社会公平正义相结合，保证法律统一正确适用；坚持开展经常性监督与开展专项监督相结合，不断完善监督方式；坚持监督纠正违法与查处司法腐败相结合，逐步提高监督水平。特别是对信访申诉、长期未结、二审改判、发回重审、指令再审等案件的审判监督机制还应进一步完善，既要保证当事人的正当权利得到救济，也要在制度上杜绝恶意滥用诉权，浪费国家司法资源问题。

（四）修订诉讼收费制度

诉讼收费制度是司法经费管理制度的组成部分，关系到司法活动的成本与收益，是司法资源合理配置的重要问题。国务院2006年年底出台的《诉讼费用交纳办法》在降低当事人诉讼成本，缓解诉讼难等方面发挥了重要作用，但诉讼费用的低收费标准也产生了一系列副作用，并已与当前社会经济发展水平不相适应。修订诉讼收费标准、提高司法经费使用效益的制度改革已列入《法治中国建设规划（2020—2025年）》。

修订诉讼收费制度要重新调整诉讼收费标准。我国诉讼收费的低标准客观上虽保障了当事人诉权，但实质上减轻了败诉方的违法成本，违背了司法工作规律。诉讼收费制度的改革不应仅局限于让当事人“打得起官司”，还应遵循司法工作规律，发挥其既能司法为民又能惩戒违法行为，还能激励发展非诉讼多元化纠纷解决机制等多重功能的实现。诉讼收费制度改革应在确保普通群众能够承担的前提下，规范诉讼收费的范围和项目，科学核定诉讼费用标准，防止恶意缠诉、滥诉现象的出现。[①] 对诸如劳动争议案件、行政诉讼案件、公益诉讼案件等诉讼费过低类型案件，可适当提高诉讼收费标准，以防滥用诉权、浪费司法资源。

修订诉讼收费制度要完善诉讼救助制度，规范减免诉讼费用行为。由于我国各地经济社会发展不平衡，社会保障机制还不健全，一部分困难群众还存在打官司难的问题。对此，司法机关要加大法律援助的制度建设，进一步明确司法救助的对象、范围、具体条件、标准和程序，对经济上确有困难的当事人，积极采取缓、减、免诉讼费的措施，[②] 切实保障确有困难的当事人能够启动诉讼程序。除了要对现行诉讼收费制度加以完善外，还应不断健全与之相关的其他配套措施，如引导当事人培养理性诉讼观念，选择低成本高效益的最佳司法方式实现权利救济。

六、保持司法廉洁，努力提升司法公信力

习近平总书记指出："'公生明，廉生威。'执法司法是否具有公信力，主要看两点，一是公正不公正，二是廉洁不廉洁。"[③] 廉洁司法是公正司法的重要条件，是提升司法公信力的关键因素。保持司法廉洁需要形成系统协调的制度链，共同构筑起预防腐败的多道防线。

（一）加强社会主义法治理念教育，建立"不愿为"的自律机制

腐败是司法廉洁的天敌，保持司法廉洁是人民群众关注的重大政治问题，也是关系司法改革能否取得成效的关键。加强社会主义法治理念教育，建立"不愿为"的自律机制是保持司法廉洁、提升司法公信力的长期性、根本性、基础性防线。

建立"不愿为"的自律机制要培育司法人员公正廉洁的职业道德。习近平总书记指出："要把强化公正廉洁的职业道德作为必修课，教育引导广

① 参见王明辉：《诉讼费制度调控功能的修复与强化》，载《人民司法（应用）》2016年第16期。

② 参见《〈中共中央关于构建社会主义和谐社会若干重大问题的决定〉辅导读本》，人民出版社2006年版，第185页。

③ 习近平：《论坚持全面依法治国》，中央文献出版社2020年版，第46页。

大干警自觉用职业道德约束自己。”① 保持司法廉洁，不仅需要确立防范腐败行为的法律体系，而且需要形成与之相适应的思想道德体系。“反腐倡廉是一个复杂的系统工程需要多管齐下、综合施策，但从思想道德抓起具有基础性作用。”② 加强法官和检察官的社会主义法治理念教育，培育其清明廉洁和乐于奉献的职业道德，是建设高素质司法工作队伍的必然要求。

建立“不愿为”的自律机制要深化司法作风建设，树立司法人员公正、廉洁、为民的核心价值观。要把党风廉政建设和反腐败工作放在更加突出的位置，将教育工作与日常工作相融合，强化司法人员的自律意识、勤政意识、党纪意识和法律意识，恪守职业道德和行为准则。要培育法官和检察官的职业良知，遵循推己及人的判断善恶之法，养守戒慎的良知形成之法，反躬自省的矫正固化之法，形成文化的扩展推广之法。③ 通过党风廉政建设的行为教育及职业良知的思想培育，形成良好的司法作风，指引法官和检察官公正廉洁司法。

建立“不愿为”的自律机制要加强社会廉洁文化建设。从世界上廉洁国家和地区的反腐败经验来看，公众廉洁意识的高低对公职人员廉洁从政的社会环境和社会氛围营造具有十分重要的影响。要大力弘扬社会主义法治精神，强化社会群体的廉洁教育，引导社会群体尊重法官和检察官的廉洁纪律和职业操守，但社会群体结构成分复杂，要做好社会群体的廉洁教育工作，需要针对不同教育对象，坚持全面教育和重点教育相结合、常态教育和专项教育相结合等教育原则，带动社会整体廉洁氛围的转变和提升。

（二）加强司法廉洁制度建设，建立“不能为”的防范机制

习近平总书记指出：“要坚持用制度管权管事管人，抓紧形成不想腐、不能腐、不敢腐的有效机制。”④ 加强司法廉洁制度建设可以按照调整对象，从调整人的法官和检察官制度、调整事的案件管理制度、调整权力的审判和检察

---

① 习近平：《论坚持全面依法治国》，中央文献出版社 2020 年版，第 47 页。

② 中共中央纪律检查委员会、中共中央文献研究室编：《习近平关于党风廉政建设和反腐败斗争论述摘编》，中央文献出版社、中国方正出版社 2015 年版，第 140 页。

③ 参见江必新：《法官良知的价值、内涵及其养成》，载《法学研究》2012 年第 6 期。

④ 习近平：《在庆祝全国人民代表大会成立 60 周年大会上的讲话》，人民出版社 2014 年版，第 12 页。

权力制度切入，构筑完整的制度防线，全面地防范司法腐败行为。

建立“不能为”的防范机制要完善法官和检察官制度。在法官和检察官选任制度上，坚持用制度管人，防止选人用人的不正之风。要从法官和检察官选任的资格要素、职业伦理的品格要素、行为规范的行为要素、防止利益冲突的利益要素等方面进行规范，继续推进法官和检察官职业化建设。在廉洁制度建设上，我国在党内法规方面已经制定了相对完善的管理制度，较为全面地树立了道德高线和纪律底线，但专门针对司法廉洁制度的规定还比较分散，尚未形成体系化。

建立“不能为”的防范机制要完善案件管理制度。在案件管理上，坚持用制度管事，加强对案件关键环节的监管是重中之重。最高人民法院已制定了“五个严禁”①、《关于进一步加强人民法院反腐倡廉建设的意见》等相关规定，最高人民法院、最高人民检察院、司法部联合印发了《关于建立健全禁止法官、检察官与律师不正当接触交往制度机制的意见》《关于进一步规范法院、检察院离任人员从事律师职业的意见》，这些规定的出台对构建法官、检察官与律师“亲”“清”关系，共同维护司法廉洁具有重要意义，为案件管理制度中的廉洁风险提供了防范依据。案件管理制度是司法廉洁制度的主体和基础，体现为立案、审判、执行、监督各环节及各环节之下更细的流程节点，要让案件各个节点的廉政风险都能得到有效控制，还需要更为精细化的管理规范以及更为先进的科学技术手段。

建立“不能为”的防范机制要完善审判权和检察权权力运行制度。审判权和检察权是司法廉洁制度中最为活跃和复杂的领域。习近平总书记指出：“针对自身权力运行机制和管理监督体系的薄弱环节，扎紧织密制度笼子，坚决防止‘灯下黑’。”②要继续完善对审判权和检察权监督的相关规定，坚持用制度管权，以制度来约束和调整动态的权力运行。他还强调，“坚持以公开促

① “五个严禁”是指：严禁接受案件当事人及相关人员的请客送礼；严禁违反规定与律师进行不正当交往；严禁插手过问他人办理的案件；严禁在委托评估、拍卖等活动中徇私舞弊；严禁泄露审判工作秘密。

② 《充分发挥全面从严治党引领保障作用 确保“十四五”时期目标任务落到实处》，载《人民日报》2021年1月23日。

公正、以透明保廉洁”，[1] 通过主动公开案件审理过程，让审判权和检察权在阳光下运行，让司法腐败无法藏身，切实筑牢反腐败防线。

（三）加强对司法活动的监督力度，建立“不敢为”的惩治机制

习近平总书记强调：“抓紧完善权力运行监督和制约机制，坚决防止执法不严、司法不公甚至执法犯法、司法腐败。”[2] 为加强对司法活动的监督力度，建立“不敢为”的惩治机制是遏制司法领域腐败问题的有力武器，是完善中国特色社会主义法治监督体系的必然要求。

建立“不敢为”的惩治机制要充分发挥监督主体的监督职责。习近平法治思想中以党内监督为主导，其他监督形式相协同的强监督合力法治监督理论对制约和监督权力具有重大实践意义。[3] 最高人民法院党组书记、院长张军指出，加强法院党风廉政建设，关键在于抓住主体责任这个“牛鼻子”，推动审判管理与干部监督、督察监督、机关纪委监督、基层党组织日常管理监督贯通起来，形成合力。[4] 对司法活动而言，重点则是要充分发挥检察机关对审判机关的监督职责，明确检察机关对司法审判活动进行监督的范围、方式、程序和保障措施，防止和纠正不敢监督和不善监督的问题。另外，还要健全人民监督员制度，拓宽人民群众有序参与司法活动的渠道，建立健全人民监督员查阅案件台账、参与案件跟踪回访和执法检查等制度，以确保人民监督员名副其实。

建立“不敢为”的惩治机制要加大对司法人员违法违规行为的惩治力度。习近平总书记指出：“在执法办案各个环节都要设置隔离墙、通上高压线，谁违反制度就要给谁最严厉的处罚。”[5] 加大对司法人员违法违规行为的惩治力度，对树立法律法规的权威性、预防和减少腐败现象具有重要警示作用。要抓住严禁单方面接触、严格司法工作回避制度、杜绝暗箱操作、严禁任何形

---

① 习近平：《论坚持全面依法治国》，中央文献出版社 2020 年版，第 49 页。

② 《习近平：全面深入做好新时代政法各项工作 促进社会公平正义保障人民安居乐业》，载《人民日报》2019 年 1 月 17 日。

③ 参见江必新、张雨：《习近平法治思想中的法治监督理论》，载《法学研究》2021 年第 2 期。

④ 《以高度责任担当推动全面从严管党治院 努力打造忠诚干净担当的过硬法院铁军》，载《人民法院报》2023 年 9 月 28 日。

⑤ 中共中央文献研究室编：《严格执法，公正司法》，载《习近平关于全面依法治国论述摘编》，中央文献出版社 2015 年版，第 72 页。

式的利益输送等关键环节，确保司法廉洁。坚决破除各种潜规则，绝不允许法外开恩，绝不允许办关系案、人情案、金钱案。

建立“不敢为”的惩治机制要抓住监督重点，强化对领导班子和领导干部的监督。针对扫黑除恶、队伍教育整顿和热点案件暴露的突出问题，要着力完善制度、堵塞漏洞，严格落实防止干预司法“三个规定”，“要像党中央抓‘八项规定’那样抓‘三个规定’落实，坚持‘有问必录、应报尽报’，驰而不息、没完没了抓下去，越往后要越严”[①]。要构建法官、检察官与律师、当事人等其他主体之间的良性互动关系，主动接受内外部监督机制，严格执行法官、检察官与当事人、律师、特殊关系人、中介组织接触交往行为的相关规定，促进其相互尊重理解，建立共识形成机制，[②]共同维护司法廉洁制度。

七、强化司法保障，确保司法权威有效

习近平总书记指出：“司法责任制综合配套改革是司法体制改革的重要内容，事关司法公正高效权威。”[③]公正高效并不必然导致权威，实现司法权威必须有配套司法保障制度来支撑。司法保障涉及政治、思想、理论、人才、组织、物质、技术等。鉴于有些保障制度前文已有涉及，此处主要论述人才、物质和技术保障制度。

（一）建立符合职业特点的司法人员保障制度

建立符合职业特点的司法人员管理制度，在深化司法体制改革中居于基础性地位。长期以来，我国的司法人员管理模式未能有效区分司法专业工作与行政工作的职业差异，产生了很多弊端。为保障司法人员在履行司法职责时不受各种社会力量的负面影响，应建立健全司法人员保障制度，使其在履

---

① 《以高度责任担当推动全面从严管党治院 努力打造忠诚干净担当的过硬法院铁军》，载《人民法院报》2023年9月28日。

② 参见江必新：《加强法官律师良性互动 探索构建协同诉讼模式》，载《中国律师》2018年第3期。

③ 习近平：《推进全面依法治国，发挥法治在国家治理体系和治理能力现代化中的积极作用》，载《求是》2020年第22期。

行职责时摆脱外界的压力和干扰，真正实现依法独立公正履职。

要加强司法人员人事管理制度改革，建立科学的工作激励机制。习近平总书记强调："要通过改革建立符合职业特点的司法人员管理制度，完善司法人员分类管理制度。"[①]改变长期以来司法人员与公务员基本相同的管理模式，建议由司法机关根据司法人员的职业特点，统一管理法官、检察官及其他司法人员的配置、调任、考评、晋升、奖励、处分等相关人事问题。要继续推进员额制改革，健全司法辅助人员管理制度、司法警察管理制度以及司法行政人员管理制度等，明确法官、检察官及其辅助人员的工作职责、工作流程和工作标准，科学确定法官、检察官与司法辅助人员的数量比例，保证办案质量责任制得到贯彻落实。

加强司法人员的专业化与职业化建设，形成规范的司法人员职业管理制度。习近平总书记指出："各级政法机关要把能力建设作为一项重要任务……确保更好履行政法工作各项任务。"[②]要建立科学公正的选拔任用制度，严把进人关，不断完善司法人员的统一考试、选拔、任用、晋升等相关考核机制，促进司法人员的专业化、职业化建设。要建立良性循环的任免机制和岗位交流制度，健全上级司法机关的人员遴选机制，打通将专业法律人才遴选为法官、检察官的制度渠道，使法官、检察官岗位成为优秀法律人才的职业追求。要着力加强司法人员职业能力的教育培养，提高其司法为民、公正司法的职业素养。

（二）建立科学合理的司法机关财物管理制度

习近平总书记指出："我国司法人员和经费实行分级管理、分级负担的体制，司法权运行受制于当地，司法活动易受干扰。"[③]现行司法机关经费管理制度不符合司法工作规律，制约了司法机关司法职能的发挥，影响人民法院、人民检察院依法独立公正行使审判权、检察权。为推进司法保障机制改革，不仅需要调整地方利益格局，创新中央与地方财政计划等事权，更需要加快

① 中共中央文献研究室编：《习近平关于全面依法治国论述摘编》，中央文献出版社 2015 年版，第 103 页。

② 中共中央文献研究室编：《习近平关于全面依法治国论述摘编》，中央文献出版社 2015 年版，第 101 页。

③ 习近平：《论坚持全面依法治国》，中央文献出版社 2020 年版，第 62 页。

出台与中央和地方司法保障体制相配套的司法机关财物管理制度。

要统筹推进对省级以下地方司法机关财物进行统一管理。国家现阶段采取省级以下司法机关财物统管改革，实行市县级司法机关财物收到省级统一管理是基于我国特殊国情的一项过渡措施，给司法机关财物管理制度提出了全新的要求。如司法机关的经费要实行完全的预算制，省级司法机关的经费管理职能由本级拓展到整个司法系统的财务管理。地方司法机关的财务管理工作机制也需要改变，要处理好经费管理的权属分工关系，上下级司法机关之间财物保障管理的领导关系，司法机关接受财物管理的内外部监督关系等。①

要进一步深化司法机关内部财物管理体制改革。实行司法行政事务与审判权、检察权相分离，一方面要求财务管理制度要适应司法权力运行规律，赋予司法机关经费预算主导权，保证司法机关在经费支出、管理、调控方面的自主性和灵活性；另一方面要求厘清财物管理与案件管理、人事管理、综合事务管理等职能的边界，建立管办分离的财物管理机制，将“管事”和“管钱”职能分开，使财物管理工作既规范高效，又能很好地服务于司法工作。另外，司法工作队伍作为和平年代奉献最多、牺牲最大的队伍，要“做到政治上激励、工作上鼓劲、待遇上保障、人文上关怀”②，切实保障司法人员的基本工资待遇和必要的办案经费。

（三）建立司法与科技深度融合的技术保障制度

习近平总书记指出：“要遵循司法规律，把深化司法体制改革和现代科技应用结合起来，不断完善和发展中国特色社会主义司法制度。”③要“推动大数据、人工智能等科技创新成果同司法工作深度融合”④。司法工作要积极适应信息化的大趋势和发展规律，为深化司法改革、提高司法工作质量提供有力的技术保障。

---

① 参见蒋惠玲、郭彦：《法院内设机构与司法管理改革》，人民法院出版社2018年版，第176页。

② 习近平：《论坚持全面依法治国》，中央文献出版社2020年版，第249页。

③《习近平坚定不移推进司法体制改革 坚定不移走中国特色社会主义法治道路》，载《人民日报》2017年7月11日。

④ 习近平：《论坚持全面依法治国》，中央文献出版社2020年版，第248页。

要继续完善互联网司法工作模式。在习近平总书记的部署指导下，我国互联网司法工作模式取得了卓越的成绩。为探索更多可复制推广的先进经验，要进一步通过大数据分析、人工智能、云计算等多种技术手段，实现信息化对司法审判执行、检察监督、司法管理服务等各方面的支撑和保障作用，推动智能化法院、检察院发展。要统筹规划司法应用技术基础设施建设，推动信息资源整合、共享与开放，规范信息技术应用标准，加强国际司法信息技术应用的交流与沟通。[①] 不仅要充分利用现代科技手段提升司法工作效率，还要利用大数据司法分析系统，对特殊类型案件进行专项分析，提升知识发现和辅助决策能力。

要不断提高司法工作服务和监督水平。首先，推行网上办案，提高办案系统智能化。成立并进一步建强数字化、智能化的法院诉讼服务中心，建立诉讼服务体系和智能平台，实现网上立案、网上阅卷、网上庭审；检察系统深化电子检务工程“六大平台”运用，加快建设网上检察院、掌上检察院等，极大地便利了当事人。其次，建立智能化监管系统，提高办案质量和行政管理效率。如建立审判静默式监管系统，从审判和监管两个层面落实审判组织的责任；建立智能案件监管辅助预警系统，对明显偏离裁判公正度的判决书自动进行分析、监测、预警；建立法院、检察院行政管理信息系统，科学配置岗位、人员、职责，进行业绩评价和绩效考核等。[②] 最后，建立司法信息公开系统，打造立案公开、办案流程公开、司法文书公开、执行信息公开、网络庭审公开、网络司法拍卖公开等全方位、智能化的司法服务平台，实现公开、透明、公正、便民的阳光司法机制。

坚持以习近平法治思想引领司法工作，能够更好地满足人民群众对公平正义的新要求新期待，更高效地促进社会主义法治国家建设，更有力地为经济持续健康发展和社会和谐稳定提供司法保障。在我国全面进入新的发展阶段之际，我们要以习近平法治思想为引领，准确把握习近平法治思想的基本

① 参见徐汉明、史可：《论我国司法现代化转型发展》，载《湖北警官学院学报》2017 年第 6 期。

② 参见江必新：《以改革促进审判制度的完善——兼论法院改革之初心、问题与路径》，载《中国应用法学》2020 年第 1 期。

精神与核心要义，立足当下，展望未来，在司法工作中始终坚持党的领导，沿着中国特色社会主义法治道路不断前进；坚持全面深化司法体制改革，充分发挥司法职能，着力提升司法工作质效和司法公信力；坚持司法机关制约监督制度，规范司法权力运行，严惩司法腐败；坚持加强司法保障，建设过硬司法工作队伍，推进科技与司法工作深度融合，维护司法权威。

◉ 第七章 ◉

法治实施与全民守法

习近平总书记指出："全民守法，就是任何组织或者个人都必须在宪法和法律范围内活动，任何公民、社会组织和国家机关都要以宪法和法律为行为准则，依照宪法和法律行使权利或权力、履行义务或职责。"①全民守法是事关我国社会主义现代化建设全局和中华民族长远发展的重大战略任务，是体现人民当家作主、推进社会主义民主法治建设的重要环节，也是深化依法治国实践的内在要求。党的十八届四中全会作出的《决定》明确要求，将"全民守法作为依法治国的长期基础性工作，深入开展法治宣传教育，引导全民自觉守法、遇事找法、解决问题靠法"。全民守法的主要特征在于守法的普遍性与自觉性，核心要义在于弘扬"法律面前人人平等"的法治精神，反对各种破坏法治的特权现象，有效解决有法不依的法治难题，为新时代法治建设提供行动保障。

---

① 中共中央文献研究室编：《习近平关于全面依法治国论述摘编》，中央文献出版社 2015 年版，第 87~88 页。

一、全民守法的重要意义

全民守法是建设社会主义法治国家的基础。“虽有良法，要是人民不能全都遵守，仍不能实现法治”，亚里士多德的这句名言充分诠释了全民守法的重要性。大力推进全民守法，努力让守法成为全民自觉意识和真诚信仰，将有力推进法治国家、法治政府、法治社会建设，对实现国家治理体系和治理能力现代化具有重要意义。

（一）全民守法是全面依法治国的必然要求

党的二十大报告在“坚持全面依法治国，推进法治中国建设”部分强调“全面推进科学立法、严格执法、公正司法、全民守法”。全面推进依法治国是一项复杂的系统工程，既需要科学立法、严格执法、公正司法，又需要全社会自觉守法。只有所有组织和每一位公民树立宪法法律至上、法律面前人人平等的法治理念，自觉学法、知法、尊法，主动用法、崇法、护法，才能有效推进全面依法治国目标的实现。

（二）全民守法是人民当家作主主体地位的重要体现

社会主义法治建设的本质和目标，就是实现和保护最广大人民群众的根本利益，让人民群众过上幸福生活。人民既是社会主义国家的主人，也是社会主义法治建设的主体，全民守法正是人民主体地位的体现。只有坚持全民守法，才能在社会主义法治建设中充分尊重人民的主体地位，将人民的需要转化成法律上的权利，使人民群众遵守法律的积极性得以充分发挥，从而在全社会形成法律至上、守法光荣的良好氛围。守法既是全民的责任，也是全民的福祉。①

（三）全民守法是维护社会稳定、促进社会和谐的重要保证

新时代我国社会主要矛盾已经转化为人民日益增长的美好生活需要和不平衡不充分的发展之间的矛盾。人民美好生活需要不仅对物质文化生活提出了更高要求，而且在民主、法治、公平、正义、安全、环境等方面的要求日

① 单颖华：《当代中国全民守法的困境与出路》，载《中州学刊》2015 年第 7 期。

益增长。当前我国正处于经济转轨、社会转型时期，这一阶段的重要特征就是社会进入矛盾多发期。法治是规范各类行为、调节利益关系、维护社会秩序的重要手段。大力推进全民守法，努力让守法成为全民自觉意识和真诚信仰，将有效促进民众依法维护权益、表达诉求，促使各种社会矛盾的解决纳入法治轨道，推动形成党委领导、政府负责、社会协同、公众参与、法治保障的社会管理体制，为社会和谐稳定提供重要保证。[①]

（四）全民守法是激发社会活力的内在需要

现代社会活力的生成需要自由的社会秩序，这种自由社会秩序的形成依赖于全体人民平等、协商、参与的法律实施模式。“人人守法、事事依法”的法治环境，有利于降低交易成本和社会治理成本，有利于经济健康发展和人口有序流动，有利于增强人们的竞争意识和开拓创新能力，促进每个人的全面发展。一个有活力的、稳定的社会，必然是一个全民守法的社会。[②]只有坚持全民守法，才能形成较高的社会诚信体系，让市场要素充分展现自身活力，有效调动执政党、国家机关、社会组织和公民个人的主动性、积极性，以饱满的政治热情和审慎的守法意识投入社会主义现代化建设中，最大限度地激发社会主体的活力。

（五）全民守法是加强和创新社会治理的重要基础

社会治理要求依照法律治理社会，使社会活动依法进行，建设公平、正义、有序的社会。加强和创新社会治理要在现有社会资源和治理经验的基础上，不断完善治理模式和方法，引入新的社会治理理念，探索新的治理路径。其中，全民守法是政府和公众在良性互动中实现社会“善治”的前提，也是加强和创新社会治理的基础性工作。人民群众广泛参与是现代社会治理区别于传统社会管理的重要特征。人民群众不仅是社会事务的参与者，更是良好秩序的建设者。而全民守法是人民群众有序参与社会治理的重要保证。只有全民守法，人民群众才能平等、理性地参与社会治理，才会在社会治理中表现出高度的社会责任感，形成法治共识，社会治理创新才能有良好的群众基

① 刘玉亭：《大力推进全民守法》，载《光明日报》2013 年 3 月 14 日。

② 单颖华：《当代中国全民守法的困境与出路》，载《中州学刊》2015 年第 7 期。

础和法治基础，并取得良好的实践效果，国家才能长治久安。[①]

二、全民守法的基本要求

全民守法的核心内容是遵守宪法和法律。我国《宪法》第5条中明确规定："一切国家机关和武装力量、各政党和各社会团体、各企业事业组织都必须遵守宪法和法律。一切违反宪法和法律的行为，必须予以追究。任何组织或者个人都不得有超越宪法和法律的特权。"遵守宪法和法律是一切国家机关、社会组织和公民个人的法律义务。全民守法的基本要求主要包括以下几个方面：

（一）党必须在宪法和法律的范围内活动

习近平总书记指出："党领导人民制定宪法和法律，党领导人民执行宪法和法律，党自身必须在宪法和法律范围内活动，真正做到党领导立法、保证执法、带头守法。"[②]宪法和法律是由国家强制力保障并要求全社会遵行的行为规范，党也必须在宪法和法律的范围内从事执政活动，为全民守法作出表率。要高度重视党规党纪的科学性和体系化建设，实现党规党纪与国家宪法和法律之间协调统一。党的各级组织要认真执行党的路线、方针和政策，严格按照宪法和法律规定开展工作，养成依法办事的习惯。共产党员要在本职岗位上严守党的纪律，做遵守宪法和法律的模范。要切实做到党组织和党员个人都不得享有超越宪法和法律的特权，对党员干部不遵守宪法和法律、损害党和人民利益的违法行为，要及时发现、依法处理。

（二）国家机关及其工作人员必须在宪法和法律的范围内活动

行使国家公权力的各级机关和公务人员是守法的重要力量。国家机关及其工作人员所掌握的公权力只有依法行使，才能造福人民，反之，则会侵害人民群众的合法权益。全民守法必然要求国家机关及其工作人员带头守法。

1. 立法机关要做到科学立法、民主立法、依法立法

科学立法、民主立法、依法立法是全民守法的重要前提和基础。法律是治国之重器，良法是善治之前提。立法机关要抓住提高立法质量这个关键问

---

① 单颖华：《当代中国全民守法的困境与出路》，载《中州学刊》2015年第7期。

② 习近平：《习近平谈治国理政》，外文出版社2014年版，第142页。

题，把公正、公平、公开原则贯穿于立法的全过程，按照《宪法》《立法法》等法律规定的立法程序行使立法权，增强法律法规的及时性、系统性、针对性、有效性，让每一项立法都符合宪法精神、合乎立法程序、反映人民意志、得到人民的拥护。

2. 执法机关和司法机关要做到严格执法、公正司法

执法机关和司法机关作为法律的执行和实施机关，承担着严格守法的重要职责。各级政府必须坚持在党的领导下、在法治轨道上开展工作，遵守法律规定，完善执法程序，严格执法责任，建立权责统一、权威高效的执法体制。司法机关必须完善司法管理体制和司法权运行机制，规范司法行为，努力让人民群众在每一个司法案件中感受到公平正义。

（三）社会组织和公民个人必须在宪法和法律的范围内活动

所有社会组织和公民个人的活动均应受法律约束，不得有超越于法律之外或者凌驾于法律之上的特权。普通民众是守法的最广泛主体，普通民众人人守法，是全民守法的关键环节。

1. 要做到全民学法、知法

学法、知法是信法、守法的第一步。为了更好地自觉理性守法，必须先做到学法、知法。只有学法、知法才能理解法治精神，掌握相关法律规则，使法律入脑入心，从而在普通民众中真正建立起法治思维，让守法成为一种习惯和自觉的行为，全民守法才会最终得以实现。

2. 要做到全民信法、尊法

法律要发挥作用，需要全社会信仰法律。卢梭说，一切法律中最重要的法律，既不是刻在大理石上，也不是刻在铜表上，而是铭刻在公民的内心里。法治信仰是发自内心地认同法律、信赖法律、遵守法律和捍卫法律。法治只有被信仰，成为坚定的信念，才能内化为人们的行为准则。如果不信仰法治，没有坚守法治的定力，面对权势、金钱、人情、关系，是抵不住诱惑、抗不住干扰的。所以，要让全民真正地信仰法律、尊重法律，发自内心地相信法律能够成为治理国家、规范人们行为的准则。

3. 要做到全民守法、用法

推进全民守法，需要不断提升公民守法的层次，引导公民从被动守法进

入自觉自愿主动守法的境界，做到知行统一，学以致用。坚持把全民普法和守法作为依法治国的长期基础性工作，培育人人守法的法治文化和道德基础，着力增强全民法治观念和法治素养。全体公民要从自己做起，从身边做起，从具体行为习惯做起。凡是法律禁止的，都不去做；凡是法律提倡的，积极对待、量力而行；凡是法律保护的，依法去做。要引导公民在自觉遵守法律法规的同时，学会正确用法。既要正确运用法律保护自身合法权益，在个人权益受到不法侵犯时，敢于拿起法律武器捍卫权利；同时，也要自觉履行法律规定的义务。

4. 要做到全民主动护法

全民主动护法，就是要求公民不仅要自觉学法遵法守法，而且要勇于通过法律手段同犯罪分子作斗争，同损害国家利益、社会秩序和他人权利的违法行为做斗争，同国家机关及其公职人员渎职滥权、贪污腐败行为做斗争，维护法律的尊严，捍卫法律的权威，保证法律的实现。[①]

三、推进全民守法的路径

目前，我国在全民守法方面还有一些问题需要解决，推进全民守法是一个长期、复杂的社会系统工程，需要努力做好以下几项具体工作。

（一）加大全民普法力度，落实“谁执法谁普法”的普法责任制

推进全民守法，必须着力增强全民法治观念，进行全民普法。党的十九大报告提出：“加大全民普法力度，建设社会主义法治文化，树立宪法法律至上、法律面前人人平等的法治理念。”党的二十大报告提出“深入开展法治宣传教育，增强全民法治观念”。习近平总书记指出：“要坚持把全民普法和守法作为依法治国的长期基础性工作，采取有力措施加强法制宣传教育。要坚持法治教育从娃娃抓起，把法治教育纳入国民教育体系和精神文明创建内容，由易到难、循序渐进不断增强青少年的规则意识。”[②] 全民普法是培养全民守法意识的必经途径，必须首先开展好法治宣传教育。要通过创新普法方式，运

① 李林：《建设法治社会应推进全民守法》，载《法学杂志》2017 年第 8 期。

② 习近平：《加快建设社会主义法治国家》，载《求是》2015 年第 1 期。

用现代化技术手段，采用群众喜闻乐见的方式，推进法制宣传教育进机关、进乡村、进社区、进学校、进企业、进单位，充分激发人民群众学法用法的热情，增进人民群众对法律的了解和认识。

1. 要完善法治教育机制

法治教育不仅是对法律知识的普及，更是一种价值引导。要在全社会弘扬法治精神，传播法律知识，培养法律意识，增强法治观念，把法治教育纳入国民教育体系和精神文明创建的重要内容，尤其是要加强将守法内化于心、转化为自觉行为的教育，培育全体公民积极守法的精神，形成宪法法律至上、守法光荣的法治文化氛围。

2. 要坚持普法“从娃娃抓起”

要从学校教育入手，根据青少年的特点和接受能力，通过课程教学、专题教育、课外活动等途径，将法制宣传教育纳入中小学教学内容，并从物质上予以保障，引导青少年从小树立正确的人生观、世界观、价值观，提高法律素质，养成遵纪守法的良好行为习惯。

3. 要全面贯彻“谁执法谁普法”的普法责任制

国家机关不仅要立法、执法、司法、守法，还要肩负起全民普法的重任。2017 年 5 月，《中共中央办公厅、国务院办公厅关于实行国家机关“谁执法谁普法”普法责任制的意见》首次明确国家机关为法治宣传教育的责任主体。“谁执法谁普法”的普法责任制，为全民普法提供了有力的制度保障。实行“谁执法谁普法”，意味着国家机关既是国家法律的制定和执行主体，也是普法释法的责任主体，就是要把执法的过程变成普法的过程。哪个机关、哪个工作人员执法，就由哪个机关、哪个工作人员普法，在哪里执法就在哪里普法，使单纯、静态普法变成综合、动态普法。要充分发挥普法责任制部际联席会议的作用，健全组织协调机制，发挥成员单位带头作用，注重总结交流、推广典型经验，建立“谁执法谁普法”示范点，推动建立法官、检察官、行政执法人员以案释法制度，促进形成在执法全过程普法、全员普法的新局面。①

① 张军:《新时代全民普法工作的根本遵循》，载《学习时报》2017 年 12 月 1 日。

4. 要动员全社会力量参与法治宣传教育

法治宣传教育仅靠国家机关开展普法工作，远不能满足全民守法的要求，还要充分发挥宣传、文化、教育机构和人民团体在普法教育中的职能作用，加强普法讲师团、普法志愿者队伍建设，借助社会力量做好全民普法工作。

（二）领导干部带头守法，充分发挥守法表率作用

党的十九大报告提出："各级党组织和全体党员要带头尊法学法守法用法，任何组织和个人都不得有超越宪法法律的特权，绝不允许以言代法、以权压法、逐利违法、徇私枉法。"党的二十大报告提出："发挥领导干部示范带头作用，努力使尊法学法守法用法在全社会蔚然成风。"领导干部守法是实现全民守法的关键，对于全民守法具有重要的表率作用。领导干部的一言一行是社会风气的风向标，是百姓效法的榜样。领导干部对待法治的态度，影响和决定着社会大众对法治的态度。领导干部的守法言行，对普通民众的守法心理有重要影响。所以，推进全民守法，必须抓好领导干部这个"关键少数"。

各级党组织和党员领导干部要做尊法学法守法用法的模范，带头尊崇法治、敬畏法律。每个领导干部都要深刻认识到，维护宪法法律权威就是维护党和人民共同意志的权威，捍卫宪法法律尊严就是捍卫党和人民共同意志的尊严，保证宪法法律实施就是保证党和人民共同意志的实现。每个领导干部都要牢固树立宪法法律至上、法律面前人人平等、权由法定、权依法使等基本法治观念，彻底摒弃人治思想和长官意识，绝不搞以言代法、以权压法。对各种危害法治、破坏法治、践踏法治的行为，领导干部要挺身而出、坚决斗争。要把法治建设成效作为衡量各级领导班子和领导干部工作实绩重要内容，把能不能遵守法律、依法办事作为考察干部重要依据。

（三）推进科学立法、严格执法、公正司法，为全民守法创造良好条件

实现全民守法，需要通过推进科学立法、严格执法、公正司法，弘扬法治精神、树立法治理念、维护法治权威，让厉行法治、追求公平正义成为全体社会成员的最大共识，为全民守法创造良好的法治条件。

1. 推进科学立法、民主立法、依法立法

立法机关要努力推进科学立法、民主立法、依法立法，切实增强立法的针对性、适用性和可操作性，确保社会普遍遵循的法律本身是符合客观规律的“良法”。要坚持开门立法，让人民群众有效参与立法过程，通过专家论证、听证、公开征求意见等方式广泛听取民意，确保人民群众对立法充分发表意见，让人民意志贯穿国家立法的始终，从而提高人民群众对法律的认同感，使人民群众发自内心地敬畏、尊崇法律，为全民守法创造良好的前提条件。

2. 严格规范公正文明执法

执法是法律实施的关键环节，执法者的守法意识和执法水平决定着法律实施的效果，决定着法律宗旨、法律目标、法律价值能否最终实现，在很大程度上影响着全体社会成员对国家法治状态的切身体验与基本判断。党的十九大报告提出“建设法治政府，推进依法行政，严格规范公正文明执法”，对广大执法人员自觉守法、自觉维护法律尊严和权威、树立法治信仰提出了严格要求。行政执法人员要坚持依法行政，熟练掌握相关法律规定，严格按照法律权限和法定程序实施执法行为，谨慎、合理行使自由裁量权，转变执法理念，将执法的过程与法律宣传教育相结合，不断提高严格规范公正文明执法的能力和水平，为全民守法发挥积极正面的示范作用。

3. 公正司法

只有公正司法才能维护法律的尊严，维护公民的合法权益，增强全体人民对法律的信任感，人民群众才能相信法律、依靠法律、遵守法律。司法人员要坚持公正司法，严格执行法律规定、全面把握法律原则、准确掌握法律适用，将每一次办案变为说服引导群众相信和尊崇法律的过程，将每一个案件变成展示法律权威和法治力量的最佳载体，用公正高效廉洁的审判赢得人民群众的信任，让依法表达诉求、维护权益成为公民的自觉选择，[①] 让遇事找法、解决问题靠法蔚然成风。

（四）营造社会成员自觉守法的社会环境和良好氛围

推进全民守法，要努力营造自觉守法的社会环境，形成守法光荣、违法可耻的社会氛围，使全体民众成为法治的忠实崇尚者、自觉遵守者、坚定捍卫者。全民守法的社会环境和良好氛围既离不开执法机关和司法机关严格执

---

① 刘玉亭:《大力推进全民守法》，载《光明日报》2013 年 3 月 14 日。

法、公正司法的引领示范，同时也要努力培养全体公民的守法意识。要让社会主义核心价值观成为全体公民约束自身行为的共同准则，将守法意识作为现代公民意识的重要组成部分进行塑造和培育，引导人们将依法实现权利、履行法定义务和社会责任转化为自觉思维习惯和行为方式。[①]

（五）建立全民守法的激励机制与惩戒机制

习近平总书记指出："要健全公民和组织守法信用记录，完善守法诚信褒奖机制和违法失信行为惩戒机制，形成守法光荣、违法可耻的社会氛围，使尊法守法成为全体人民共同追求和自觉行动。"[②]完备的守法激励机制能够充分调动人民群众守法的积极性，提高其守法的自觉性。激励守法行为，要积极开展个人和社会组织公共信用信息服务，使守法者在市场中获得更多机会和收益，对诚实守法者实行优先解决问题、简化处理程序的"绿色通道"等支持性政策，甚至在某些方面可以通过适当方式授予荣誉称号，给予一定程度的物质奖励等。

除了建立守法的激励机制以外，还要积极维护法律的刚性，惩治不法者。唯有赏罚分明，法律才能取信于民，进而树立正确的守法导向。强化对违法失信者的约束与惩戒，是维护宪法和法律权威、树立全民法治意识的重要途径。为此，要实行失信记录发布制度，建立针对严重违法失信者的黑名单制度和市场退出机制，建立多部门、跨地区联合惩戒违法失信行为的有效机制，尤其要加强对涉及食品药品安全、环境保护、安全生产、税收征缴等重点领域违法犯罪行为专项整治，使公民和组织的失信违法行为无处遁形，形成强大的社会震慑力，在全社会真正确立守法者受惠、违法者受罚的导向。[③]

（六）建立有效的守法监督机制

法治观念能否内化于心、变成人们的自觉行动，在一定程度上依赖于良性的守法监督机制。守法监督机制如果失灵，就会导致人们对法治的有效性产生怀疑，必然影响全民守法的实际效果。守法监督机制包括法律监督、舆论监督和公民监督。法律监督是指特定国家机关根据宪法和法律的授权，运

---

① 刘玉亭：《大力推进全民守法》，载《光明日报》2013 年 3 月 14 日。

② 习近平：《加快建设社会主义法治国家》，载《求是》2015 年第 1 期。

③ 李若兰：《全民守法筑牢法治社会根基》，载《学习时报》2018 年 3 月 26 日。

用法律规定的手段，通过法律规定的程序，对法律实施进行具有法律效力的监察、督促等监督措施。舆论监督是指社会公众利用大众传媒对相关主体的违法行为进行批评或提出建议的监督行为。公民监督即公民对相关主体的行为是否符合法律规定进行监督，公民监督的形式有多种多样，诸如提起诉讼、举报违法、说服教育等都可能成为公民监督违法行为的手段和方式。实现全民守法，必须畅通各类守法监督渠道，以检验并提高全民守法的实际成效。

（七）发挥基层自治组织和社会组织作用，夯实全民守法的社会根基

基层群众性自治组织和其他社会组织对推进全民守法发挥着基础性作用，要重视我国基层自治组织和其他社会组织建设，实现重心下移，夯实全民守法的社会根基。

1. 深化基层群众性自治组织建设，增强基层群众守法意识

村民委员会和居民委员会是我国基层群众性自治组织。要健全基层群众自治机制，出台和完善保障基层群众权利、明确基层群众法律关系的村规民约和居民自治章程，有效约束居民行为，形成中国特色的“基层法治”，培养基层群众遵守国家宪法和法律的观念，引导其遵守与日常生活密切相关的自治规则。要充分发挥基层群众性自治组织在监督居民守法中的作用，建立有效的群众监督守法体系，让守法的要求渗透到公民日常生产、生活的每一个角落，使广大基层群众在自我管理、自我服务中增强法治意识和权利义务观念。

2. 发挥社会组织的积极作用，约束社会组织成员日常行为

要鼓励和引导社会组织参与法治建设，拓宽社会组织参与社会事务、维护公共利益、预防违法犯罪的制度化渠道，发挥社会组织规范对其成员的行为引导、规则约束、权益维护作用。要增强社会自治功能，通过社会组织的自治章程，明确社会组织的成员权利和义务，理顺社会组织与其成员之间的法律关系，强化社会组织成员对社会组织规范的服从意识，确保社会组织成员切实遵守行为规范。

◉ 第八章 ◉

法治实施与法治宣传

法律的权威源自人民的内心拥护和真诚信仰，而法治信仰建立的最基本条件是人民了解法律、知晓法律、认同法律，因此，全民普法才成为依法治国的长期基础性工作。自20世纪80年代起，我国即已经开始开展规模化的普法活动，至今已进入“八五”普法阶段。经过40多年的不懈努力，一方面，人民群众的法治意识不断增强，自觉守法、遇事找法、解决问题靠法的社会氛围逐步形成，我国普法工作取得良好成效。另一方面，随着人民群众对执法的需求日益多元化，普法工作亦随之面临新问题、新挑战，特别是普法责任主体不明确成为制约普法工作进一步开展的瓶颈。党的十八届四中全会坚持问题导向，明确提出“实行国家机关‘谁执法谁普法’的普法责任制”，成为普法工作的重大理念和制度创新。2017年5月17日，中共中央办公厅、国务院办公厅下发《关于实行国家机关“谁执法谁普法”普法责任制的意见》（以下简称《意见》），深入贯彻落实党的十八届四中全会的上述重大部署，针对普法工作中存在的职责不清、责任不明，执法与普法工作相脱节等问题作出系统安排，有力推进国家机关普法工作的深入开展。党的十九大报告提出，加大全民普法力度，建设社会主义法治文化，树立宪法法律至上、法律面前人人平等的法治理念。党的二十大报告提出，深入开展法治宣传教育，增强全民法治观念。习近平总书记指出，要深入开展法制宣传教育，在全社会弘扬社会主义法治精神，传播法律知识，培养法律意识，在全社会形成宪法至上、守法光荣的良好氛围。[①] 国家机关是国家法律的制定和执行主体，普法是国家机关的重要职责之一。广义的执法包括行政机关的行政执法行为和司法机关的司法行为。因此，行政机关和司法机关是“谁执法谁普法”机制中的主要普法责任主体。行政机关和司法机关有效落实“谁执法谁普法”的普法责任制，需要紧密结合自身工作实际，从细微处着手，多措并举、创新形式，将法治宣传嵌入日常的各项执法活动之中，真正使执法过程成为向人民群众宣传法治的过程。

一、在行政执法中落实“谁执法谁普法”的普法责任制

行政是国家的组织活动，行政机关是国家机关的重要组成部分，是国家法律的执行主体，同时肩负着法治宣传的重要职责。在行政执法过程中贯彻“谁执法谁普法”普法责任制，可以从以下几个方面切入推进。

（一）通过典型案例以案释法

在日常生活中，公民与行政机关的联系十分紧密，行政执法活动中的大量案例，均与公民的切身利益有密切关系。因此，行政机关通过案例普法，不仅具有先天优势，而且容易引起广泛关注，更易得到事半功倍的效果。特别是宣讲那些与群众衣食住行密切相关的典型案例，会让群众产生更强的代入感，宣讲的针对性、实效性、说服性亦会随之增强。此外，通过发布典型案例，将抽象的法律条文具象到现实的案件中，不仅可以引导群众依法维权，还可以为行政机关依法行政起到示范或警示作用。

（二）围绕热点问题开展普法

从行政诉讼的角度看，当前社会关注度高的热点问题主要包括征地拆迁、教育、就业、医疗、食品安全、环境保护、安全生产、社会救助等方面。实

① 中共中央文献研究院编：《习近平关于全面依法治国论述摘编》，中央文献出版社 2015 年版，第 88 页。

际上，每一个行政机关都有不同的、被公众关注的热点问题，而且这些热点问题亦会不时发生变化。对此，可以充分利用公众对热点问题的关注，围绕热点问题开展广泛的普法宣传，通过聘请专家在媒体上进行解读等方式弘扬法治精神，并有效引导社会舆论。

（三）借助行政协议进行普法宣传

实践中有的行政机关在其与相对人签订行政协议的时候，将相对人所有的权利义务逐一列明在协议条款中。从一定意义上说，这也是一种很好的普法方式。在行政协议中详细列明权利义务有利于协议的后期履行，而且因为协议内容影响相对人的切身利益，相对人必然会认真阅读、研究相关的法律法规条款和协议条款，而这一过程在客观上起到最有效的普法宣传效果。

（四）强化权利义务告知

执法人员在行政程序中，有必要结合案情进行充分的释法说理，将行政执法相关的法律依据、权利义务关系明确告知相对人。通过释法说理不仅能够实现对相对人的普法，还能争取相对人对行政执法的理解和配合，在源头上防范矛盾和纠纷。因此，有必要将权利义务告知环节明确规定为行政执法程序，实现边执法边普法。

（五）进一步开展法律咨询服务

法律法规繁多复杂，不仅是普通群众，即使是执法人员亦不可能也无必要准确记住每一个条款。对此，有必要加强法律咨询服务机构建设，配齐配强专业人员，为有需求的群众提供免费咨询服务，让群众在解决问题的过程中学习法律知识。比如《律师法》第 42 条规定："律师、律师事务所应当按照国家规定履行法律援助义务，为受援人提供符合标准的法律服务，维护受援人的合法权益。"据此，律师有按规定履行法律援助的义务。在此基础上，可以考虑适当扩大法律援助的范围，即律师不仅应为特定当事人提供法律援助，亦应承担一定的向公众免费提供法律咨询服务的义务，每年承办一定数量的法律援助案件，并可考虑建立相应的考评机制。

（六）组织群众旁听案件

行政机关可以考虑对社会关注度高的案件，在行政复议过程中引入旁听环节，组织有类似案情的行政相对人、利害关系人等集中参加旁听，或者选择一些有代表性的案件进行公开听证。在此过程中，针对群众普遍关心的法律问题进行全面细致的解读，实现矛盾纠纷化解与法治宣传教育的有机结合。

（七）统筹运用传统媒介与新媒体

《意见》明确指出：“创新普法工作方式方法。在巩固国家机关橱窗、板报等基础宣传阵地的同时，积极探索电子显示屏、电子触摸屏等新型载体在普法宣传中的运用，建好用好法治宣传教育基地。”一方面，有必要进一步加强对国家机关橱窗、板报等传统宣传阵地的建设和运用。特别是在各级行政机关办事大厅向群众提供免费宣传资料手册，既简便又实用，普法效果十分明显。此外，行政机关还可针对热点问题、重点法律法规、重大行政决策等，尝试通过召开新闻发布会、答记者问等方式向群众进行有针对性的解读。另一方面，有必要借助现代信息技术进一步提高普法宣传的范围和效率，提升宣传成效。对此，建议积极探索电子显示屏、电子触摸屏、手机 App、PC 客户端等新型载体在普法宣传中的运用，让群众足不出户即可快捷获取相关执法信息；建立网络信息交流平台，让行政机关与相对人借助网络平台进行实时互动、有效沟通，实现高效普法；积极运用大数据、云计算等科技手段，对普法工作进行深入分析研判，提高普法工作的针对性和有效性。

二、在司法中落实“谁执法谁普法”的普法责任制

法院是传播法治理念、弘扬法治精神的重要阵地。宣传法治，对公民进行法治教育，是各级法院和法官的重要职责。贯彻落实“谁执法谁普法”的普法责任制，司法机关责无旁贷。各级人民法院落实普法责任制的举措主要包括以下几个方面。

（一）将普法工作贯穿司法文件制定全过程

人民法院在起草司法解释等规范性司法文件的过程中，要广泛听取群众意见，特别是对群众高度关注、影响范围广、争议较大的条文，要加大公开力度，最大限度凝聚共识。在司法解释等规范性司法文件确定后，要采取多种有效途径及时向社会广泛公布，以通俗易懂的语言对相关制度设计进行充分解释说明，加强与群众的沟通联络，方便群众理解与掌握。

（二）发布各类审判白皮书

目前，审判白皮书作为人民法院普法宣传的重要手段，已经在各级人民法院得到广泛运用。以行政审判白皮书为例，通过制作、发布行政审判白皮书，人民法院不仅能够回顾总结审判经验，广泛宣传行政审判情况，另一方面也能对行政机关依法行政的状况和问题进行评估和分析，有利于进一步促进强化领导干部法治意识，提高行政机关依法行政水平。此外，最高人民法院除了发布行政审判白皮书外，还会定期或不定期向社会发布专项行政审判工作通稿，进一步增进群众对行政审判各领域的了解。

（三）发布典型案例

行政执法过程中会产生大量案例，司法过程中更是如此。每一个典型案例都是一部生动鲜活的普法教材，对于法治宣传教育具有独特作用。目前，最高人民法院至少每两个月会针对当前的热点问题发布典型案例，涉及方方面面的法律问题。最高人民法院发布的典型案例一般包括基本案情、裁判结果、典型意义三方面内容，由法官围绕争议问题进行充分说理，深入解读法律，以方便群众更好地理解和学习法律，最终实现普法宣传的目的。如最高人民法院行政审判庭已先后发布征收拆迁、政府信息公开、行政不作为、环境保护等行政管理领域的典型案例，起到了良好的法治宣传效果。此外，不少地方人民法院也结合自身审判实际，在辖区范围内积极发布典型案例，并通过在媒体设置普法专栏、拍摄普法节目、邀请专家学者进行解读等多种形式加大对典型案例的宣传，努力将法治宣传教育深入群众的日常生活当中。

（四）大力推进阳光司法

近年来，人民法院全面深化司法公开，着力构建开放、动态、透明、便民的阳光司法机制，不仅有效促进提升司法质效，亦成为法院普法宣传的重要载体和抓手。阳光司法机制的建立在实现倒逼提升司法质效的同时，有效回应当事人和社会各方的现实关切，让人民法院的普法宣传迈向了更加广泛、更加精准、更加高效的新阶段。

（五）加强释法明理

一些法院十分注重在审判执行的各环节做好释法明理工作，借助释法明理宣传法治理念，落实普法责任制。比如通过在立案环节向当事人分析权利义务关系和释法明理，不仅能够引导其建立对案件结果的合理预期，依法表达诉求、理性维护权益，亦是普法宣传的有效方式。进一步加强裁判文书说理，展示裁判逻辑，努力实现胜败皆服、案结事了。此外，目前部分法院积极尝试借助人工智能向当事人提供自动化服务，如向当事人推送类案情况、法律依据等，既能提高当事人的诉讼能力和水平，又能增强普法的针对性、实效性。

（六）创新庭审方式

除了借助庭审直播平台公开庭审活动外，各级人民法院还结合自身实际积极创新庭审方式，进一步延伸庭审效果。如开展巡回审判、到案发现场进行开庭审理、广泛邀请各界代表旁听庭审等，既方便当事人诉讼，又能通过直观生动的形式进行以案释法，达到审理一案、教育一片的效果。

（七）推进行政机关负责人出庭应诉制度

一些法院在广泛开展对社会公众普法的同时，亦十分重视通过精准普法促进提升行政机关执法人员依法行政的意识和能力。行政机关负责人出庭应诉制度即是其中的典型代表。2016 年 8 月，最高人民法院下发《关于行政诉讼应诉若干问题的通知》，进一步规范和促进行政应诉工作。行政机关负责人出庭应诉，一方面对于查明案件事实、缓解对立情绪、提高审理质效有重要作用；另一方面，对行政机关负责人而言，参与庭审本身就是一个庄重严肃的普法活动，行政机关负责人通过参与庭审能够更加全面深刻地认识行政执法中可能存在的问题，倒逼其进一步学习掌握相关法律法规和规章制度，进而不断提高依法行政水平。

三、练就做好普法工作的内功

习近平总书记强调，要加强法治宣传教育，引导全社会树立法治意识，使人们发自内心信仰和崇敬宪法法律。[①] 做好“谁执法谁普法”工作，除了明确方式方法之外，有必要进一步提升普法内容的针对性、有效性。对此，

① 《习近平：坚持依法治国和以德治国相结合 推进国家治理体系和治理能力现代化》，载《人民日报》2016 年 12 月 11 日。

执法司法机关及人员务必不断提升自身素质，为有效做好普法工作练就过硬本领。

（一）**做好对内普法工作**

执法机关及人员自身熟练掌握相关法律法规，是做好对群众普法工作的基本前提。要在执法机关内健全完善学法制度，加强法治培训，将宪法法律与党内法规作为主要内容，推进相关人员学法经常化，营造浓厚的学法氛围。建立有效的学法监督机制，通过抓关键、抓少数，形成一级抓一级、层层抓学习的监督模式，倒逼做好学法工作。尝试将相关法律知识考核作为特定岗位任职的必经程序，确保选任的人员具备有效履职的法律素质。

（二）**自觉践行法治**

执法机关要进一步增强法治观念和法治意识，谋划工作要运用法治思维，处理问题要运用法治方式，说话做事要先考虑是不是合法，做到始终坚持严格规范公正文明执法，始终坚持严格司法，让群众切实感受到法治行为就在身边。正确认识政治与法治的关系，牢记法律红线不可逾越，法律底线不可触碰，带头遵守法律、执行法律，带头营造办事依法、遇事找法、解决问题用法、化解矛盾靠法的法治环境。建议各级行政机关进一步落实行政机关负责人出庭应诉制度，支持人民法院依法受理和审理行政案件，认真做好答辩举证工作，依法履行出庭应诉职责，配合人民法院做好开庭审理工作，积极履行人民法院生效裁判，共同维护法治权威。

（三）**牢固树立程序法治理念**

实践中，少数执法人员存在“重实体轻程序”的错误观念，往往为了实现工作目标而忽视法定的工作程序。严密的执法程序是规范执法的重要前提，也是执法公平公正的重要保障。一个设计好的程序，能使公权力机关和利益相关人实现双赢。对此，各级执法机关及人员均应高度重视执法程序，牢固树立程序法治理念，通过严格规范的程序进一步保障执法效果。建议行政机关按照标准化、流程化、精细化要求，重点围绕行政许可、行政处罚、行政强制、行政征收、行政收费、行政检查等执法行为，进一步细化执法环节和流程，不断严密执法程序，加强执法管理，确保各领域执法均规范有序，合乎程序。各级人民法院要始终坚持严格司法，严格依照职权划分和法定诉讼程序办理案件，尊重和保障人权，切实保障当事人和其他诉讼参与人的诉讼权利得到平等保护和有效行使，严格落实辩护制度、回避制度、诉讼权利告知制度等，严格居中裁判，进一步推进司法公开，确保案件的办理过程符合法律规定的程序公正的要求，坚决杜绝违背法律程序行使司法权力。

（四）正确行使自由裁量权

当前，在行政执法和司法领域，明显的违法情形已经日益减少，群众反映强烈的往往都是执法机关对自由裁量权的滥用。司法领域中的关系案、人情案，行政执法领域中的选择性执法、倾向性执法等，背后一般都存在对自由裁量权的滥用。建议行政机关建立健全行政裁量权基准制度，进一步细化、量化行政裁量标准，规范裁量范围、种类、幅度，为行政执法活动提供明确依据，确保行政执法有理、有据、有度，从制度上解决滥用自由裁量权问题。各级人民法院在案件办理过程中要全面落实证据裁判原则，充分运用因果关系、辩证法、逻辑判断、生活经验法则等，对所有在案证据的真实性、关联性、合法性进行分析判断，确保查明、认定的事实符合案件发生时的客观真相，确保案件的裁判结果是在分清是非的基础上作出的，符合社会普遍认同的公平正义观念；要通过加强和规范司法解释、案例指导、类案检索等工作，进一步统一证据标准和办案尺度，明确法官自由裁量权的行使规则，规范法官的裁判行为。

◉ 第九章 ◉

良法善治与法治政府评估

法治观是法治政府评估的基础，对法治政府评估产生重要影响。改革开放四十年来，我国依法治国以及法治政府建设取得举世瞩目的成效，科学客观地衡量法治政府建设成效意义重大。囿于法治观的局限，我国法治政府评估也面临诸多困惑和难题，导致法治政府评估缺乏社会公信力和认同感。良法善治是新时代法治的本质属性和价值目标，必然要求法治政府评估积极顺应良法善治的本质要求，积极构建以良法善治为基础的法治政府评估体系。

一、依法治国走向良法善治

党的十八届四中全会审议通过的《决定》指出："法律是治国之重器，良法是善治之前提。建设中国特色社会主义法治体系，必须坚持立法先行，发挥立法的引领和推动作用，抓住提高立法质量这个关键。"党的二十大报告进一步强调"以良法促进发展、保障善治"。这一科学论断鲜明提出了良法善治在法治建设中的地位，明确了立法在法治体系建设中的引领和推动作用，也强调了立法与法律实施的内在关联。当前我国正处于由形式法治主义向实质法治主义的法治转型之中，良法善治是实质法治主义的重要体现和根本要求。法治政府评估离不开对良法善治的基本内涵、价值取向的理解和把握，这是法治政府评估的本源性、基础性问题，在很大程度上影响法治政府评估的理论研究、指标设计和体系构建。

（一）良法是法治的本质属性

法治之“法”应当是良法，是法律形式合理性与实质合理性的统一。如果人为地将法律形式要件与法律实质内容割裂开来，都难以真正揭示良法的科学内涵。良法是法治的价值标准和理性追求，没有良法，就没有法治可言。古希腊思想家亚里士多德曾指出：“法治应包含两重意义：已成立的法律获得普遍的服从，而大家所服从的法律又应该本身是制定得良好的法律。”[①] 亚里士多德对法治的定义，坚持规则之治和良法之治相统一，是对法治所作的经典表述，反映了良法之治的法治精神。良法的法治观念最早是由亚里士多德提出的，并为后来西方的思想家所继承和发展，其基本要义在于强调真正的法律必须体现理性、表达公意、维护公益和保障人权。良法主要是从立法角度出发，要求有制定完备严密，合乎社会发展客观规律，符合公平、正义、自由、平等、民主、人权、秩序、安全等价值要求，依照法定程序制定和颁布的实在法，是法律形式正义与实质正义有机统一。

1. 良法必然要求法律在形式上符合形式正义的要求

美国法学家富勒将其称为法律的内在道德性，并把它归纳为八个方面：（1）法律的普遍适用性，它包括人的行为有章可循和同样情况同样处理；（2）法律的公开性，即法律必须公布，因为只有这样才能使大家知晓法律的内容和批评、监督法律的执行；（3）法律的非溯及力，即法律只面向未来，不面向过去；（4）法律的明确性，即法律的规定不应模棱两可或模糊不清、支离破碎；（5）法律的一致性，即法律自身应避免互相冲突和矛盾；（6）法律的可行性，即法律不应要求人们做无法实现的事情；（7）法律的稳定性，即法律不能朝令夕改；（8）官方行为与法律的一致性。[②] 富勒提出了法律形式正义的八项原则，这八项原则共同构成了法律的内在道德。作为良法首先

① ［古希腊］亚里士多德：《政治学》，吴寿彭译，商务印书馆 1983 年版，第 199 页。

② 严存生：《西方法哲学问题史研究》，中国法制出版社 2013 年版，第 475~476 页。

应当在形式上符合合法性、正当性要求，如果一部法律在形式上不能满足这些要求，即便其在实质内容上如何尽善尽美，都难以称之为良法。试想一下，如果一部法律缺乏稳定性，经常变动不居，让人缺少可预期性，这样法律就失去了指引价值；如果一部法律不对外公布，那么又怎能让人普遍遵循，如此等等。在当下中国，在推进法治国家、法治政府、法治社会一体建设之际，社会公众运用法治思维和法治方式的能力尚未完全提升，强调良法的形式正义意义仍然十分重大。在一定意义上可以说，法律形式正义是良法的基础，没有形式正义不可能有良法。

2. 良法必然要求法律在内容上符合实质正义的要求

一般而言，“法不仅应是形式意义上的法，而且应是实质意义上的法。”① 富勒将法律符合实质正义称为法律的外在道德性，富勒认为，法律的外在道德作为法律制度争取的实体目标不是单一的，而是多元的。除了正义还有效率、反种族歧视、人本身及自由、经济资源分配、政治和经济制度的设计等之间关系。② 法哲学教授拉兹反对将社会权利的观念引入法治的价值论中，认为这将使法治这一用语失去了固有的科学含义和应有的功能。拉兹认为法治并不是衡量法律的道德标准，它是法律体系可能具有的用以评判法律的一种优点，任何法律体系都或多或少地具备这种优点。并且法治作为法律的一种品德或优点，它要求法律在形式上必须能指导人们的行为，在实质上能保障人权和实现法律之正义。③ 形式法治主义追求法治形式化，缺乏对法治实质内容的重视，认为法治与价值无关，甚至主张恶法亦法，事实上将形式法治主义推向一个极端，从而屡遭诟病和批判。实质法治主义关注法治的实质内容，强调法治不仅要健全符合一系列形式要件的法律制度，而且要使这套法律制度能实现公平、正义、民主、自由、人权、秩序、安全等价值目标，反对恶法暴政。良法反映了实质法治主义对实质正义的价值追求。

---

① 江必新：《论实质法治主义背景下的司法审查》，载《法律科学（西北政法大学学报）》2011年第6期。

② 严存生：《西方法哲学问题史研究》，中国法制出版社2013年版，第475页。

③ 严存生：《西方法哲学问题史研究》，中国法制出版社2013年版，第477～478页。

3. 良法是法律形式正义与实质正义的统一，反映了实质法治主义的基本内涵和价值导向

良法是法治效力的前提和基础，是法治的生命线。良法之要义就在于将法治形式正义与实质正义统一起来，既不脱离法治实质内容来清谈法治形式要件，也不脱离法治形式要件来空谈法治实质内容，避免陷入盲人摸象的尴尬境地。一部法律之所以称之为良法，不仅要符合法律形式正义要求，也要符合实质正义要求。真正的良法应当能够切实保护个人的基本权利和尊严，能够有效维护社会的正常秩序。[①] 从这个角度而言，有的国家虽然制定了完备的法律体系，符合形式合理性要求，但是因缺乏公平、正义、民主、自由、平等、人权等基本内核，根本不符合实质合理性要求，不能称为良法，也都不可能成为法治国家。

（二）善治是法治的价值依归

法治之“治”应当是善治，善治是从法律实施角度而言，强调要把制定良好的法律付诸实施，尊重宪法和法律的权威，严格依法办事，又不机械执法，而是善于根据法律原则和精神创造性地适用法律，从而弥补法律的局限性。如果说，良法重在强调立法，那么善治则重在强调法律实施。当前学术界对“善治”的内涵有着不同理解，例如，联合国开发计划署（the United Nations Development Program）认为：“善治是政府、公民社会组织和私人部门在形成公共事务中相互作用，以及公民表达利益、协调分歧和行使政治、经济、社会权利的各种制度和过程。”[②] 如果说形式法治主义与实质法治主义在立法领域的根本分歧在于法之“良”“恶”，那么在法律实施领域的分歧则是“恶法亦法”还是“善治良政”。形式法治主义强调法律严格实施，不问法之良恶，即便是“恶法”也要严格执行。并且，形式法治主义所理解的法只是成文法或正式的规则。在自由裁量权方面，形式法治主义要求执法者机械地执行成文法，不允许其享有任何的自由裁量权。在价值观方面，形式法治主

① 江必新：《论实质法治主义背景下的司法审查》，载《法律科学（西北政法大学学报）》2011 年第 6 期。

② ［美］G. 沙布尔 · 吉玛、丹尼斯 · A. 荣迪内利编：《分权化治理：新概念与新实践》，唐贤兴、张进军等译，格致出版社、上海人民出版社 2013 年版，第 5 页。

义坚持工具主义价值观，认为法治只是一种工具，它可以应用于任何性质的社会之中，是很好地使用这套技术所产生的公共秩序。[①]实质法治主义在法律实施领域同形式法治主义针锋相对，实质法治主义虽然在谈到依法治国时更多的是指成文法或制定法，但并不盲目地崇拜它，不仅将它们区分为良法和恶法，还明确地指出良法的局限性，因此并不要求执法者机械地执行它们，而是给予执法者适当的权力，即允许其根据法的精神用衡平的方法弥补其缺陷。[②]

善治反映了实质法治主义的价值追求，强调在法律实施中不仅要注意原则上的统一性，而且要注意不同适用对象的特殊性，做到同样情况同样处理，不同情况不同处理。“善治之道，以人民为本；良政之要，以法治为纲。人民法治者，法治之主体归属于人民，法治之目的服务人民，法治之内容贴近人民，法治之权柄掌于人民，法治之权威立于人民，法治之成果享于人民，法治之成败系于人民。”[③]善治与形式法治主义的分野在于是否需要考虑法律实施中的特殊情况。形式法治主义往往片面放大了法律的形式意义，忽略法律本身存在的局限性，其突出表现之一就是法律本身在抽象性和具体性之间很难达到平衡。一方面，法律的抽象性使其不可能照顾到每个个体的具体情况和特殊情况，有时难免会“一刀切”，而“一刀切”就可能产生不公平。另一方面，法律如果规定得很具体，将每一种特殊情况都考虑进去，就会变得臃肿，个案复杂性就会增大，法律变得难以操作。[④]形式法治主义倡导的基本价值观带来的恶果是恶法暴政，在没有实质正义制约的情况下，往往以合法手段实行“法律统治”，容易形成多数人对少数人的暴政，其同“人治暴政”一样具有危害性，甚至比“人治暴政”的危害性更大。因此，很多人担心形式法治主义一旦走向极端就会被用作强化政府权力、剥夺个人权利的工具，这也并非没有道理。实质法治主义在中国有着巨大的发展空间，其主要特征是：形式正义与实质正义的统一，合法性与正当性的统一，实体合法性与程序合法

---

① 严存生：《西方法哲学问题史研究》，中国法制出版社 2013 年版，第 499 页。

② 严存生：《西方法哲学问题史研究》，中国法制出版社 2013 年版，第 496 ~ 497 页。

③ 江必新：《为良法善治发声——〈人民法治〉发刊词》，载《法制日报》2015 年 1 月 21 日。

④ 江必新：《论实质法治主义背景下的司法审查》，载《法律科学（西北政法大学学报）》2011 年第 6 期。

性的统一，形式平等与事实平等的统一。[①] 实质法治主义不仅强调法律要保持相对稳定性和可预见性，法律一经制定，不可随意更改，应当得到统一实施，而且还强调法律条文的效力不是绝对的，在法律的稳定性与法律的目的性之间需要寻求一种平衡，不再把依法办事仅仅理解为依照法律规则办事，而是也包括法律原则和法律政策，并且认可行政和司法的自由裁量权。

（三）良法与善治的辩证统一

良法善治是现代法治的本质属性和基本特征。良法是法治的价值标准和理性追求，善治是法治的运作模式和实现方式，良法善治的有机结合，构成了现代法治，尤其是社会主义法治的精神和骨髓。[②] 良法善治是实质法治主义的价值目标和根本追求，覆盖立法、执法、司法、守法等国家治理的各个领域，贯穿科学立法、严格执法、公正司法、全民守法全过程。

良法是善治的前提和基础，没有良法，善治就失去了依托和根基；善治是良法的支撑和保障，良法的生命在于实施，没有善治，再好的良法也只能是美好蓝图而被束之高阁。因此，良法与善治相辅相成、相互促进，缺一不可。良法善治体现了国家治理现代化的本质要求，是国家治理体系和治理能力现代化的综合反映。良法表征的是国家治理体系现代化在法治领域的要求，是衡量国家治理体系现代化的重要标准；善治是国家治理能力现代化在法治领域的要求，是衡量国家治理能力现代化的重要标准。推进国家治理体系和治理能力的现代化，必然离不开自由、民主、公开、正义、秩序、安全等基本价值。同任何价值一样，这些价值也是有历史性、地域性、相对性的。国家治理体系现代化的良法标准，必然要求国家治理做到科学立法、民主立法、依法立法，强调将正义、公平、民主、自由、人权、和谐、安全等作为国家治理体系创制良法的价值追求。宪法和法律的生命在于实施，宪法和法律的权威和尊严亦在于实施。习近平总书记指出："法律的生命力在于实施。如果有了法律而不实施，或者实施不力，搞得有法不依、执法不严、违法不究，

---

① 江必新：《论实质法治主义背景下的司法审查》，载《法律科学（西北政法大学学报）》2011年第6期。

② 李林：《大力弘扬"良法善治"的法治精神》，载《法制日报》2007年8月31日。

那制定再多法律也无济于事。”[①] 善治就是要把制定良好的法律付诸实施，将法治作为治国理政的基本方式，通过宪法法律的“统治”实现良法的价值追求。国家治理能力现代化的善治标准，强调国家治理的整体性、系统性和协调性，要求以法治的可预期性、可重复性、可操作性、可救济性、可持续性等优势来凝聚转型时期的社会共识，使不同利益主体求同存异，依法追求和实现自身利益最大化，努力推动形成办事依法、遇事找法、解决问题用法、化解矛盾靠法的良好法治环境，在法治轨道上推动国家治理现代化。

二、良法善治应成为法治政府建设的核心理念

推动法治政府建设离不开良法善治的引领。良法善治是社会主义核心价值观融入法治的根本体现和价值导向，凸显新时代中国法治的科学内涵和内在价值。党的十九大报告指出，要培育和践行社会主义核心价值观。要以培养担当民族复兴大任的时代新人为着眼点，强化教育引导、实践养成、制度保障，发挥社会主义核心价值观对国民教育、精神文明创建、精神文化产品创作生产传播的引领作用，把社会主义核心价值观融入社会发展各方面，转化为人们的情感认同和行为习惯。社会主义核心价值观是当代中国精神的集中体现，凝结着全体人民共同的价值追求。社会主义核心价值观融入法治建设，特别是融入法治政府建设，最根本的是坚定自觉地以习近平新时代中国特色社会主义思想为指导，实行良法善治。法治政府是法治国家的重点领域和关键环节，是法治社会的前提和基础，也是社会主义核心价值观融入法治建设的关键。中共中央、国务院 2021 年 8 月印发的《法治政府建设实施纲要（2021—2025）》是新时期法治政府建设的行动纲领，提出了健全政府机构职能体系，推动更好发挥政府作用；健全依法行政制度体系，加快推进政府治理规范化程序化法治化；健全行政决策制度体系，不断提升行政决策公信力和执行力；健全行政执法工作体系，全面推进严格规范公正文明执法；健全突发事件应对体系，依法预防处置重大突发事件；健全社会矛盾纠纷行政

① 中共中央文献研究室编:《习近平关于全面依法治国论述摘编》，中央文献出版社 2015 年版，第 57 页。

预防调处化解体系，不断促进社会公平正义；健全行政权力制约和监督体系，促进行政权力规范透明运行；健全法治政府建设科技保障体系，全面建设数字法治政府；加强党的领导，完善法治政府建设推进机制等九个方面的主要任务，为将良法善治融入法治政府建设提供了基本遵循。把良法善治融入法治政府建设全过程，关键要强化教育引导、实践养成、制度保障，发挥良法善治的引领作用。

（一）良法善治为法治政府建设提供精神支撑

党的十八届四中全会强调，必须弘扬社会主义法治精神，建设社会主义法治文化。法治是一个内含民主、自由、平等、人权、理性、文明、秩序、正义、效益与合法性等诸社会价值的综合观念，是现代社会特有的意识形态，是一切制度化行为和制度化安排应当与之相适应的“主义”。[①]法治的真谛，在于全体社会成员的真诚信仰和忠实践行。社会公众的法治信仰和法治观念，是依法治国的内在动力，更是法治中国的精神支撑。建设法治中国，不仅需要法治手段的保障，而且需要法治观念和法治精神的支撑。法治精神是法治和良法善治的理想和价值取向，是人们尊重法治和尊重法律权威的意向表达和价值追求，是社会追求公平、正义、自由的体现。法治精神是一种相对稳定的、为保持法的崇高地位而要求人们持有的尚法理念，它反映法律运行的内在规律。法治精神不同于法律原则、法律精神，法治精神的实质是关于法在与国家和权力交互作用时，人们对这一关系所选择的价值标准和持有的稳定心态，是展现法治品格和风貌的方向和灵魂。[②]法治精神不同于法治观念、法治思维，法治观念侧重于人们对法治的理性认知，法治思维则是将法治的诸种要求运用于认识、分析、处理问题的思维方式，是一种以法律规范为基准的逻辑化的理性思考方式，而法治精神则浓缩了法治思想和感情的精华，是人们长期形成的相对稳定的法治信仰和精神追求。现代社会中，法治精神的构成要素至少有四种：善法、恶法价值标准的确立，法律至上地位的认同，

---

① 张文显：《法哲学范畴研究》（修订版），中国政法大学出版社 2001 年版，第 156 页。

② 徐显明：《论“法治”构成要件——兼及法治的某些原则及观念》，载《法学研究》1996 年第 3 期。

法的统治观念的养成，权利文化人文基础的建立。[1] 因此，良法善治是法治精神的基本内核和重要体现。

法治政府需要精神支撑，法治政府的精神就是良法善治精神在法治政府领域的体现，是良法善治对法治政府进行统领和指引，从而成为法治政府建设的价值导向和精神支柱。法治政府的精神是人们对良法善治所选择的价值标准和持有的稳定心态，是法治政府的理想状态。强化良法善治对法治政府的价值引领，把良法善治融入法治政府建设各方面和全过程，转化为人们对良法善治的情感认同和行为习惯。具体而言，强化良法善治在法治政府中的引领作用，一定要从中国特色社会主义进入新时代的历史方位和战略高度，深刻认识、准确把握建设法治政府的重大意义、本质要求和主要任务，坚定不移把法治政府建设加快向前推进。党的领导是中国特色社会主义最本质的特征，是中国特色社会主义制度的最大优势，是中国特色社会主义法治的根本保证。坚持党的领导是法治政府建设的核心和根本，要切实加强各级党委对法治政府建设的领导，完善党政主要负责人履行推进法治政府建设第一责任人职责的约束机制。2018 年 8 月 24 日，习近平总书记在主持召开中央全面依法治国委员会第一次会议时提出 10 个“坚持”，即强调要坚持加强党对依法治国的领导，坚持人民主体地位，坚持中国特色社会主义法治道路，坚持建设中国特色社会主义法治体系，坚持依法治国、依法执政、依法行政共同推进，法治国家、法治政府、法治社会一体建设，坚持依宪治国、依宪执政，坚持全面推进科学立法、严格执法、公正司法、全民守法，坚持处理好全面依法治国的辩证关系，坚持建设德才兼备的高素质法治工作队伍，坚持抓住领导干部这个“关键少数”。[2] 这 10 个“坚持”为良法善治融入法治政府建设各方面和全过程指明了方向，也是良法善治融入法治政府建设全过程的根本遵循。

（二）良法善治为法治政府建设提供制度保障

完备的制度体系是法治政府运行的可靠保障。把良法善治融入法治政府

① 徐显明：《论“法治”构成要件——兼及法治的某些原则及观念》，载《法学研究》1996 年第 3 期。

② 《习近平：加强党对全面依法治国的集中统一领导 更好发挥法治固根本稳预期利长远的保障作用》，载《人民日报》2018 年 8 月 25 日。

制度体系建设全过程，就是要把良法善治落实到政府立法和公共政策之中，转化为具有刚性约束力的法律规定。党的十九大报告作出中国特色社会主义进入新时代、我国社会主要矛盾已经转化为人民日益增长的美好生活需要和不平衡不充分的发展之间的矛盾的重大政治判断。在新的发展阶段，人民群众不仅对物质文化生活提出了更高要求，而且在民主、法治、公平、正义、安全、环境等方面的要求日益增长。首先，立法规划和计划要符合良法善治精神的内在要求。应在以宪法为核心的中国特色社会主义法律体系已经形成的基础上，根据新时代社会主要矛盾，统筹考量物质文化生活需要以及民主、法治、公平、正义、安全、环境等各要素，把实践中广泛认同、较为成熟、操作性强的良法善治要求，及时上升为法律规范，通过立法弘扬、践行良法善治精神。坚持在法治下推进改革、在改革中完善法治，实现立法与改革决策相统一、相衔接，做到重大改革于法有据、立法主动适应改革和经济社会发展需要。其次，将良法善治精神贯穿于立法全过程。为推进科学立法、民主立法、依法立法，坚持以良法善治精神为统领，完善立法程序，推进立法精细化，增强立法的及时性、系统性、针对性、有效性。继续完善立法体制机制，把公平、公正、公开原则贯穿于立法全过程，拓宽公众有序参与立法的途径和方式。加强与社会公众的沟通，健全公众意见采纳情况反馈机制，做好解释说明工作，广泛凝聚社会共识。最后，完善规范性文件备案审查制度。要严格落实宪法规定，健全中国特色合宪性审查机制，确保违宪行为及时得到纠正和追究。加强规范性文件监督管理，针对政府“红头文件”质量不高、过多过滥、相互冲突以及违背良法善治精神的问题，建立法规规章和规范性文件清理长效机制，进一步构建系统完备、科学规范、运行有效的依法行政制度体系，使政府管理各方面制度更加成熟定型。

（三）良法善治为法治政府建设提供实践指引

把良法善治融入法治政府建设全过程和各方面，充分释放社会主义法治的优越性，让法治成为国家核心竞争力。深化机构和行政体制改革，统筹考虑各类机构设置，科学配置党政部门及内设机构权力，明确职责。加快推进行政组织和行政职能的规范化、法定化，完善行政组织和行政程序法律法规，推进机构、权限、程序、责任法定化，全面推进权力清单、责任清单、负面清单制度，坚持法定职责必须为、法无授权不可为。持续深入推进“放管服”改革，要立规则标准等刚性制度于前，施严密的常态化监管于中，行猛药去疴重典治乱于后，把该“放”的坚决放开，该“简”的坚决精简，该“管”的真正管好，该“服”的服务到位。[①]强化行政决策的价值导向，把良法善治的要求融入行政决策全过程，注重行政决策目标和价值导向的有机统一，及时纠正不符合良法善治要求的行政决策，防止错误决策对良法善治的不利影响。要在严格规范公正文明执法中融入和贯彻良法善治的要求，善于运用良法善治精神指导执法活动，在法治框架内运用教育、调解、疏导等执法手段，融法、理、情于一体，促进行政执法活动法律效果和社会效果的有机统一。加强对行政裁量的有效规制，除不应逾越授权范围外，不得违反相关法律，不违背授权法律的立法精神与目的，行政裁量更应符合自然规律、社会道德、社会公益、法律原则，而且应当建立在正当考虑基础上，不得考虑不相关因素。习近平总书记指出：“各级领导干部要提高运用法治思维和法治方式深化改革、推动发展、化解矛盾、维护稳定能力，努力推动形成办事依法、遇事找法、解决问题用法、化解矛盾靠法的良好法治环境，在法治轨道上推动各项工作。”[②]加强执法人员和领导干部法治教育培训工作，更好地发挥教育培训在将良法善治的要求融入全面提高法治思维和依法行政能力的基础性、先导性作用，把良法善治的要求贯穿于尊法学法守法用法的全过程，使执法人员和领导干部牢固树立宪法法律至上、法律面前人人平等、尊重和保障人权、权由法定、权依法使等基本法治观念，恪守合法行政、合理行政、程序正当、高效便民、诚实守信、权责统一等依法行政基本要求，做尊法学法守法用法的模范。

---

① 袁曙宏：《建设法治政府》，载《党的十九大报告辅导读本》，人民出版社2017年版，第287页。

②《习近平在首都各界纪念现行宪法公布施行30周年大会上的讲话》，载《人民日报》2012年12月5日。

三、法治政府评估向良法善治转型的实践逻辑

（一）量化法治与中国法治评估实践

量化法治作为一种法治实践正在世界范围内深入推进，运用评估指标对法治建设状况进行量化的方式也日益成为法治理论研究和实践的趋势。所谓量化法治，是指在法治建设过程中将抽象的法治理想、法治原则、法治精神转化为具体的法治目标、法律制度、法治标准的考核评估方法。① 在法治实践中，量化法治具体表现为各种量化评估体系与标准。法治评估是当前世界银行、一些国家和地区在考核评价法治建设成效和法治发展状况时的重要方式。“世界银行对全球治理的评估，世界正义工程（World Justice Project）关于法治指标的设计，都涉及世界上百个国家和地区的法律制度，将它们按照一定的标准指数化，评估它们法治领域的差异，像 GDP 一样作出法治的全球排名。”② 法治的量化评估是日趋精细化的管理科学在法治领域中的应用，对法治状况进行量化评估因其可视化特性也越来越受到世界范围内诸多国家和地区的青睐。

改革开放以来，随着我国法治建设步伐加快，为评价法治建设不同领域的成绩和不足，先后出现了不同的评估项目，包括对中国立法、司法、法治政府、法律职业、司法透明度、法学教育的评估；在地方层面，包括法治江苏、法治浙江、法治湖南、法治湖北、法治四川等。③ 应当说，相较于世界银行推出的“全球治理指数”以及一些西方国家推出的“法治指数”，是在全球范围内对各国或地区进行整体治理的评估，在中国，量化法治最初是肇端于政府绩效评估，之后逐步扩展到立法评估、司法评估、法治城市考核评估、风险评估、执行评估、案件质量评估等多层次、多领域的评估。

---

① 戢浩飞：《量化法治的困境与反思——基于法治评估体系实施状况的视角》，载《天津行政学院学报》2014 年第 4 期。

② 朱景文：《测量法治——中国法治指标研究》，法律出版社 2018 年版，第 123 页。

③ 朱景文：《测量法治——中国法治指标研究》，法律出版社 2018 年版，第 123~124 页。

（二）中国法治政府评估的兴起和发展

随着经济社会的发展，政府绩效评估越来越受到社会公众的广泛关注。政府绩效评估是指“在政府试图实现某种行政目标的过程中，依据可量化的指标对工作过程、结果、效率等方面进行评估，以改善工作绩效的一套体系。”[①]政府绩效评估主要通过对政府公共管理的支出、运作及其社会效果等方面的测定来划分不同的绩效等级，其目的在于使政府以较少的支出获得较高的效率。自 20 世纪 80 年代以来，英美等西方国家为应对科技进步、全球化和国际竞争的环境条件，解决财政赤字和公众信任等问题，普遍建立了政府绩效评估制度。[②]同期，我国学术界开始从政治学、管理学、经济学、系统理论与计算机信息科学等学科视角研究政府绩效评估问题，初步构建了政府绩效评估制度体系。与此同时，一些地方政府开始重视并开展各种形式的绩效评估，这些绩效评估活动大致可以分为五种模式：与目标责任制相结合的绩效评估模式，以改善政府及行业服务质量、提高公民满意度为目的的政府绩效评估模式，以督查验收重点工作为主的政府绩效评估模式，以效能监察为主要内容的绩效评估模式，由“第三方”专业评估机构开展的政府绩效评估模式。[③]当然，尽管政府绩效评估制度在提高公共行政效率、降低行政管理成本等方面发挥了重要作用，但是政府绩效评估制度不可避免地存在缺陷和不足，比如以上下级的考评为主，考评过程具有封闭性，考评标准过于原则，比较片面，考评结果带有较强的主观性和不公正性等局限。[④]由于政府绩效评估是在政府内部为推动行政管理目标实现进行的，社会公众很难参与到评估过程中，评估结果的公信力自然要受到很大影响。

随着《行政诉讼法》颁布实施，保障公民、法人和其他组织的合法权益，监督和支持行政机关依法行使行政职权，推进法治政府建设取得显著成效。量化评估是推进法治政府建设的关键所在，随着定量分析方法的广泛应用，法治政府评估日渐兴起。为科学、客观地评估法治政府建设的基本动态，

---

① 杨寅、黄萍：《政府绩效评估的法律制度构建》，载《现代法学》2004 年第 3 期。

② 张红：《我国政府绩效评估立法构想》，载《当代法学》2009 年第 1 期。

③ 张红：《我国政府绩效评估立法构想》，载《当代法学》2009 年第 1 期。

④ 杨寅、黄萍：《政府绩效评估的法律制度构建》，载《现代法学》2004 年第 3 期。

为建立法治政府提供参考标本，通过法治指标来描述、反映、比较法治政府建设实践的法治政府评估活动，为一些地方政府采用并逐步推广。就各地公布的法治政府建设指标体系而言，基本是以国务院《全面推进依法行政实施纲要》(国发〔2004〕10号)所确立的7项指标为核心，链接法治政府的认知与评价标准。2009年《国务院办公厅关于推行法治政府建设指标体系的指导意见》，对法治政府建设指标体系考评工作的考评主体、考评方法、考评步骤、结果运用等提出要求。该意见还附有《法治政府建设指标体系总体框架》，设置8项一级指标、50项二级指标、187项三级指标。2010年《国务院关于加强法治政府建设的意见》也要求“加强依法行政工作考核，科学设定考核指标并纳入地方各级人民政府目标考核、绩效考核评价体系，将考核结果作为对政府领导班子和领导干部综合考核评价的重要内容”。党的十八届三中全会审议通过的《中共中央关于全面深化改革若干重大问题的决定》提出“建立科学的法治建设指标体系和考核标准”，党的十八届四中全会审议通过的《决定》进一步提出“把法治建设成效作为衡量各级领导班子和领导干部工作实绩重要内容，纳入政绩考核指标体系”的要求。中共中央、国务院2015年12月印发的《法治政府建设实施纲要(2015—2020)》按照行政权运行的基本轨迹和依法行政的内在逻辑，针对当前法治政府建设的实际，提出了法治政府基本建成的7条标准，这7条标准凸显法治政府建设的鲜明特征、建设方向和评价依据。[①]各地以中央的政策文件确定的法治政府评估的基本框架与发展方向为基础，制定本地的法治政府评估指标体系。

作为全国第一个将建设法治政府予以量化评估的城市，2008年深圳市出台了《深圳市法治政府建设指标体系(试行)》。该指标体系由制度建设、主体管理、行为规范、监督救济四大部分组成，共分为12个大项、44个子项、225个细项。[②]2010年，湖北省出台了《湖北省法治政府建设指标体系(试

① 袁曙宏：《加快建设法治政府的行动纲领》，载《人民日报》2016年7月20日。

② 周成新、王成义主编：《深圳市法治政府建设指标体系(试行)解读》，海天出版社2009年版，第11页。

行）》，具体指标包括 8 个大项、35 个中项和 160 个小项。[①] 此外，北京、天津、内蒙古、辽宁、江苏、广东、福建、重庆、四川、贵州等地，以及一些地级市和较大的市政府也提出或正在进行依法行政考核、测评指标。公信力是法治政府评估的灵魂所在，由专业机构开展第三方评估是提升法治政府评估公信力的重要手段。一些高等院校、科研机构也纷纷展开法治政府及相应的评估实务。比如，中国政法大学法治政府研究院自 2013 年以来每年发布《中国法治政府评估报告》。该法治政府指标体系共有机构职能及组织领导、制度建设和行政决策、行政执法、政府信息公开、监督与问责、社会矛盾化解与行政争议解决、公众满意度调查等 7 个一级指标、30 个二级指标、60 个三级指标，总分为 300 分。经过一年多的观测和考察，课题组完成了对 53 个较大的市法治政府建设情况的评估并形成首份《中国法治政府评估报告》（2013）。[②]2015 年和 2016 年由中国人民大学法治评估中心所作的《中国法治评估报告 2015/2016 年》中，法治政府评估占有重要地位。按照法治评估的总体思路，将法治政府评估分为行政规范、行政法治实施、行政监督、行政保障和行政效果 5 个一级指标，其中行政规范指标是行政适用的法律基础，衡量行政工作有法可依的程度；行政法治实施是行政最主要的工作指标，考察行政执法、行政司法和社会治理中行政依法治理的程度，考察行政权是否依法运行，行政执法是否严格，行政是否公开，行政效率如何；行政监督是保障行政执法必不可少的机制，通过行政监督保证行政权的合法运转，主要考察内部制约、审计监督、人大监督和行政复议等四种不同的行政监督形式；行政保障体现了对行政执法的人员和物质保障状况，为行政工作的长期有效运转提供必要的人力和物力的支持；而行政效果指标是评价行政执法的主要标准，考察行政机构是否权力法定，是否依法用权，行政决策是否依法，行政权力是否廉洁，行政机关的非法行为是否被问责，考察各项主要权利是否得到行政权力的保障，行政机构与秩序及安全状况的关系，行政公信力是否

---

① 陈洪波主编：《法治政府建设理论与实务——〈湖北省法治政府建设指标体系（试行）〉培训教程》，湖北人民出版社 2010 年版，第 9 页。

② 中国法治政府评估课题组、马怀德、应松年：《中国法治政府评估报告（2013）》，载《行政法学研究》2014 年第 1 期。

建立。上述法治政府指标体系的构成体现了治理体系、治理能力和治理效果的统一。[①]

（三）中国法治政府评估的困惑

从当前官方机构和民间机构开展法治政府评估情况看，总体上运行状况较好：一是评估指标体系不断完善，指标体系的指标内容、指标分值、评测方法、指标比重等要素日臻完善。二是评估范围不断拓展，随着评估样本数量的增加，评估结果更加客观和具有代表性。三是评估结果的运用不断加强，一些被评估单位结合评估结果发现的问题，及时采取措施改进工作，推进法治政府建设。四是评估影响力不断显现，社会公众参与法治政府评估的愿望日益强烈，舆论媒体也在持续关注评估活动，从而产生了较大社会影响力。当然，随着良法善治精神融入法治政府全过程和各方面，目前法治政府评估尚未适应良法善治精神融入法治政府后所提出的新要求，存在着诸多困惑。具体包括如下方面：

1. 法治发展不平衡的困惑

在我国推进法治建设过程中，由于各地经济、社会、文化、法治基础等条件存在较大差异，我国法治发展极不平衡，各地法治政府建设情况差别化显现。区域发展的不平衡必然导致区域法治发展的不平衡，区域法治发展的不平衡又必然要在区域法治评估体系中得以回应与展示，这也是区域法治评估体系呈现地方性与个性化的成因。[②]不同区域之间的法治政府建设不平衡，法治政府建设的区域分化现象明显。并且，同一区域内不同城市之间的法治政府建设水平也存在较大差异，无论是东部、中部还是西部，得分最高的城市和得分最低的城市之间都存在很大的分差。从地方法治政府建设情况看，有省级政府的法治政府评估、地市级政府的法治政府评估、区县级政府的法治政府评估、乡镇政府的法治政府评估，由于政府层级不同，法治政府评估的内容和标准自然差异很大，如果用一把尺子来评估不同类型法治政府状况，就难以得出客观、科学的结论。同样，作为城市，有省、自治区、直辖市人

① 朱景文：《测量法治——中国法治指标研究》，法律出版社2018年版，第343~344页。

② 刘爱龙：《我国区域法治绩效评估体系建构运行的特征、困境和出路》，载《法学评论》2016年第6期。

民政府所在地的市，较大的市，地级市，县级市等各种不同类型的城市，如果用一把尺子来衡量这些城市的法治政府状况，很难得出让人信服的结论，极有可能出现原本法治政府状况较差的城市，却取得比较好的评估结果。并且，由于我国法治政府建设也存在明显的城乡差别、区域差别、行业差别，法治政府评估既要立足于各地实际情况，综合考量法治政府建设的总体情况来确定评估指标体系，又要从法治政府建设的统一性与同一性来确定全国统一的法治政府评估指标体系。由于各地法治政府发展的不平衡和差别化与法治政府标准的统一性和同一性之间存在着张力，这种张力必将影响法治政府评估结果。基于不同区域法治绩效评估体系的过分差别化，导致其评估结果无法进行跨区域比较，所谓的法治评估就会沦为一种自娱自乐，区域法治绩效评估结果往往容易异化为一种纯粹的对区域内党政领导进行政绩评估的工具，指数的实际价值也就付之阙如。[①] 通过评估结果发现法治政府建设薄弱环节并提供有针对性的对策建议的功能显著弱化，这不仅背离了评估的初始目标，也导致评估“空心化”的困境。

2. 法治转型期的困惑

在我国经济转轨、社会转型过程中，我国法治也在发生历史性的转型，正在经历从形式法治主义向实质法治主义的转型。在形式法治主义影响下，法治政府评估的关注点多集中于可操作的法治形式标准，如行政行为规范、行政执行力、行政透明度、公众参与、矛盾纠纷化解、公务员法律意识和素养、廉洁从政与行政问责等内容，更多地关注法治政府建设形式上的成效，比如制定了多少部规范性文件、建立了多少项执法制度、公开了多少条政府信息、开展了多少次法治培训等等，这样过于注重形式化的评估，容易停留在法治政府建设的表象上，很难深入法治政府建设的实质内容。尽管法治政府的形式标准能够容纳相当范围的实质内容，但是不能认为，这些形式标准可以容纳一切实质内容，无论什么样的实质内容都可以符合这些形式标准。实践中，有的地方和部门不注重推进依法行政，甚至依法行政的状况较差，却能够完全符合法治政府的形式标准。相反，实质法治主义和良法善治精神

① 刘爱龙：《我国区域法治绩效评估体系建构运行的特征、困境和出路》，载《法学评论》2016年第6期。

则更加关注法治政府建设取得的积极进展和成效，更加重视法治政府的实质标准的建构，如对政府权力的监督和制约，建立有限政府，尊重和保障人权，保障公民自由和权利。中国的法治建设与人权保障是相辅相成、密切联系的，“我国选择法治方略、进行法治建设的初衷，并不仅仅是为了完善一套形式性的法律制度，以建立稳定、统一、整齐的社会秩序，而且是为了推进民主和人权保障事业”①。在“世界法治指数”9个一级指标和48个二级指标中，其中有多个一级指标涉及对政府能力的监督和控制，比如，指标1有限政府权力，包括7个二级指标，分别是政府权力在基本法中被界定、政府权力受立法机关的有效控制、政府权力受司法机关的有效控制、政府权力受独立审计和审查有效控制、政府官员的不端行为受到制裁、政府权力受非政府性监督有效控制、权力交接依法进行；指标6有效监管执法，包括5个二级指标，分别是政府法规有效执行、政府法规适用和执行没有不适当的影响、行政程序执行没有不合理的拖延、正当程序在行政程序中受到尊重、政府不得在没有充分补偿的情况下征收财产。②因此，完善法治政府评估的根本途径在于建立符合良法善治标准的评估体系。

3. 大数据的困惑

随着互联网信息技术的快速发展，大数据正以其容量大、类型多、存取速度快、应用价值高为主要特征的数据聚合，在推进国家治理体系和治理能力现代化中发挥着广泛深远的影响，政府治理法治化的领域、方式和程度将因此发生根本变革。互联网信息技术发展，数据思维、数据技术、数据资源、数据治理已经成为当下大数据时代的重要话题。“大数据是指不用随机分析法这样的捷径，而采用所有数据的方法。”③大数据并非一个确切概念，大数据是人们在大规模数据基础上可以做到的事情，而这些事情在小规模数据的基

① 侯健：《实质法治、形式法治与中国的选择》，载《湖南社会科学》2004年第2期。

② 张保生、郑飞：《世界法治指数对中国法治评估的借鉴意义》，载《法制与社会发展》2013年第6期。

③［英］维克托·迈尔－舍恩伯格、肯尼思·库克耶：《大数据时代》，浙江人民出版社2013年版，第39页。

础上是无法完成的。[①]“大数据开启了一次重大的时代转型。”[②]在小数据时代，囿于获取数据的技术方法、技术手段限制，法治政府评估只能在小规模数据随机采样基础上得出可靠性、科学性相对有限的理论。小数据时代的法治政府评估面临的突出困境是传统经验式的评估方式无法处理当今激增的半结构化、非结构化数据，从而致使评估因缺乏“数据证据”支撑或因无效数据诱导而得出与实际情况存在较大偏差的评估结论，评估结果的科学性难以让人信服。[③]而在大数据时代，数据化的核心是量化一切。随着网络数据库、关系数据库、联机分析处理技术水平的提高，数据量和数据范围不断扩大，形成不同政府部门、机构、层级之间以及政府、企业、社会组织、公众之间的全样本数据信息，法治政府评估所依赖的客观基础得到进一步发展，并且通过大数据的关联分析、聚类分析等技术手段可以获得海量的有效信息，这大大提高了法治政府评估的科学性、客观性。[④]在大数据环境下，法治政府评估各相关主体可以通过政府网站、微信、微博、手机终端、网络、电视、电话、书信等各种渠道和手段参与法治政府评估过程中。通过数据提取、存储、分析、挖掘等技术手段，可以将公众在法治政府建设中的海量数据信息进行整合分析，能够全视角、全样本、全方位地形成法治政府评估的客观结果。开展法治政府评估，在人力、物力、财力等资源的投入上都是巨大的。应当说，“模拟时代的数据收集和分析极其耗时耗力，新问题的出现通常要求我们重新收集和分析数据。数字化的到来使得数据管理效率又向前迈出了重要的一步。”[⑤]随着大数据的广泛应用，过去需要几个月乃至几年时间才能完成的数据收集，现在只需要几天就能完成。并且，“不同于物质性的东西，数据的价值

---

① [英] 维克托·迈尔－舍恩伯格、肯尼思·库克耶：《大数据时代》，浙江人民出版社 2013 年版，第 9 页。

② [英] 维克托·迈尔－舍恩伯格、肯尼思·库克耶：《大数据时代》，浙江人民出版社 2013 年版，第 9 页。

③ 刘白、廖秀健：《基于大数据的重大行政决策社会稳定风险评估机制构建研究》，载《情报杂志》2016 年第 9 期。

④ 王月峰、吕廷君：《大数据时代的法治政府建设》，载《新视野》2016 年第 3 期。

⑤ [英] 维克托·迈尔－舍恩伯格、肯尼思·库克耶：《大数据时代》，浙江人民出版社 2013 年版，第 20 页。

不会随着它的使用而减少，而是可以不断地被处理”[①]。换言之，数据的价值并不仅限于特定的用途，它可以为了同一目的而被多次使用，也可以用于其他目的，这显然将大幅降低法治政府评估的投入成本。将大数据应用在法治政府评估中，还面临着一些困难和问题，主要包括：一是政府数据资源开放共享及相关制度还不够完善，难以形成对大数据的统一规划部署、打造大数据平台。二是政府数据资源开发管理及应用技术还不够成熟，依靠人工采集数据容易产生数据不够客观，甚至存在数据“失真”问题。三是政府数据资源开放、共享与应用仍然缺乏法治化、规范化和常态化，打破“数据孤岛”仍需发力，数据完整程度不够高，应用大数据推进法治政府评估还有很大的发展空间。四是保障支持力度不能满足法治政府评估的需求。目前投入到法治政府评估中的人力、物力、财力有限，既懂数据又懂政府治理和法律大数据应用的专业型和复合型人才缺乏。这些问题和困难必将影响大数据在法治政府评估中的应用。

四、用良法善治推动法治政府评估转型

为科学客观地评估法治政府状况、诊断法治政府建设存在问题是当前法治政府建设中不可或缺的重要一环。把良法善治精神融入法治政府建设全过程和各方面，必将推动法治政府建设进入一个全新的发展阶段。良法善治对法治政府评估提出新要求，必将推动法治政府评估实现转型。

（一）坚持普遍性与特殊性的统一，实现评估指标设计更加精准科学

设置科学的评估指标体系是做好法治政府评估工作的前提和关键。有什么样的法治精神指导，就会有什么样的指标体系顶层设计。良法善治对法治政府评估指标体系的要求，不仅在于要突出形式法治的要求，更要注重实质法治、良法善治精神的要求。在评估指标设计时要做好“四个突出”：

1. 突出科学性

评估指标体系的科学性，是评估结果客观性、公正性的重要保障。法治政府评估涉及评估内容的界定、评估指标的设计、评估方法的选择和评估过

① ［英］维克托·迈尔－舍恩伯格、肯尼思·库克耶：《大数据时代》，浙江人民出版社 2013 年版，第 132 页。

程的质量控制，是一个复杂系统工程。为此，法治指数评估既要厘清作为系统三要素的评估对象、评估程序和评估主体，又要考量各要素相互间的吸引、制约并与系统本身的互动，还要关注社会转型与法治成长之间的关联。[①]这就要求评估指标的设置，要善于把良法善治精神融入评估指标中，实现从管理型法治政府评估模式向良法善治型法治政府评估模式的转型，评估指标设计要符合法治政府建设规律和良法善治精神要求，评估指标之间有内在的逻辑关联性，能客观反映法治政府建设的实际情况，消除评估指标间内在的逻辑冲突，避免单纯用数字指标去评判法治政府状况。

2. 突出全面性

法治政府评估目的是全面、系统地了解评估对象的总体情况，以便为加强和改进法治政府建设提供可靠信息。全面性必然要求将法治政府的整体都纳入评估体系，评估内容能综合反映法治政府的全貌，不能只将法治政府的某些方面作为评估内容，而对其他方面不予考虑。在法治政府评估中，应当注意区分“法治政府评估”与“法治政府建设评估”的各自内涵，“法治政府评估”范围要远大于“法治政府建设评估”，并且“法治政府建设”的评估结果较好，并不直接意味着“法治政府”水平就很高。“法治政府评估”主要是围绕政府权力受到有效监督和制约，公民权利得到充分保障展开的评估，就是评估良法善治精神在行政法领域的实现程度，体现在对形式法治和实质法治两个方面的评估；“法治政府建设评估”是指对各种推动法治政府、建设法治政府的各种措施和制度的评估，包括机构是否健全、规范是否完备等。我国开展的是法治政府评估而不是法治政府建设评估。

3. 突出实效性

在兼顾法治政府全局的同时，充分考虑不同时期法治政府的中心工作和重心需求，注意时代性与阶段性的结合，确保评估指标的理想值切实可行，避免因盲目追求评估结果而忽视法治政府的实际状况。法治政府建设是一个持续推进的过程，法治政府评估既要注重近期任务，又要考虑长远目标；既要突出重点，又要兼顾全局；既能体现硬指标，又能体现软实力。

---

① 金善达：《法治指数评估的制度建设路径研究——基于系统论的分析视角》，载《上海政法学院学报（法治论丛）》2014 年第 5 期。

4. 突出导向性

法治政府评估的目的是更加客观准确地描述法治政府状况，从而为推动法治政府建设提供动力和指引。法治政府评估的导向作用在于，通过评估指标直接反映某一时期法治政府的薄弱环节和重点、难点问题，为进一步推动法治政府建设提供指引。当前，一些评估指标体系的设计并不能反映指标导向性价值，也不能体现指标设计的与时俱进，指标导向性不突出。

（二）坚持原则性与实效性的统一，促进评估方法更加规范灵活

规范化、程序化、多样化的评估方法有助于客观评估法治政府状况，在选择评估方法时要注意做到“五个结合”：

1. 定性评估与定量评估的结合

“量化法治是一个从宏观到微观、从定性到定量、从抽象到具体的过程，量化指标的选取应当平衡定量分析与定性分析，实现两者的融合。”[①] 定性评估与定量评估在评估法治政府发展状况时各有其不同的侧重和优势。定量评估能够通过可视化的数据，客观呈现法治政府状况，反映法治政府水平。要善于运用大数据、云计算、互联网、人工智能等先进技术，助力法治政府量化评估。在法治政府评估中广泛运用大数据的策略，可以为法治政府评估获取更多更真实全面的样本，使得法治政府量化评估更加科学。我国目前法治政府量化评估工作还是运用传统的人力技术进行，还未结合量化技术、信息技术和大数据技术等先进的科学化评估技术进行评估。定性评估主要是通过人们对法治政府的主观感受体现出来，也称为感觉指标，实践中针对一些不能或不易量化的评估内容采用定性评估进行实质性评价。定性评估可以通过调查的方法全面测量法治政府的各方面，弥补定量评估的不足和缺陷。当前法治政府评估中，囿于数据资源的限制，定性评估占比仍然较高，量化评估尚需深化。

2. 专项评估与综合评估的结合

法治政府建设涉及诸多环节和政府治理的全过程，法治政府的水平是通过一个个法治实践体现的。因此，专项评估在法治政府评估中占有重要位置，

---

① 戢浩飞：《量化法治的困境与反思——基于法治评估体系实施状况的视角》，载《天津行政学院学报》2014 年第 4 期。

更能有针对性地发现在某个环节和方面法治政府情况。针对某些立法、执法或司法领域的个案进行专项评估是非常必要的。要正确处理专项评估与综合评估的关系，既不能简单地将专项评估上升为法治政府评估层次来理解，甚至以专项评估替代综合评估，这种“碎片化”的专项评估很容易割裂法治政府的整体性和统一性，也不应以综合评估否认专项评估的独特作用。将二者简单混淆或者相互排斥，容易导致法治政府评估异化，无助于法治政府评估本身。

3. 静态评估与动态评估的结合

法治政府评估是关于法治政府状态的判断，包括对法治政府的事实判断、价值判断和规范判断。在这些判断中，有些需要静态评估，有些需要动态评估。要结合大数据进行评估，同时要开门评估，进行实地考察、座谈访谈，听取被评估对象介绍情况，听取社会公众的意见，以便实时了解法治政府状况。比如《哈尔滨市法治政府建设考核办法》第9条规定，考核工作可根据实际情况，采取下列方式进行：听取工作汇报，审阅工作报告；采取明查、暗访等方式开展定期检查和专项督查；对被考核单位的所属单位或者内设机构进行抽查；收集、统计、核查相关数据、信息；查阅、调阅相关案卷、文件、资料；考核机关确定的其他方式。同时，要根据法治政府发展的需要，对评估的指标、权重等进行修改和更新，动态完善评估体系，提高评估质量。

4. 长期评估与年度评估的结合

法治政府评估指标体系至少应当能够测出三种结果：其一，测算年度某一地区的依法行政的状况和水平，旨在确定该地区实现法治政府目标的进度，同时找出存在的问题并制定对策；其二，测算年度不同地区的依法行政状况和水平，旨在比较和分析各地区依法行政水平的差异及其原因，并寻求解决方法；其三，测算十年左右法治政府目标初步实现时，中国依法行政的整体水平，旨在制定中国下一步依法行政乃至依法治国的总体战略。[①] 因此，法治政府评估除了进行年度评估外，要注意进行长期评估，如每5年或者10年对法治政府状况进行评估，从而比较客观、公平和全面地反映法治政府持续变

① 袁曙宏：《构建中国法治政府指标体系》，载《中国法律（中英文版）》2007年第1期。

化状况，避免因年度一次性评估导致的主观片面评估结果。

5. 外部评估与内部评估的结合

目前法治政府评估实践中，存在着政府自身、社会公众、第三方主体等评估主体。政府自身进行的评估是内部评估，这种评估方式主要采用目标责任制考核、组织考察和工作检查等评估方式。行政机关系统以外的主体进行的评估是外部评估，主要包括人大、政协、司法机关、企事业单位、新闻媒体和社会公众，或由专门的评估机构从外部对依法行政、建设法治政府工作进行评估。目前，公众参与法治政府评估的事项仅限于各种“满意度”，公众满意度的分值比重一般不超过总分的20%。由于缺乏公众的广泛参与，往往导致评估结果缺乏公信力，评估结果与社会公众的感受往往存在较大差距。让公众参与法治政府评估的过程中不仅符合行政民主化、法治化的基本要求，也是对政府工作进行监督的有效方法。因此，应当把外部评估与内部评估结合起来进行。比如，《吉林省法治政府建设指标体系》规定，建立健全依法行政、建设法治政府工作的内部和外部评价体系，制定和完善相关考核制度，定期组织考核工作；将内部和外部评价体系有机结合，注重发挥各自的优势，进行综合考核，不断加强法治政府建设；将考核结果纳入政府绩效考核指标体系，加大依法行政、建设法治政府工作的考核力度。

（三）坚持奖励性与约束性的统一，推动评估结果运用更加有效

建设法治政府，考核评价十分重要。评估结果的运用是法治政府评估程序中最重要的一环，也是法治政府评估的目的所在和动力之源。“如果只强调评估，不注重评估结果的运用，评估结束后就把评估结果束之高阁，评估就会变得毫无意义。”[①] 因此，强化评估结果的运用是法治政府评估的关键环节，要注意发挥评估结果的“四个作用”：

1. 预测作用

法治政府评估结果，可以用来观测法治政府各项指标的变化情况，测算某一地区依法行政的发展速度，从而预测该地区依法行政的发展态势和未来走向。因此，各地区各部门可以此为依据，结合本地区的经济社会发展规划，

① 张红：《我国政府绩效评估立法构想》，载《当代法学》2009年第1期。

统筹确定本地区下一阶段法治政府建设目标，并切实加以落实。

2. 评价作用

法治政府评估结果是一面“镜子”，通过对法治政府建设状况进行科学有效评估后得出一个具有权威性的判断，作为对法治政府绩效进行评价的重要依据，从而作为地方政府推动法治发展的动力。通过对依法行政、建设法治政府工作的水平作出适当、准确的评价，及时发现制约和影响依法行政、建设法治政府工作的主要问题、薄弱环节，制定相应对策。评价作用发挥应当与改进工作有机整合，既不能对评估结果束之高阁，也不能在评估结果的使用上急功近利，不分场合地实行“一票否决”，用单一指标否定其他所有成效。法治政府建设具有明显的阶段性和渐进性，不宜以“一票否决”指标否定该地区或该部门在推进法治政府建设方面的整体成效。

3. 引导作用

各级党委要把法治建设成效作为衡量各级领导班子和领导干部工作实绩的重要内容，纳入政绩考核评价体系，充分发挥考核评价对法治政府建设的重要推动作用，引导各级党政领导干部提高法治思维和依法办事能力。树立重视法治素养和法治能力的用人导向，在相同条件下，优先提拔使用法治素养好、依法办事能力强的干部。

4. 督促作用

党政主要负责人要履行推进法治建设第一责任人职责，将建设法治政府摆在工作全局的重要位置，对不认真履行第一责任人职责，本地区本部门一年内发生多起重大违法行政案件、造成严重社会后果的，依法追究主要责任人的责任。加强对法治政府建设进展情况的督促检查，结合法治政府建设年度重点工作，开展定期检查和专项检查，对工作不力、问题较多的，要及时约谈、责令整改、通报批评。

◉ 第十章 ◉

行政处罚法的贯彻实施

2021 年 1 月 22 日，全国人大常委会通过修订《行政处罚法》，此次修订坚持以习近平新时代中国特色社会主义思想为指导，深入贯彻党的十九大和十九届二中、三中、四中全会精神，全面贯彻习近平法治思想，不仅首次明确了行政处罚的概念，顺应实践需要完善了行政处罚种类及处罚设定权的相应规定，且在处罚的程序制度方面进行了诸多调整，为切实保障公民、法人和其他组织的合法权益作出重要贡献。各级政府及行政执法机关在贯彻落实 2021 年修订的《行政处罚法》时应当深刻领悟行政处罚法的立法精神与立法目的，认真贯彻 2021 年修订的《行政处罚法》为单行法律、法规设定行政处罚及行政机关实施行政处罚提供的基本遵循，进一步严格规范公正文明执法，推进国家治理体系与治理能力现代化。

一、理性看待行政处罚的功能与作用

现代政府在政治、经济、文化、社会等各个方面管理职能的实现皆需以一定的强制权力和处罚权为后盾，行政处罚因此成为一种必不可少的治理手段，但绝不能将处罚视为行政法的实质，亦不能过分推崇行政处罚的作用，应当理性认识处罚的局限性与负面效应。

（一）行政处罚的积极作用

1. 行政处罚是贯彻落实行政法律规范的重要手段

哪里有社会，哪里就有规则。[①]“社会规范是人们有意创造的，创造并维持规范的人认为，如果规范为社会成员所遵守，他们将获益，如果人们违背规范，他们将受到伤害。规范的实施常伴以各种惩罚措施，这种措施或者奖励遵守规范的人，或者惩罚违反规范的人。”[②]可见，惩罚是确保规范实施的重要手段。行政法律规范是调整行政关系和规定人们行为的基本依据，其对行政管理秩序的维护作用需通过人们对规范的自觉遵守和服从来实现。如果人们违反行政法律法规则应施加相应的法律制裁。如果允许人们严重践踏行政法律规范而免于受到惩罚，那么就相当于否认了法律权威。行政法律规范的贯彻落实仅仅依靠人们发自内心的认可与接纳是不够的，现实中不免存在一部分藐视法律或突破法律底线的人，尽管我们认为大多数人生来都是关心社会的，但不排除有少数人是持不合作态度的，一些不稳定的犯罪分子能够很容易破坏一个社会。[③]因而，法律的实施需要强有力的制裁手段为后盾。

2. 行政处罚是维持行政管理秩序的强力措施

维护国家利益、公共利益，保护公民、法人和其他组织的合法权益是现代国家权力运行的逻辑起点，为更好地实现这一目标，行政机关必须拥有制止和惩罚违法行为的权力。而在矫正及惩戒行政违法行为的各种措施当中，行政处罚无疑是较为严厉的且行之有效的法律手段。“人们为了自己利益或为了避免惩罚、处罚和痛苦而遵守法律或使用法律”[④]，这是事态发展的必然规律，“明智的人将公正行事，因为非正义行为取得的利益是不值得冒被拘留和

---

① ［美］埃德加·博登海默：《法理学——法律哲学和方法》（修订本），张智仁译，上海人民出版社1992年版，第206页。

② ［美］詹姆斯·S. 科尔曼：《社会理论的基础》（上），邓方译，社会科学文献出版社1992年版，第266~267页。

③ ［美］埃德加·博登海默：《法理学——法律哲学和方法》（修订本），张智仁译，上海人民出版社1992年版，第212页。

④ ［美］劳伦斯·M. 弗里德曼：《法律制度——从社会科学角度观察》，李琼英等译，中国政法大学出版社2004年版，第80页。

受惩罚的风险的”。[①] 较之说服、引导、奖励等措施需要借助人们心理上的认可与接纳来发挥作用，行政处罚是借由外力直接对违法行政相对人施加不利影响，因而被视为及时制止、纠正违法行为的强力措施，在行政管理实践中被频繁使用。

3. 行政处罚是警示及预防行政违法行为的有效工具

“处罚本身就是一种教育，通过直接处罚使当事人的利益受到影响达到教育当事人的目的。”[②] 行政机关在对违法行政相对人实施处罚的同时，亦可以借此警示其他社会成员，强化其他社会成员对行政违法行为的认知。如果制裁是违法后的必然结果，那么将促使违法行政相对人及其他社会公众产生敬畏心理。行政机关在处罚行政相对人的过程中，亦让其他社会公众充分意识到任何违法行为都无法逃脱负有主持正义的职责的人的目光。行政处罚通过法律规范的指引来预防行政违法行为的发生，通过个案教育来杜绝违法主体再次违法。行政处罚的实施让公民、法人或其他组织更加清楚地了解哪些行为是正确及合法的，哪些行为是违法的，从而有意识地调整自己的行为，以免于法律的制裁。对于受处罚的违法行政相对人而言，行政处罚可以令他们深刻地感受到违法所带来的不利后果及痛苦，从而自觉规约自己的行为，避免将来再犯。

（二）行政处罚的局限性

行政处罚固然是一种不可或缺的法律制裁手段，但其亦存在不容忽视的缺陷，行政处罚的局限性说明其只能作为维护社会秩序的辅助手段而非主要手段。

1. 行政处罚是一种以命令控制为基础的制裁手段

行政处罚对违法者的影响源于外力的作用，而非违法者的自我反省。虽然制裁与惩戒能够一定程度地催化违法行政相对人的自我反省，但并不具有必然性。较之规训、说理、劝导、教育等手段，处罚对违法行政相对人行为的影响更多源于违法行政相对人对制裁所引起的不利后果的畏惧和排斥，而非心理认同，这决定了行政处罚必然具有局限性，即处罚并不必然带来纠正

---

① ［美］乔治·霍兰·萨拜因：《政治学说史》（上册），托马斯·兰敦·索尔森修订，盛葵阳、崔妙因译，商务印书馆 1986 年版，第 171 页。

② 关保英主编：《行政处罚法新论》，中国政法大学 2007 年版，第 29 页。

及预防行政违法行为的期待结果。

2. 行政处罚的适用范围是有限的

在政府所有的规制工具中，行政处罚是一种只适用于违法行政相对人的消极规制手段，而非一种促进和激励人们守法的，可以积极广泛应用的规制工具。“强制仅仅用来对付不合作的少数人，在任何正常的、有效的活动的国家中，必须给以制裁的破坏法律的人的数量，要大大少于守法公民的数量。”①行政处罚适用范围的有限性决定了它不可能解决政府在社会管理当中遇到的所有问题。

3. 行政处罚是一种灵活性相对较低的法律手段

不同于指导、说理、激励、奖励等行政措施拥有较为灵活和弹性化的应用方式与作用空间，行政处罚实施必须严格遵照法律法规的规定进行，尽管行政机关具有一定的自由裁量空间，但也是在有限的范围内进行裁量。由于行政处罚是以减损权益或增加义务的方式惩戒违法行政相对人，一旦错误适用，即可能侵犯当事人的合法权益，因而，理应受到法律的严格约束。

法律的主要功能并非惩罚，而是规定和安排人们在社会生活中的各种关系及行为，从而维护有序的社会秩序。虽然人们可能因为排斥处罚带来的不利后果，而不得不纠正其违法行为，但只有当人们普遍认同并服从法律时，法律的价值才得以真正彰显。因而以命令与强制为基础的行政处罚只能是维护社会秩序的次要和辅助工具而非主要手段。“一种法律秩序的基本保证来自社会对他的认可，而强制性的制裁只能构成次要的和辅助的保证。”②在行政执法实践中不能高估行政处罚的功能与作用。

（三）行政处罚潜藏的副作用

除固有的局限性之外，行政处罚若适用不当，还会带来一系列副作用。

1. 行政处罚若被滥用将导致侵权风险

行政机关具有突破权力边界行使处罚权的可能性。譬如，行政主体在没

---

① ［美］埃德加·博登海默：《法理学——法律哲学和方法》，张智仁译，上海人民出版社 1992 年版，第 314 页。

② ［美］埃德加·博登海默：《法理学——法律哲学和方法》，张智仁译，上海人民出版社 1992 年版，第 314 页。

有法律依据的情形下行使处罚权；或虽有法律依据但行政机关突破法律法规的授权范围行使处罚权；抑或行政机关滥用处罚裁量权，导致处罚结果显失公正，处罚权的滥用将严重侵害行政相对人的合法权益。罗尔斯在《正义论》一书中对法律制裁的弊端曾有过比较深刻的论述，他强调法律制裁使用不当将可能错误地干预公民自由，只有当人们按照法律原则公正地、正常地执法时，对自由构成的危险才比较小。①

2. 行政处罚若被过度使用将带来低效问题

行政处罚并不是越多越好，过度使用行政处罚不仅会降低行政处罚的实效性，而且会偏离行政处罚法的立法精神，发挥不到应有的规制效果。新修订《行政处罚法》第 6 条规定："实施行政处罚，纠正违法行为，应当坚持处罚与教育相结合，教育公民、法人或者其他组织自觉守法。"同时新增第 33 条"违法行为轻微并及时改正，没有造成危害后果的，不予行政处罚。初次违法且危害后果轻微并及时改正的，可以不予行政处罚。当事人有证据足以证明没有主观过错的，不予行政处罚。法律、行政法规另有规定的，从其规定。"并强调对不予处罚的行为应当对当事人进行教育。充分说明行政处罚只是手段，并非目的，不能为处罚而处罚，应将行政处罚控制在必要及有效的范围内加以应用。行政主体必须充分认识到行政处罚是一把双刃剑，避免为罚而罚，以罚代管、以罚代教或以罚代刑，把行政处罚当作目的而非手段；避免机械执法，将处罚率作为行政执法机关的考核指标，偏离处罚应然的工具属性。

二、正确把握行政处罚与相近行政行为的区别

修订后的《行政处罚法》首次对行政处罚进行了界定："行政处罚是指行政机关依法对违反行政管理秩序的公民、法人或者其他组织，以减损权益或者增加义务的方式予以惩戒的行为。"应当注意，行政处罚的实施主体并不限于行政机关，《行政处罚法》第 19 条明确规定，法律法规授权的具有管理公共事务职能的组织可以在法定授权范围内实施处罚。再者，"以减损权益或者

① ［美］约翰·罗尔斯：《正义论》，中国社会科学出版社 1988 年版，第 230~231 页。

增加义务的方式予以惩戒的行为”这一描述不足以将行政处罚与其他相近的行政行为区分开来。行政强制、行政命令、行政处分、纪律处分、失信惩戒等行为都可能以减损权益或者增加义务的方式呈现。因此，唯有清晰把握行政处罚最本质的特征，才能将之与强制、命令等行为区分开来，并清晰识别某一行为是否为行政处罚。

（一）行政处罚是对违反行政法义务者施加的制裁

国家为了维持行政管理秩序，基于法律之规定，往往会课以公民、法人或其他组织一定的行政义务，若公民、法人或其他组织不遵守，即违背了其应当履行的行政法上的义务。因此，对于违反行政法义务者，必须施以适当的处罚加以纠正。[①]行政处罚所针对的对象即是违反行政法律法规或违反行政法上义务的公民、法人或其他组织。换言之，公民、法人或者其他组织违反行政法上消极义务或积极义务的，经确认行为违法，则应受到处罚之非难。行政处罚的这一特征使其区别于行政处分及纪律处分，行政处分的对象通常为在执行公务时实施了违法失职行为，且与行政机关有隶属关系的工作人员，不包含工勤人员。但若国家机关工作人员在执行公务以外实施了行政违法行为，则当然应为行政处罚的对象。而纪律处分的对象则为违反纪律规定的国家机关公务人员、党员、法院及检察机关工作人员等。

（二）行政处罚是课以额外不利法律后果的行为

国家及公共团体为了为达成行政上之目的，而要求人民从事各种行为，基于此要求产生了人民应服从之行政法上义务，若人民违背该义务而对之施加一定之不利益则谓之行政制裁。[②]日本学者将制裁定义为对违反社会规范之行为，为了否定该行为且让行为人不再有此欲望之反向作用，其以一定价值或利益之剥夺乃至于一定反价值或不利益之赋课为内容。[③]行政处罚最本质的特性即为制裁性，它通过增设义务、限制权利或贬损权益等方式对违法行政相对人课以不利法律后果。处罚之所以产生制裁、威慑作用，大概因不利法

① 洪家殷：《行政秩序罚论》，我国台湾地区五南图书出版有限公司 1998 年版，第 8 页。

② 洪家殷：《行政秩序罚论》，我国台湾地区五南图书出版公司 1998 年版，第 5 页。

③ ［日］田中成明：《法的空间——强制と合意の狭间で》，日本东京大学出版会 1993 年版，第 141 页。

律后果为违法行政相对人所排斥或令其感到痛苦。在负担义务的情形下，处罚对于违法行政相对人之义务亦与其他行为不同，它是使行政违法者在本来义务之外承担更为不利的后果。

1. 行政处罚的不利后果不同于行政命令

行政处罚是以强制和制裁为基础的实效性确保手段，行政命令亦往往表现为强制性要求行政相对人履行一定义务的具体行政行为。行政命令是行政主体依法要求行政相对人为或不为一定行为的意思表示，其本质是为相对人设置一定义务。[①]“命令性行政行为，是行政主体以命令或禁止令的形式要求相对人为特定行为义务，包括作为、容忍和不作为。”[②]但不能将行政命令与处罚行为混同。限期改正、责令改正、责令停止违法行为等命令行为虽强制性地要求相对人履行一定义务，但仅限于在有限的范围内纠正违法行为，并未剥夺或限制当事人继续合法生产或经营权利。而责令停产停业、责令关闭、限制从业等处罚则不仅要求相对人停止违法行为，而且要求其在停止违法行为的基础上承担更多不利益，责令停产停业、责令关闭、限制从业等处罚将导致相对人继续合法从事相应行为的资格中断的不利后果。

2. 行政处罚的不利后果不同于行政强制

行政处罚之制裁性具有确认违法、干涉行为及预防违法三种功能，[③]处罚决定的作出必然是在已然确认行政相对人行为违法的情形下向其施加一定之不利益，其通常为违法行政相对人所排斥。而行政强制措施则往往突出强制性，并没有确认违法之功能，其即便产生了不利法律后果，亦非必然为行政相对人所排斥，在某些情形下是为保护当事人之更大法益而作出的行为选择，如约束醉酒之人至酒醒。行政处罚对于行政相对人之不利益非经法定程序撤销不得解除，而行政强制措施对于当事人之不利益则是临时性、暂时性的，并未使相对人之财物受到减损，而仅为暂时性地限制其对财物的使用。行政强制执行对于相对人之不利益虽将直接导致其权益的减损，然而此种制裁的

---

① 姜明安主编：《行政法与行政诉讼法》，北京大学出版社、高等教育出版社 2015 年版，第 213 页。

② ［德］哈特穆特·毛雷尔：《行政法学总论》，高家伟译，法律出版社 2000 年版，第 207 页。

③ 洪家殷：《行政罚之概念及种类》，我国台湾地区《月旦法学教室》2009 年第 84 期。

生发条件不同于处罚，如行政相对人自觉履行行政法上义务，则不必再承担制裁性不利法律后果。

3. 行政处罚的不利后果不同于行政机关的纠错行为

行政处罚是要使行政违法者在本来义务之外承担更为不利的后果。如行政机关通过撤销的方式纠正违法的授益行为，虽对相对人产生了不利后果，也不应视为行政处罚。撤销该授益行为，相当于恢复原状或剥夺不当得利。[①]行政相对人通过弄虚作假的方式获得行政许可，事后导致该行政许可的撤销，那么此种因当事人不具备申请证照之法定资格而导致的撤销与因行为人实施违法行为导致其合法获得的许可证吊销的性质亦不可同一视之，前者是对违法行为的纠正，[②]实为应当履行之本来义务，而后者则是因行为人实施了违法行为而不得不承担的额外不利后果。

（三）行政处罚以惩戒违法行为为直接目的

在行政机关实施的行政行为中，并非只有行政处罚会产生权益克减的不利后果，但其他行为虽产生了令当事人权益受损的不利后果，却非以制裁惩戒违法行为为目的，因而也不应视为行政处罚。

1. 行政处罚的目的有别于命令行为

《行政处罚法》第 28 条规定："行政机关实施行政处罚时，应当责令当事人改正或者限期改正违法行为。"表明责令当事人改正违法行为是与处罚同步实施的命令行为。限期改正、责令改正、责令停止违法行为等命令类行为的目的为纠正违法行为，使其恢复到合法状态，或将事物恢复到违法行为实施前的状态，对应的是修复性的法律关系。而责令停产停业、责令关闭、限制从业等处罚的目的在于限制或剥夺违法者某方面的能力以为惩戒，[③]亦避免其继续利用该资格从事违法行为。禁令类行政命令虽对特定或不特定对象权利造成一定限制，但其目的不在于惩戒特定对象，而在于促进社会安定、维护公众利益或社会秩序。如行政机关颁布禁止售卖燃烧烟花爆竹的禁令是为了

① 王贵松：《论行政处罚的制裁性》，载《法商研究》2020 年第 6 期。

② 《全国人民代表大会常务委员会法制工作委员会关于公司法第一百九十八条"撤销公司登记"法律性质问题的答复意见》（法工委复〔2017〕2 号）。

③ 江必新：《行政程序法概论》，北京师范大学出版社 1991 年版，第 214~215 页。

减少环境污染；因某地修建马路而发布禁止通行命令是为了维护公共秩序，诸如此类的行为并无制裁目的性。

2. 行政处罚的目的有别于产生不利后果的事实行为

行政机关对失信对象采取重点监管、不予授益的惩戒措施虽或多或少给失信者带来不利影响，但未构成以制裁惩戒为目的的权利限制或减损。对失信对象进行重点监管是为了优化监管方式，降低监管成本，实现精准监管。而不予授益实际上是因为特定对象不符合授予特定称号的资质条件或不符合享受特定服务的条件。再如，在政府提醒公众注意特定商品或产品存在某种危险时，可能涉及行政违法信息的公布，亦因此对商品或产品生产者及经营者的声誉利益造成损害，并因其对产品生产者造成声誉权益贬损的不利后果，但该行为之目的是提醒公众注意潜在危险而非惩戒违法者，[①] 此种不利后果是政府发布风险警示后的附随效果而非行政机关刻意追求的不利法律后果，此类行为不应视为行政处罚。相应地，作为失信行政性惩戒的黑名单公布措施则应视为行政处罚。失信名单的公布或扩散方式通常有两种：一是通过社会信用信息共享平台向社会公布。二是将失信名单信息向相关部门、金融机构等通报，供相关单位按照法律法规和有关规定对失信对象实施惩戒。无论是通过信用信息共享平台公布还是向有关机构通报皆相当于以昭之于众的方式降低公众及相关部门对违法者的综合评价，它实际上应归为行政处罚类型当中的声誉罚。行政机关公布黑名单具有借此惩戒严重违法失信者的目的，令违法失信者不得不承受社会舆论谴责及面临多部门联合惩戒的不利后果。

行政机关实施行政处罚所产生的不利后果是以制裁与惩戒行政违法行为为直接目的。换言之，行政机关实施行政处罚既具有减损违法行政相对人权益之主观意图，事实上亦造成了相对人权益贬损的法律效果，如果仅有权益减损之事实效果而不具有借此惩戒违法行政相对人之主观意图则不应视为行政处罚。

（四）行政处罚是针对违法行为的一次性制裁

2021 年修订的《行政处罚法》第 5 条规定：“设定和实施行政处罚必须以

---

① 贺译葶：《公布行政违法信息作为声誉罚：逻辑证成与制度构设》，载《行政法学研究》2020 年第 6 期。

事实为依据，与违法行为的事实、性质、情节以及社会危害程度相当。”说明行政处罚是使违法者付出与其违法行为危害程度相当的代价而非过度的代价。2021 年修订的《行政处罚法》第 29 条规定：“对当事人的同一个违法行为，不得给予两次以上罚款的行政处罚”，其精神内核是避免罚过不相当。虽然行政机关可以依据法律法规就当事人同一个违法行为作出多个不同类型的处罚，但处罚应当是一次性的，“行政处罚是行政机关对于相对人的某一违反行政管理秩序行为所作的一次性处理”。[①] 如果允许行政机关针对当事人同一个违法行为重复处罚，那么，不仅有违过罚相当原则，而且不符合行政处罚法的立法精神。因为处罚的最终目的并非制裁惩戒违法行政相对人，而是要通过处罚迫使违法者纠正违法行为，避免将来再犯。如果处罚针对违法行为的制裁并非一次性的，则意味着当事人可能因为其同一个违法行为反复承受处罚带来的不利后果，不利于促进违法行政相对人自觉纠正违法行为。

由此可知，作为失信行政性惩戒的资格限制或剥夺类措施不宜视为处罚。失信黑名单的公布或通报将导致个人在生产及生活中丧失更多的机会和选择[②]，导致企业在政府采购、招标投标、行政审批、政府扶持、融资信贷、市场准入、资质认定等方面受到限制[③]，但不能因此将诸如此类的资格限制类措施视为行政处罚。理由有二：第一，资格限制是以黑名单公布或通报为基础的附随性行为，而非直接以相对人违法事实为基础的处罚行为。换言之，多部门在相关领域对严重失信违法者的限制是以行政机关通报或公布的黑名单为基础的，资格限制应视为违法行政相对人因受黑名单公布的声誉罚而不得不承受的多重不利后果。政府在采购、招标投标等事务中排除严重违法失信者与企业在选择市场合作伙伴时排除信用不佳的合作对象以规避合作风险的行为逻辑并无二致。此类限制措施虽令当事人在多方面的权益受到限制，但实际是声誉贬损的连锁反应，即当事人因被纳入黑名单而被多部门视为不值得信任的合作对象或不合适的许可对象。因此，此类限制措施与作为处罚手

① 胡建淼：《“其他行政处罚”若干问题研究》，载《法学研究》2005 年第 1 期。

② 2018 年修订的《公务员法》第 26 条明确“被依法列为失信联合惩戒对象的”不得录用为公务员。

③ 参见《失信企业协同监管和联合惩戒合作备忘录》《最高人民法院关于公布失信被执行人名单信息的若干规定》。

段的限制开展生产经营活动、责令停产停业、责令关闭、限制从业等资格类限制措施的应用基础并不相同。第二，处罚是一次性的，而作为失信行政性惩戒的资格限制措施却并非一次性的，只要严重违法失信者未从黑名单中删除，那么其在多领域中的活动将持续反复多次受到影响，如若将此类措施视为处罚，显然有违过罚相当原则，因为违法行政相对人可能基于同一违法行为而反复多次受到行政机关同一种“处罚”。

判断一行政行为是否为行政处罚，应观察行政机关是否为制裁惩戒违反行政法义务的公民、法人或其他组织而课予其一次性的额外不利法律后果，并结合行政处罚的一般要件，即实施主体是否为享有行政处罚权的行政机关或法律法规授权的组织，该行为是否直接基于已经发生的违法事实作出处罚等处罚基本要件来判断。

三、坚持过罚法定及过罚相适应的原则

行政机关实施处罚将给违法行政相对人带来权益贬损及义务增加的不利法律后果，因此，必须秉持过罚法定与过罚相适应原则，非有合法依据、非经法定程序行政机关不得实施处罚，且处罚应当与违法行为的事实、性质、情节以及社会危害程度相当。[①] 可罚性构成行为人承担行政处罚责任的基础，在行政处罚的设定以及实施中均占据核心地位。[②]

（一）处罚设定应兼顾合法性与过罚相适应性

国家机关在创设及规定行政处罚权力时，应当严格遵循法律法规的相应规定，确保处罚措施的合法设定，并充分考虑处罚措施与违法行为的事实、性质、情节以及社会危害程度之间的相适应性。

1. 处罚的创设法定

法律、法规及规章分别可以设定什么类型的处罚，都由法律明确规定。

---

① 《行政处罚法》第 5 条第 2 款、第 3 款规定：“设定和实施行政处罚必须以事实为依据，与违法行为的事实、性质、情节以及社会危害程度相当。”“对违法行为给予行政处罚的规定必须公布；未经公布的，不得作为行政处罚的依据。”

② 江必新：《论应受行政处罚行为的构成要件》，载《法律适用》1996 年第 6 期。

原《行政处罚法》对行政处罚设定权的规定过于严苛，使地方性法规难以在地方治理实践发挥充分作用，2021 年修订的《行政处罚法》则拓宽了行政处罚设定权限，分别于第 11 条和第 12 条中增加规定：“法律对违法行为未作出行政处罚规定，行政法规为实施法律可以补充设定行政处罚”“法律、行政法规对违法行为未作出行政处罚规定，地方性法规为实施法律、行政法规可以补充设定行政处罚。”处罚设定权限的扩大有效缓和了地方行政执法手段创新与依法行政的矛盾，为过罚法定原则提供了更开阔的应用空间。

2. 处罚的种类、幅度法定

2021 年修订的《行政处罚法》第 11 条至第 14 条分别规定行政法规、地方性法规、部门规章及地方政府规章在具体规定行政处罚时，必须根据现有规定创设处罚种类及在上位法已经作出具体规定时，在上位法给予行政处罚的行为、种类和幅度的范围内规定，如果超越上位法给予行政处罚的行为、种类及幅度范围作出规定，则属于违法创设行政处罚。

3. 处罚设定应兼顾过罚相适应性

国家机关在设置行政处罚措施时应注意违法行为与处罚措施间的相适应性。避免就社会危害程度较小或违法程度较轻的违法行为设定严厉的处罚措施，或就社会危害程度较大或违法程度较重的违法行为设定过轻的处罚措施。处罚种类的设定、处罚轻重程度的设定皆应当考虑违法行为的事实、性质、情节以及社会危害程度。

（二）处罚实施应兼顾合法性及过罚相适应性

处罚实施应兼顾合法性及过罚相适应性要求具有行政处罚权的行政主体根据法定依据合法实施行政处罚，在就违法行为作出行政处罚决定时，应当充分考虑违法行为的事实、性质、情节以及社会危害程度，确保过罚相适应。

1. 处罚实施依据法定

2021 年修订的《行政处罚法》第 4 条规定：“公民、法人或者其他组织违反行政管理秩序的行为，应当给予行政处罚的，依照本法由法律、法规、规章规定，并由行政机关依照本法规定的程序实施。”第 16 条规定：“除法律、法规、规章外，其他规范性文件不得设定行政处罚。”这意味着行政处罚主要由法律、法规、规章规定。其他规范性文件在没有法律、法规、规章依据的前提下，设定处罚性条款不得作为行政机关实施行政处罚的合法依据。但其他规范性文件照搬法律、法规及规章的规定，未与上位法相悖，可以视为实施行政处罚的合法依据。法规、规章超越上位法的规定，违法设定行政处罚的条款亦不得作为实施行政处罚的合法依据。

2. 处罚实施权限法定

并非所有的行政机关都可以实施行政处罚，2021 年修订的《行政处罚法》第 17 条规定："行政处罚由具有行政处罚权的行政机关在法定职权范围内实施。"第 38 条规定："行政处罚没有依据或者实施主体不具有行政主体资格的，行政处罚无效。"这表明行政处罚权由哪些行政机关行使及行政处罚权限大小都应该由行政法律法规明确规定，行政处罚决定只能由具有行政处罚权的行政机关在职权范围内作出，其他行政机关或组织非经法定授权或委托都无权实施行政处罚，不具有行政主体资格的亦无权实施处罚。

3. 给予处罚的行为法定

法无规定不处罚，给予行政处罚的违法行为应当由法律法规作出规定，并事先向行政相对人公布，这既有利于公民、法人或其他组织自觉约束自己的行为，也有利于行政主体依法实施处罚。

4. 合理行使自由裁量权

2021 年修订的《行政处罚法》第 30 条至第 33 条就从轻或减轻处罚以及不予处罚的情形作出了明确规定。[①]行政机关在实施行政处罚时，应当依法合理行使自由裁量权，无论对违法行政行为作出何种裁量都应当具有正当动机，

① 第 30 条规定，不满 14 周岁的未成年人有违法行为的，不予行政处罚，责令监护人加以管教；已满十四周岁不满十八周岁的未成年人有违法行为的，应当从轻或者减轻行政处罚。第 31 条规定，精神病人、智力残疾人在不能辨认或者不能控制自己行为时有违法行为的，不予行政处罚，但应当责令其监护人严加看管和治疗。间歇性精神病人在精神正常时有违法行为的，应当给予行政处罚。尚未完全丧失辨认或者控制自己行为能力的精神病人、智力残疾人有违法行为的，可以从轻或者减轻行政处罚。第 32 条规定，当事人有下列情形之一，应当从轻或者减轻行政处罚：（1）主动消除或者减轻违法行为危害后果的；（2）受他人胁迫或者诱骗实施违法行为的；（3）主动供述行政机关尚未掌握的违法行为的；（4）配合行政机关查处违法行为有立功表现的；（5）法律、法规、规章规定其他应当从轻或者减轻行政处罚的。第 33 条规定，违法行为轻微并及时改正，没有造成危害后果的，不予行政处罚。初次违法且危害后果轻微并及时改正的，可以不予行政处罚。当事人有证据足以证明没有主观过错的，不予行政处罚。法律、行政法规另有规定的，从其规定。对当事人的违法行为依法不予行政处罚的，行政机关应当对当事人进行教育。

不得因个人偏私而故意作出从重处罚或从轻处罚。在具体选择处罚方式时，应当根据违法行为的事实、性质、情节以及社会危害程度作出全盘考虑，确保处罚的公正性。

四、正确处理有效行使处罚权与防止滥用处罚权的关系

贯彻行政处罚法需正确处理有效行使处罚权与防止处罚权滥用的关系，“法治所要求的并不是消除广泛的自由裁量权，而是法律应当能够控制它的行使”。[①]

（一）在确保实效性的基础上合理行使处罚裁量权

行政处罚的实效性指行政主体实施行政处罚后产生的合乎执法目的的作用或效果，亦即处罚在制裁惩戒违法行政相对人，矫正违法及预防违法等方面产生的作用或效果。目前，执法机关滥用自由裁量权、处罚畸轻畸重的现象时有发生，或者处罚虽公正无偏私，行政机关对同类案件作出同类处理，但处罚效果欠佳。为避免此类问题，在贯彻《行政处罚法》时应注意以下两点：其一，将违法行为的事实、性质、情节以及社会危害程度作为处罚裁量的首要考量因素。即在通常情况下，行政机关应基于违法行为的事实、性质、情节以及社会危害程度作出合理的裁量决定，“政府没有专横的自由裁量权”[②]。其二，避免机械化地坚持“类案同处”或“类案异处”。对同类案件作出相同处理，未必有利于处罚目的之实现。相反，对同类案件作出不同处理，亦未必有悖于行政处罚法的立法精神。新修订《行政处罚法》第 33 条规定“初次违法且危害后果轻微并及时改正的，可以不予行政处罚”，为“类案异处”提供了法律依据。说明即便是同类案件，初次违法和多次违法的处理方式是不一样的，即便是同一违法行政相对人，其初次违法和多次违法的处理方式也应有所区别。这恰恰彰显了行政处罚法的立法精神，处罚的最终目的并非制裁惩戒违法，而是要纠正违法及预防违法，如果当事人重复违法必

---

① ［英］威廉·韦德:《行政法》，徐炳等译，中国大百科全书 1997 年版，第 55 页。

② ［英］Z. M. 内德雅蒂吉尔:《英国对行政酌处权的司法监督》，同心译，载《环球法律评论》1987 年第 1 期。

然应当承担更为不利的法律后果。

（二）在确保合法性的基础上审慎创新处罚措施

2021 年修订的《行政处罚法》增加了通报批评、降低资质等级、不得申请行政许可等行政处罚种类，为行政执法主体更为灵活地选择处罚手段提供了更大空间。实际上，关于通报批评应否作为行政处罚在过去一度有着较大争议，大多数学者认为通报批评属于处罚类型中的声誉罚，少数学者认为通报批评不能视为处罚。[①] 修订前的《行政处罚法》亦采取了审慎的立法态度，并未将通报批评明确列为处罚种类。但实践证明通报批评的确是一种行之有效且现实存在的处罚方式，早在 2021 年修订的《行政处罚法》将其明确列为处罚种类之前即已作为处罚措施出现于多部行政法规规章当中。[②]《行政处罚法》将之列入行政处罚种类，进一步明确了其作为处罚手段的法律地位。除通报批评外，在处罚法修订过程中，亦有学者提出要将“失信惩戒”“列入失信名单”“公布姓名、公布照片”纳入行政处罚种类。虽然 2021 年修订的《行政处罚法》第 9 条最终并未列举此类措施，但第 9 条的兜底条款“法律、行政法规规定的其他行政处罚”仍然为创新行政执法手段留有空间。赋予地方政府进行行政执法手段创新的空间是提升处罚实效性的必要选择，但处罚措施之创新必然需建立在合法的基础上。依照新行政处罚法的规定，如果法律、行政法规没有对其他行政处罚措施予以确认，那么其他处罚措施则不具有合法性。行政机关不得因某一处罚措施、手段显著有效，而选择未经法律确认或没有合法依据的处罚措施或手段。

（三）借由“三项制度”确保行政处罚权的合法、公正、有效行使

2021 年修订的《行政处罚法》第 39 条明确行政处罚的实施机关、立案依据、实施程序和救济渠道等信息应当公示。第 47 条规定：“行政机关应当依法以文字、音像等形式，对行政处罚的启动、调查取证、审核、决定、送达、执行等进行全过程记录，归档保存。”并于第 58 条明确了行政处罚决定

---

① 关保英主编：《行政处罚法新论》，中国政法大学出版社 2007 年版，第 41 页；冯军：《行政处罚法新论》，中国检察出版社 2003 年版，第 118 页；应松年、马怀德主编：《中华人民共和国行政处罚法学习辅导》，人民出版社 1996 年版，第 64 页；胡锦光：《行政处罚研究》，法律出版社 1998 年版，第 47 页。

② 如《营业性演出管理条例》第 54 条；《国有资产评估管理办法》第 31 条。

法制审核的具体情形。将行政执法公示制度、执法全过程记录制度、重大执法决定法制审核制度上升为法律规定，为确保行政处罚权的合法、公正、有效行使提供了更完善的制度条件。拥有行政处罚权的行政机关应积极贯彻落实“三项制度”，借由执法公示制度及执法全过程记录制度有效预防或解决行政执法不严格、执法过程不规范、执法信息不透明等突出问题；借由重大执法决定法制审核制度，对行政处罚的合法性、适当性问题进行事前把关，从源头上预防行政处罚权滥用及权力寻租现象，提升行政处罚的实效性。

五、正确处理执法成本与执法效率的关系

必要的执法成本是促进公正执法的基本保障，降低执法成本应以确保行政执法实效性为前提，既不能因节约成本而不作为，也不能为提高执法效率而乱作为，更不能为提高执法效率而过度浪费执法资源，应在确保合法公正执法的基础上，通过充分利用执法资源、优化执法方式等来提升执法效率。

（一）通过改良执法工具提升执法效率

行政资源的有限性是执法过程中不容忽视的一个现实问题。因此，执法机关应基于不同资源的特性合理分配使用执法资源，以提高资源利用率，并充分借助信息化技术手段，改进行政执法方式。譬如，在人力资源不足的情况下，充分利用电子技术监控设备收集、固定违法事实；借助信息技术手段提升行政违法行为查处的精准度或为当事人查询、陈述和申辩提供便利；借由执法管理系统提升处罚案卷处理效率等。

（二）通过改革执法体制提升执法效率

2021 年修订的《行政处罚法》第 18 条规定：“国家在城市管理、市场监管、生态环境、文化市场、交通运输、应急管理、农业等领域推行建立综合行政执法制度，相对集中行政处罚权。”各级政府应积极贯彻《行政处罚法》的规定，在这些与人民群众日常生活密切相关，重复交叉执法问题较为突出的领域深化行政执法体制改革，落实相对集中行政处罚权，借由综合行政执法制度着力解决执法权责交叉、多头执法的问题，从而建立权责统一、权威

高效的行政执法体制。[①]

（三）通过加强执法队伍建设提升执法效率

各级政府应完善行政执法人员学习培训制度，不断更新执法人员的法律知识，强化行政执法人员对执法相关法律法规的理解与认知。提升行政执法人员自觉运用法治思维和法治方式应对执法中各类问题的能力。行政处罚法修订后，不仅明确了可以建立设置相对集中行政处罚权的领域，而且拓宽了可以实施行政处罚权的主体，赋予了乡镇、街道有限的行政处罚权。[②]赋予乡镇、街道有限的行政处罚权有利于充分利用现有的执法资源，提升执法效率。但应注重对承接行政处罚权的乡镇人民政府以及街道办事处的执法能力建设，配备具有专门知识和专业技能的专业工作人员，并加强对相关人员的业务指导与执法培训。

（四）通过处罚时效制度的落实提升执法效率

行政处罚时效制度即对行政处罚予以时间限制的程序制度。[③]当事人在法定期间内不行使其程序上的权利即丧失其权利，行政机关在法定期限内不履行职责即产生对相对一方当事人不利的法律后果。[④]时效制度既能保证行政相对人的合法权益，也能督促行政机关及时完成法律授予的处罚职权。2021 年修订的《行政处罚法》分别于第 5 章与第 6 章中规定了行政处罚的裁决时效制度与执行实效制度，要求行政机关必须在法律规定的期限内作出处罚决定，并赋予行政机关在违法行政相对人拒不执行处罚决定时采取行政强制执行措施的权力或申请法院强制执行。行政执法机关应当严格遵循处罚时效制度，在法定期限内及时查处行政违法案件及执行行政处罚决定。

---

① 马太建：《论相对集中行政处罚权与综合执法的关系》，载《法治现代化研究》2018 年第 2 期。

② 第 18 条规定，国家在城市管理、市场监管、生态环境、文化市场、交通运输、应急管理、农业等领域推行建立综合行政执法制度，相对集中行政处罚权。国务院或者省、自治区、直辖市人民政府可以决定一个行政机关行使有关行政机关的行政处罚权。第 24 条规定，省、自治区、直辖市根据当地实际情况，可以决定将基层管理迫切需要的县级人民政府部门的行政处罚权交由能够有效承接的乡镇人民政府、街道办事处行使，并定期组织评估。决定应当公布。承接行政处罚权的乡镇人民政府、街道办事处应当加强执法能力建设，按照规定范围、依照法定程序实施行政处罚。

③ 张泽想：《行政处罚的时效制度——兼析〈行政处罚法〉第 29 条》，载《法学杂志》1997 年第 2 期。

④ 江必新：《行政程序法概论》，北京师范大学出版社 1991 年版，第 220 页。

六、用公正的处罚程序实现公正的处罚结果

"在价值层面上，行政程序不仅仅是实现行政实体或结果的技术性工具，它还有着独立于实体而存在的内在价值。"[①] 行政处罚结果公正是预设处罚法之实体内容的外化，它只需符合实体法本身的规定性，即具有了合法性。因此，有瑕疵的处罚程序也可能带来公正的处罚结果，但只有经由公正的处罚程序实现公正的处罚结果，才能让行政相对人在处罚过程当中获得基本权利被保障及被尊重的心理感受。程序公正不仅有利于实现行政处罚结果的公正性，而且可以使违法行政相对人确信处罚行为是公正的，从而自觉履行处罚决定义务。以公正的程序实现公正的处罚结果，需行政机关在执法过程中注意以下几点：

（一）充分履行告知义务

2021 年修订《行政处罚法》第 41 条第 3 款、第 44 条、第 62 条及第 63 条中分别明确了行政机关在不同事项中应当对行政相对人履行的告知义务，[②] 足见行政机关履行告知义务之重要性。在处罚决定作出前告知当事人拟作出的行政处罚内容及事实、理由、依据，以及在作出特定处罚决定前告知当事人有要求听证的权利，皆有利于保护当事人在处罚过程中的知情权。

（二）充分保障当事人的陈述申辩权

2021 年修订的《行政处罚法》第 45 条、第 62 条规定行政机关作出处罚

---

① 周佑勇：《行政法基本原则研究》，武汉大学出版社 2005 年版，第 240 页。

② 第 41 条规定，行政机关应当及时告知当事人违法事实，并采取信息化手段或者其他措施，为当事人查询、陈述和申辩提供便利。不得限制或者变相限制当事人享有的陈述权、申辩权。第四十四条规定，行政机关在作出行政处罚决定之前，应当告知当事人拟作出的行政处罚内容及事实、理由、依据，并告知当事人依法享有的陈述、申辩、要求听证等权利。第 62 条规定，行政机关及其执法人员在作出行政处罚决定之前，未依照本法第四十四条、第四十五条的规定向当事人告知拟作出的行政处罚内容及事实、理由、依据，或者拒绝听取当事人的陈述、申辩，不得作出行政处罚决定；当事人明确放弃陈述或者申辩权利的除外。第 63 条规定，行政机关拟作出下列行政处罚决定，应当告知当事人有要求听证的权利，当事人要求听证的，行政机关应当组织听证：（1）较大数额罚款；（2）没收较大数额违法所得、没收较大价值非法财物；（3）降低资质等级、吊销许可证件；（4）责令停产停业、责令关闭、限制从业；（5）其他较重的行政处罚；（6）法律、法规、规章规定的其他情形。

决定之前，必须充分听取当事人的意见，如若拒绝听取当事人的陈述申辩，不得作出行政处罚决定，除非当事人明确放弃陈述或申辩的权利。行政执法机关应当认真贯彻行政处罚法这一精神，在处罚过程中充分保障当事人的陈述申辩权，既要避免听取陈述申辩流于形式，也应避免因当事人陈述申辩而加重处罚。当同一案件涉及多个当事人时，应当给予当事人各方平等陈述自己意见的机会。任何人在面对对自己不利的法律后果时，都应当有陈述申辩的权利。

（三）充分利用回避制度避免处罚结果偏私

尽量避免与一方当事人有利害关系的执法人员参与行政处罚的过程当中，即处罚决定不能由与该决定有利益牵连人作出。2021 年修订《行政处罚法》在第 43 条中规定中对应当回避和有权申请回避的情形作出了更为具体的规定。行政机关在处罚过程当中应当积极贯彻行政处罚法关于案件回避的相关规定，避免造成处罚结果不公正或不客观。[①]

（四）充分利用听证制度确保处罚结果之公正性

听证作为行政程序的核心机制，将诉讼程序中的抗辩机制移植到行政程序中，以此证成行政权运作的正当性。[②] 根据《行政处罚法》的规定，行政机关在作出涉及公民、法人或者其他组织利益的重大处罚决定之前，应当充分听取其意见，这类处罚决定涉及的案件类型往往较为复杂，易出现偏误。而听证环节则由行政机关指定的非本案调查人员主持，剔除了前期调查人员可能的主观偏见，有利于提升行政处罚的公正性。2021 年修订的《行政处罚法》第 62 条通过列举的方式对听证程序的范围进行了刻画，[③] 为更加充分地发挥听证程序的作用，行政机关在划定处罚听证范围时，应将处罚决定对行政相

① 第 43 条规定，执法人员与案件有直接利害关系或者有其他关系可能影响公正执法的，应当回避。当事人认为执法人员与案件有直接利害关系或者有其他关系可能影响公正执法的，有权申请回避。当事人提出回避申请的，行政机关应当依法审查，由行政机关负责人决定。决定作出之前，不停止调查。

② 孙笑侠：《程序的法理》，商务印书馆 2005 年版，第 249 页。

③ 第 63 条规定，行政机关拟作出下列行政处罚决定，应当告知当事人有要求听证的权利，当事人要求听证的，行政机关应当组织听证：（1）较大数额罚款；（2）没收较大数额违法所得、没收较大价值非法财物；（3）降低资质等级、吊销许可证件；（4）责令停产停业、责令关闭、限制从业；（5）其他较重的行政处罚；（6）法律、法规、规章规定的其他情形。

对人权益影响大小作为是否适用听证程序的核心考量因素，在具体案件中灵活适用。“通过听证程序，行政机关不仅可以为行政决定提供更多的正当性支持，还可以从相对人及其他利害关系人处获得丰富的资讯。”[①] 听证程序制度实际上是行政处罚公正性与民主性的集中体现。

① 石肖雪：《行政处罚听证程序适用范围的发展——以法规范与案例的互动为中心》，载《华东政法大学学报》2013 年第 6 期。

第十一章

紧急行政权的运用与限度

不论我们是否愿意，或者是否做好准备，随着全球化、工业化以及新科技的发展，人类社会已被推入“高度复杂性和高度不确定性的时代”[①]，风险泛在[②]，危机频发，世界已成为前所未有的危险之地。[③]观察全球，历史上，危机从未远离，突发公共卫生危机、经济金融、国家关系、地缘政治等多重危机叠加，[④]这些都严重危害了人民的生命、财产、自由与安全，冲击着国际社会的正常秩序。

严峻的形势警示我们：在社会共同体运转中，既有稳定有序、健康发展的平常状态，也可能出现剧烈波动、混乱失衡的非常状态，两者在时空上交错出现。我们固然希望社会能长期处于平常状态，但事实上，却可能遇到自

---

① 参见赵康之：《社会治理建构的反思性阐释》，载《行政论坛》2018 年第 2 期。

② See Stephen Breyer, *Breaking the Vicious Circle: Toward Effective Risk Regullation*, Harvard University Press, 1993, pp.4–5.

③ See Cass R.Sunstein, *The Cost–Benefit Revolution*, Cambridge, Massachusetts: The MIT Press, 2018, pp.171.

④ 孙明春：《全球危机已经到来，需防范次生灾害和其他黑天鹅》，载新浪财经，http: //finance.sina.com.cn/stock/relnews/hk/2020–03–20/doc–iimxxsth0496200.shtml，最后访问时间：2020 年 3 月 20 日。

然灾害、事故灾难、公共卫生事件、社会安全事件等突发事件，也可能面临更具社会危害性、威胁性、紧迫性的紧急状态，甚至遭遇直接关乎国家存亡的战争状态。[①]这些紧急事件一旦发生，国家、社会、个人可能即刻陷入危险境地或极端处境，国家生存、社会秩序、个人安全都将受到严重威胁。

紧急情势之下，为快速有效应对危机、恢复秩序，保障公民权利，赋予国家行政机关必要的紧急权力是现代法治国家的普遍选择。然而，紧急行政权就像双刃剑，一方面，能使政府发挥高度集中的权力优势，统一组织调配资源，高效应对危机，清除危险，恢复秩序，挽救国家和人民于危难之中；但另一方面，又有权力局限，其存在滥用、急用[②]、不当使用、怠用等潜在危险，如果没有把握好行使的分寸，反而可能侵犯公民权利、破坏良好法治生态。因此，紧急行政权的设置与行使应当而且必须受到法律的规制。[③]然而，紧急行政权关涉国家安全、公共秩序、私人权利等多重价值面向，使其配置与行使颇有难度。

对紧急行政权的规制[④]问题，学者们贡献了诸多智慧，在研究紧急行政权的起源、概念、正当性、功能价值、结构要素等理论基础之上，提出了以宪法条款制约[⑤]、以法律原则制约[⑥]、以公民权利制约[⑦]、全程制约[⑧]、融贯论视角

---

① 德国公法学家卡尔·施米特（Carl Schmitt）认为，战争是一种始终存在的可能性，他从政治的概念、霍布斯的自然状态理论、人之危险性等三个方面论述了这一观点。参见王东明：《例外的挑战——卡尔·施米特的国家紧急权理论研究》，中国社会科学出版社 2014 年版，第 216 页。

② 日本宪法学者小林直树教授认为，国家紧急权力存在滥用的危险（对人权和法治的侵害，权力者利用为统治工具的可能）、急用的危险（利用为政变武器的可能，紧急权成为统治者为了个人的安全或统治地位的借口）。[日] 小林直树：《国家紧急权》，许介鳞译，学阳书房 1979 年版，第 103~107 页。转引自王祯军：《国家紧急权的理论与实践》，法律出版社 2015 年版，第 33 页。

③ 江必新：《紧急状态与行政法治》，载《法学研究》2004 年第 2 期。

④ 有学者表述为“制约”“限制”“控制”“规范”等，虽有区别与侧重，但非本文要探讨的核心问题，故不作详细界分。

⑤ 比如，有学者提出，在宪法中设立“紧急状态条款”，明确紧急行政权的授权、紧急状态的条件、宣布程序，行使行政紧急权应遵循的法律原则的宪法规制方式。详见王祯军：《论行政紧急权的宪法规制》，载《河北法学》2014 年第 7 期。

⑥ 比较多的学者提出这一制约思路，但对紧急行政权的运行应当具体遵循的原则未形成共识。

⑦ 研究的学者们普遍认为，应当确定人权保障的最低标准，以确定紧急行政权的行使边界。但对于最低标准的权利范围并未形成一致意见，也有部分学者未就此问题作进一步阐述。

⑧ 比如，有学者提出，通过行政紧急权力来源正当性之赋予、运作过程性之追踪、结果有效性之考量，对紧急行政权进行事前、事中、事后的法律规制。详见黄学贤、周春华：《略论行政紧急权力法治化的缘由与路径》，载《北方法学》2008 年第 1 期。

制约[①]等多种制约方式、途径、思路与理论。学者们的研究都在不同角度印证：应将紧急行政权控制在一定限度之内。那么，这一限度（界限）究竟是什么？现有研究对此或侧面回答，或约略提及。而显然，这个问题是建构完备的紧急状态法治体系中非常重要且不可回避的问题，也是难以回答的问题。

笔者将致力回答这一问题：紧急行政权的限度是什么？应当如何设定？——才能让政府在面临紧急状态时，既能够有效应对危机，又能尽可能少地限制公民的权利？为了回答这一问题，下文分三个部分顺次展开：（1）紧急行政权的属性及其特征。紧急行政权与平常状态下的行政权相比存在诸多特殊性，这使其权限设置及行使原则必定有别于一般行政权；（2）紧急行政权设限的基本含义及其必要性；（3）紧急行政权限度的设定思路。在分析设限应考量因素的基础上，提出具体方法，并认为常态法治理念及原则，不能完全照搬到紧急状态法治下，应当区分情况有限度地适用。

一、紧急行政权的内涵与特征

（一）紧急行政权的基本含义

立法者建立紧急状态之立法目的，是提供国家有足够工具可以使用，帮助其在严重紧急状态之负担时，能维护其运作能力。[②]面对非常状态，政府仅仅采取平常法治体系权力配置下的一般手段或措施将难以应对，“而如果法律无法充分调控紧急事件，‘法治国家’之生存将成为严重问题。”[③]这就需要赋予政府以特殊的、比平常更大的行政权力，使其能有效及时地组织运用人、财、物和信息等各种资源，采取强有力的措施，清除危险，恢复秩序，保障人民生命财产安全。这种权力就是紧急行政权。[④]

简言之，紧急行政权是一种国家应对紧急状态的权力。紧急状态，作为

---

① 有学者从融贯论的视角，从整体角度及政紧急权力的结构要素角度研究了行政紧急权力的制约机制。详见戚建刚、杨小敏：《行政紧急权力的制约机制研究》，华中科技大学出版社 2010 年版，第 49~55 页。

② See Karin Jacob，Grenzen des Arbeitskampfrechts im Staatsnotstand，1985，S.17

③ 参见孟涛：《中国非常法律的形成、现状与未来》，载《中国社会科学》2011 年第 2 期。

④ 参见江必新：《紧急状态与行政法治》，载《法学研究》2004 年第 2 期。

严格设计的宪法制度，在世界范围正被广泛采纳。[①]我国于2004年将紧急状态写入《宪法》，规定了紧急状态的决定与宣告主体[②]，除此之外，未作其他具体规范。而至今我国尚未出台《紧急状态法》，紧急状态具体制度难作安排。学界对紧急状态的界定也尚未形成完全一致的认识。“紧急状态”概念的使用也呈现多义性，有最广义上使用，将其等同于与正常状态相对的全部非常状态；有广义上使用，认为是除了战争状态以外的其他非常状态；有狭义上使用，仅指比突发事件严重的法律状态；还有的是作为事实状态使用。

依我国现行宪法、法律的条文规定来看，紧急状态是非常法律状态中的一种，是介于突发事件与战争状态之间的，由国家宪法、法律规定的特定机构，根据宪法、法律的规定的条件、程序决定并宣布的一种法律状态。目前，我国宪法、法律规定了三种非常法律状态：应急状态（突发事件）、紧急状态、战争状态。[③]（1）应急状态，此处在狭义上使用，是指由《突发事件应对法》规定的，对因自然灾害、事故灾难、公共卫生事件和社会安全事件等突发事件进行确认和应对处置的状态；而广义的应急状态，包括以上三种非常状态。（2）紧急状态，是《宪法》明确规定的法律状态。从《突发事件应对法》第69条规定来看，需要进入紧急状态的，是指出现对安全与秩序构成重大威胁，造成严重社会危害，采取《突发事件应对法》和有关法律法规规章规定的应急处置措施均无法应对的特别重大突发事件。可见，紧急状态是比狭义应急状态（突发事件）更为严重的法律状态。戒严只是进入紧急状态时，国家依法可以采取的一种紧急响应措施，而并非全部措施。（3）战争状态，是《宪法》规定的非常状态中最严重的一种，当国家安全受到严重威胁时，国家通过法定程序宣布进入的法律状态。

综上，我国现行应急法律体系规定的应急状态、紧急状态、战争状态这

---

① 滕洪庆：《论行政应急权的合宪性控制》，载《法律科学（西北政法大学学报）》2011年第6期。

② 我国现行《宪法》第67条、第80条、第89条规定：全国的紧急状态，个别省、自治区、直辖市的紧急状态，由全国人大常委会决定、国家主席宣布；省、自治区、直辖市的范围内部分地区的紧急状态由国务院决定。

③ 本部分的分类综合参考：孟涛：《中国非常法律的形成、现状与未来》，载《中国社会科学》2011年第2期；胡建淼：《领导干部该知道的应急法律知识》，载《学习时报》2020年3月4日。

三种非常状态，其威胁性、危害性、紧迫性程度依次增加，应对难度也依次增加，相应地，宪法、法律赋予的应急权力也更大、更集中，可以采取的应急措施也更多、更严厉、更强硬。同时，对公民权利的减损与限缩也会更多。“而正因为人民权利受到行政权力‘压缩’的危险性增高了，就更应当强调行政权力的‘应拘束性’的重要，这也是德国学界的通常认识。”[①] 另外，要注意的是，非常态法治不同于常态法治，国家紧急权力的行使，也一定会突破常态法治下国家权力与公民权利之间的平衡点；此外，非常状态也有不同层级，不能将全部非常状态中的国家应急权力放在同一个层面规定。因此，应当区分非常状态的严重程度与情形，寻求国家权力与公民权利之间的新边界，实现新的平衡。

（二）紧急行政权源自紧急状态的法制化

紧急行政权产生于各国应对紧急状态的过程。紧急状态的法制化历程可以分为本国和域外两脉。追溯我国紧急状态的源流，可以从夏、商王朝算起，在那时“国之大事，在祀与戎”，即国家最重要的活动莫过于祭祀，最紧急的状态就是发动或应对战争。但先民朴素的紧急状态观并非近现代法治范畴的紧急状态。我国最早的紧急状态立法是 1908 年清朝颁布的《钦定宪法大纲》，其“君上大权”部分第 8 条规定：“宣告戒严之权，当紧急时，得以诏令限制臣民之自由。” 1912 年 3 月《临时约法》第 36 条规定，行政元首得依法律宣告戒严，1912 年 12 月曾颁布过一部民国戒严法。[②] 中华人民共和国成立以来，经过曲折的法制摸索，我国已初步形成以《宪法》为轴心，配套《戒严法》《突发事件应对法》《传染病防治法》《防震减灾法》等法律的应急法律体系。[③]

域外紧急状态制度雏形源于古罗马共和时期的专政（dictatorship）和“悬法”（iustitium）制度[④]：第一，独裁官专政制度。在非常情形之下，罗马人赋

① 参见陈新民：《公法学札记》，法律出版社 2010 年版，第 306 页。

② 参见王世杰、钱端升：《比较宪法》，中国政法大学出版社 1999 年版，第 119 页。

③ 有学者提出，我国的非常法律（异于常态法律体系的、应对调控紧急事件的法律），除了包括应急管理法律法规之外，还包括政府及政府部门制定的应急预案和调整紧急事件的军事法规。详见孟涛：《中国非常法律的形成、现状与未来》，载《中国社会科学》2011 年第 2 期。

④ 孟涛：《公共卫生紧急状态法治的原理与建构——基于新冠肺炎疫情事件的研究》，载《法学评论》2020 年第 2 期。

予独裁官独任的治权，享有限制公民的财产和自由等巨大的权力，但同时对这一自由裁断权力行使的过程设立了限制，比如独裁官权力的防御性，任期的暂时性，权力行使的前提、目的等；[①] 第二，中止一般执法活动（iustitium）制度。在战争、动乱等极端紧急情形之下，元老院有权发布命令，号召执政官宣告“iustitium”，其实施中止了法律对紧急权力的限制。[②] 欧洲中世纪以来，战乱频仍，紧急权力法应运而生。比如英国议会1714年制定的《暴乱法》、法国1789年出台的《军法平抑暴动法》与1791年《围困状态法》，这极大影响了欧洲其他国家包括美国，它们也纷纷效仿制定了紧急权力法律以规范和平状态、战争状态和围困状态等情形。然而，近代西方颁行的紧急权力法偏重于应对战争、内乱等政治事件，与现代法治精神并不契合。因此，进入20世纪后，以英国1914年颁布的《国土防卫法》为标志，紧急状态法律才从偏向军政的戒严法转变为规范紧急权力的现代紧急状态法。在英、美、法、德等国的影响下，规范紧急权力与紧急状态的法律制度在域外广泛出现。

在紧急状态制度建构过程中，国家紧急权的性质，即国家紧急权力是否应当受到法律的规制，理论界一直存有争议，各国对其采取的态度也不一样。历史上主要形成的学说有：认为紧急状态意味着现有法律秩序的中断，紧急权是应对危机之必要权力，可以不受宪法和法律限制的“法外权力说”，波斯纳的“宪法若不能弯曲，就会折断”[③] 也暗含这一观点；认为紧急权力应完全在法律体系之内，常态下政府权力即足以应对危机，除非宪法特别规定，否则政府无紧急权力的“绝对法律权力说”；认为紧急状态不同于平常状态，紧急权力在特定情形下可以超出现有常态法律，政府有更多的裁量权，但同时这些权力又在法治的整体框架之内，并注重平衡秩序恢复与公民权利保障的“相对说”等。对比来看，“相对说”的灵活性与包容性，对维持法治秩序、保护国家和民众利益都是极为有益的。本部分内容的论证建立在相对说的基础之上。

---

① 参见王祯军：《国家紧急权的理论与实践》，法律出版社2015年版，第69~74页；王东明：《例外的挑战——卡尔·施米特的国家紧急权理论研究》，中国社会科学出版社2014年版，第271~276页。

② 孟涛：《紧急权力法及其理论的演变》，载《法学研究》2012年第1期。

③ ［美］理查德·波斯纳：《并非自杀契约：国家紧急状态时期的宪法》，苏力译，北京大学出版社2010年版，第3页。

（三）紧急行政权的特殊性

紧急行政权是国家紧急权的一种。国家紧急权是国家在非常状态中享有的应急权力的总称，是相对于正常状态下宪法所规定的国家机关的宪法职权而言的，[①] 包括紧急立法权、紧急司法权等。行政权因具备主动性、灵活性、多样性，在应对突发、异常、紧迫的紧急状态方面，较民主稳定的立法权、被动消极的司法权而言，有着天然的优势。因此，国家紧急权主要指紧急行政权。紧急行政权作为一种特殊的行政权，既具备行政权的一般特性，又因其特定目的，与常态下的行政权相比存在特殊性。

1. 是突破常规的高度集中的权力

高度集中性是面向国家公权力内部而言的，意即行政机关的权力增强，既包括横向的集中（行政系统内部各部门的职能向某个或某些应急核心职能部门聚集；立法、司法机关等的部分权力职能转向或退让于行政机关），也包括纵向的集中（地方国家行政机关的权力向中央国家行政机关集中）。比如授予临时委任立法权、制定发布紧急命令权；司法权对于紧急状态决定、宏观行政紧急措施的避让；设立国家应急统一领导指挥机构等。比如，《俄罗斯联邦紧急状态法》第 15 条规定，如果法律文件与总统紧急状态命令相抵触，总统有权在紧急状态地区中止此法律文件的效力。

行政权的自身优势及行政机关特有的运行机制，使“行政主导”模式在应对紧急状态过程中越来越受到各国的青睐。紧急状态下，情势的异常紧迫要求国家行政机关迅速研判、决策与行动，这对行政机关的履职能力、行事效率提出了更高要求，需要获得比常态下更多更集中的授权。权力是履行职责的必要条件[②]，是社会秩序正常化的力量[③]，应当赋予执行紧急措施的行政机关“集中权力”以求迅赴事功[④]。授予足够的高度集中的权力，能提高行政机关应对紧急状态之必要能力，包括统合力、决策力、执行力等，使行政机关能极速统筹调配各类资源，集聚全社会力量，有效控制、消除紧急状态，恢

① 王祯军：《论不可克减的权利》，载莫纪宏主编：《宪法与紧急状态》，法律出版社 2010 年版，第 287 页。

② 江国华：《中国行政法（总论）》，武汉大学出版社 2017 年版，第 43 页。

③ 章剑生：《现代行政法总论》，法律出版社 2014 年版，第 18 页。

④ 陈新民：《德国公法学基础理论》（下），山东人民出版社 2001 年版，第 664 页。

复正常秩序。正如罗斯特所言，一个民主国家面临紧急危机时，其政府权力的集中是对分权理论下潜在的反应迟钝的修正。[①] 当然，高度集中的权力，不应是绝对无限制的权力，而应更严格地受授权的目的、内容、范围、期限、适用情形等限制。

2. 是裁量弹性更大的权力

紧急行政权，在紧急状态中具有比一般行政权更高的自由裁量性和灵活性。法治并不是要消除自由裁量权，而是应当控制它的行使。[②] 正当的自由裁量权力，是任何政治制度和法律所不可少的。法治只反对不必要和过分的自由裁量权力，因为它们必然导致专横、任性与自私自利。[③] 没有裁量的行政至少在现代社会中是不可能的，更遑论完成"整肃秩序""生存照顾""规划未来"等行政任务。[④]

裁量权的基本特征是在"制度约束之外"，这里所称制度主要指各种羁束性的法律规则。[⑤] 授予行政机关紧急状态下必要的紧急裁量权是有价值的，也是必要的。其一，变动不居的复杂社会之中，引起紧急状态发生的灾难性事件总是难以预测与度量，这种未知的、不确定的未来，"法律不能预见，也不可能都加以规定……要留给执行权以相当范围的自由来加以处理。"[⑥] 其二，立法机关基于过往经验、知识、理性、技术等元素，能发现紧急状态的一般规律，从而提炼出最佳法治应对方案，"为公共应急所需的组织、体制、机制以及人、财、物等各个因素提供制度框架。"[⑦] 但是，紧急事态依类型、程度、规模的不同呈现极大差异性，且发展演变不一定循规蹈矩，法律不可能穷尽所有情景，有时基于"那些无法看见的东西所作的预防，哪怕是以最好的意图产生出来，仍有可能是预定目标所不需要的问题产儿"[⑧]。因此，法治应当给予

---

① See Clinton Rossiter, *Constitutional Dictatorship: Crisis Government in the Modern Democracies*, Princeton: Princeton University Press, 1948, p.288.

② ［英］威廉·韦德：《行政法》，徐炳等译，中国大百科全书出版社 1997 年版，第 55 页。

③ 王名扬：《美国行政法》，中国法制出版社 2005 年版，第 117~118 页。

④ 章剑生：《现代行政法总论》，法律出版社 2014 年版，第 111 页。

⑤ 潘伟杰：《宪法的理念与制度》，上海人民出版社 2004 年版，第 253 页。

⑥ 参见［英］洛克：《政府论》（下篇），叶启芳、瞿菊农译，商务印书馆 1962 年版，第 103 页。

⑦ 赵颖：《公共应急法治研究》，法律出版社 2011 年版，第 5 页。

⑧ 参见［德］乌尔里希·贝克：《风险社会》，何博闻译，译林出版社 2004 年版，第 36 页。

行政机关一件“相对宽松的外衣”，赋予必要的裁量权，留有必要的裁量空间与余地，而不是使其无法呼吸的束缚。当然，紧急裁量权同样是有限度的。

3. 是暂时限缩公民权利的权力

紧急行政权的行使，不可避免需要限制或减损公民的部分权利。这在国际上已是无可争议的，国际人权公约以及许多国家的宪法或法律都作了明确规定，但不同国家对公民权利限缩的范围和程度会有不同。根据宪法原理，为了国家安全、社会秩序与公共福利，可以在必要的限度内对基本权利进行限制。限制基本权利的出发点与归属点是更好地保障公民的基本权利价值。①

从根本上说，公民权利和国家权力都是社会整体利益的法律表现，完全是同质的东西。但在现实性上，它们又分别代表着构成社会整体利益的两个不同部分，因而具有不同的甚至是对立的外化形式和角色功能。②国家宪法会对公民权利、国家权力以及相互间的关系作出周密安排，在社会利益总量不变的情况下，体现个体利益的公民权利与代表公共利益的国家权力有一定界限，也相互约束保持平衡。在平常时期，紧急权属于“休眠”模式，不会触碰到这一界限；而在危险时期，相对于公民自由而言，公共安全应当得到更多的关切，③国家权力需要集中与增强，这就势必会限制公民的部分基本权利，如人身自由权、财产权、诉讼权利。④当然，对公民权利的限制应严格遵守法定范围、适用前提、条件与时限的要求。

4. 是程序相对特殊的权力

紧急行政权的行使要求高效快捷，它无须也不可能严格遵守常态下的各项程序。紧急程序具有简易性、事后性、灵活性等特点，这是及时有效应对紧急状态的客观需要。程序设计有两个主要标准，即正义与效率。⑤紧急状态之下，对效率的需求更加直接与迫切。这是因为，情势紧迫、事态发展充满

---

① 韩大元：《论紧急状态下公民基本权利的限制与保障》，载《学习与探索》2005 年第 4 期。

② 童之伟：《公民权利国家权力对立统一关系论纲》，载《中国法学》1995 年第 6 期。

③ ［美］理查德·波斯纳：《并非自杀契约：国家紧急状态时期的宪法》，苏力译，北京大学出版社 2010 年版，第 11 页。

④ 孟涛：《公共卫生紧急状态法治的原理与建构——基于新冠肺炎疫情事件的研究》，载《法学评论》2020 年第 2 期。

⑤ 季卫东：《法律程序的意义——对中国法制建设的另一种思考》，载《中国社会科学》1993 年第 1 期。

变数与不确定性，哪怕是短时延误都可能带来无从弥补的损害，以及多米诺骨牌式的连锁反应，[①]政府必须快速响应、决策与行动。因此，在应急过程中，通常会缩减或省略在平常法治之下的某些必经的事前程序，或者将事前程序转为事后补办程序，[②]或者变通采取其他特别程序等，比如审批、听证、书面说明理由、听取相对人意见、征求意见等程序，如因情况紧急或无实质必要，则可以省略或者事后补救，我国《突发事件应对法》还规定了必要时的越级上报程序。也许，程序简省会增加人民对权力恣意的担忧，但是，紧急状态的情势之严重，一般行政应急措施已无法应对，唯有暂时舍弃某些费时、复杂、机械的程序，才能争取金子般的时间，作出有利于保障人民权益的理性选择。另外，省略的程序并非说其不重要，而是不得已的取舍。同时，对程序的简省亦有限制，紧急行政权的行使也必须保有必要的程序，后文再述。

此外，对紧急行政权的监督形式较常态下行政权也发生了变化。一般情况下，为汇聚应对紧急状态之合力，紧急行政权行使过程中，立法权、司法权对它的监督相对松动，更多地表现为事后监督和程序监督。

二、紧急行政权的限度及设置必要性

（一）紧急行政权限度的语义理解

习近平总书记指出，权力是党和人民赋予的，是上下左右有界受控的，不是可以为所欲为、随心所欲的。[③]这句话指出，任何权力都是有边界的，是受控在一定限度之内的。《辞海》将“限度”解释为“一定的范围、数量或程度”，它既可以用来表示不同物质之间的物理属性界限，又可以用来划分政治社会的现象、事物的内外边界。

紧急行政权的限度，从字面意义上可作如下理解：第一，限度的“限”，意味着此权力是需要限定在一定的范围，并且不能超出这个范围；第二，限

① 参见宋华琳：《风险规制与行政法学原理的转型》，载《国家行政学院学报》2007 年第 4 期。

② 林鸿潮、栗燕杰：《论非常规条件下的应急决策及其制度保障》，载《中国应急管理》2010 年第 5 期。

③ 中共中央纪律检查委员会、中共中央文献研究室编：《习近平关于严明党的纪律和规矩论述摘编》，中央文献出版社、中国方正出版社 2016 年版，第 59 页。

度的“度”，意味在已限定的边界范围之内，也要遵循一定的度，要区分具体情况合理适度地行使。意思是说，边界是最外围的界限，并不是每一次行使紧急权力都可以延展到最外围的边界，而是说即便是在最严重的情形下，也不能超过这个边界。紧急行政权力的边界，就是对内区分紧急行政权与其他国家权力的关系，对外厘清国家权力与公民权利之间的关系，具体如下：

1. 紧急行政权在公权力体系内部的限度

通常宪法文本会明确安排一国公权力的结构，“原则上应受限制的国家权力由几个机构共同分享，并被纳入一个受限定的权限系统中。[①]”我国现行《宪法》规定了立法、行政、监察、司法权的职权范围，它们依宪分工，协同履职。在正常状态下，国家权力结构是稳定的，其权力的界限也是清晰的，只要遵循宪法及其专门法律确定的职权、职责分工，依法履职即可实现一国公权力的有序运行。而遭遇非常状态时，整个国家秩序陷入危急境况，启动的紧急行政权会突破原有权力结构和常规法律的束缚，甚至可能渗透到立法、司法权领域，从而获得应对紧急局势的强势主导地位，实现消除危机、恢复秩序的目的。但是，紧急行政权从根本上仍是一种行政权，它不能任意逾越及全权替代立法权、司法权，也绝非公权力间的权力简单混同，也绝不能破坏权力分立制衡的基本宪法精神，它与其他国家权力之间仍有必要界限。

2. 紧急行政权对外面向公民权利的限度

权利与权力是公法的核心问题，[②]正常宪法秩序的重要元素是公民权利与国家权力的平衡。国家权力来源于公民权利、回归公民权利，公民权利本身的存在和实现，又离不开国家权力的保护。公法承担着配置权力与权利、规范权力的正当行使、保障权利实现等任务。相对公权力而言，私人权利有相对独立、自由的运行空间，免于公权力的恣意干预。非常状态之下，必须启动紧急行政权以维护国家秩序来确保私人权利不受或减轻损害，这时，紧急行政权与私人权利的界限会发生动态变化，紧急行政权力范围扩大，私人权利的空间受到限缩。受限的私人权利既包括公法上的权利，也包括私法上的

① ［德］卡尔·施米特：《宪法学说》，刘锋译，上海人民出版社 2005 年版，第 139 页。

② 孙笑侠：《法律对行政的控制——现代行政法的法理解释》，山东人民出版社 1999 年版，第 47 页。

权利。公法权利（或称公权利）是自然人、法人等私人主体根据公法规范（宪法或其他公法规范）所享有的面向国家公权力机关的权利，是与公权力对应并与私权利相区别的概念，[①]私法权利主要包括民事权利、商事权利等。紧急行政权的运行，必定会突破常规宪法秩序下权力与权利间的原有界限，这就需要明确其新的外部边界，杜绝其无限制地滑向私人领域，给公民权利造成过度侵害；而非常状态一旦结束，公权力要即刻退回原来界限之内。

此外，紧急行政权的限度存在两个维度：权力设置的限度和权力行使的限度。前者是指，于立法时刻，以实体规范设置紧急行政权的具体内容（含对公民权利的限制的限度）、行使要件、监督方式等，将紧急权力设定在合理限度之内。后者是指，于执行时刻，紧急行政权的整个运行过程也要遵循一定的原则与规则，不得恣意行使。这两者虽有区别，但设限的考量因素是一致的，不过，“执行时刻”比“立法时刻”有更高的滥用危险。[②]这是因为，紧急行政权的相关立法通常是在平常时期，且需要经过严格的立法程序，必要时还要进行合宪性审查，因而能最高程度地体现国家整体的理性智慧。

（二）紧急行政权设限的必要性

紧急行政权作为一项制度设计必须考虑周全，除了利用其权力高度集中、超强执行力的特性来克制危急局势之外，还要妥当平衡国家权力与公民权利之间的关系。紧急行政权，作为一种国家权力，纵然是在国家存立濒临危殆的非常状态下，为救济或恢复宪法秩序而采取的一种保障宪法的手段，但权力的集中化与立宪主义的暂时停止，有破坏立宪主义的危险性。[③]因此，紧急行政权应当依宪、依法运行并设置必要的限制条件，理由如下：

1. 设限是保障公民权利的根本要求

保障公民权利是紧急行政权的正当性基石与权力依归。国家公权力通过保障和实现人权来获得其正当性地位；相反，如果一国人民没有平等地、真实地享有宪法与法律赋予的基本权利，我们就可以判定其公权力缺乏正当性

---

① 江必新:《为发展公权利鼓与呼》，载《人民日报》2012 年 6 月 6 日。

② 黄俊杰:《法治国家之国家紧急权》，我国台湾区元照出版有限公司 2001 年版，第 109 页。

③ ［日］阿部照哉、池田政章等编著:《宪法》(上册)，周宗宪译，中国政法大学出版社 2006 年版，第 88 页。

基础，对人民而言是没有存在的必要性的。此外，公权力凭借其居于国家体制的地位和职权，依法实施职权行为调整、管理、干预私权利，目的只有一个，就是通过依法履职帮助人民在国家法治体系内实现基本权利，同时承担确保人民可以安享追求美好生活权利的国家责任。

为应对危机，依紧急行政权采取的强制隔离、临时交通管制、紧急征用、停产停业等紧急措施，必然会使公民的人身自由、财产权、个人信息权、隐私权、知情权、营业自由等受到一定程度的压缩或限制；公民也要服从大局，接受公权力机关的统一指挥，承担必要的容忍义务，但是紧急权力不能过分压缩私权利的行使空间。[①] 因此，必须给紧急行政权设置必要的限制条件，以警惕其运行过程中可能出现的失范行为给公民权利造成过度侵害。即使形势再紧急，也不能因为强调公共利益而不顾公民权利，也更加不能无端牺牲公民权利换得社会秩序表面的稳定。那种以全面牺牲公民权利为代价来维护国家、公共利益的做法是缺乏正当性的，是违反人权价值诉求的，其结果也会走向反面。只有给紧急行政权设定合法合理的限度，才能从根本上保障公民权利。

2. 设限是紧急行政权力走向规范成熟的内在责任

紧急行政权具有高度集中性、权威性、高裁量性与强执行力等优益性，在统筹调度国家力量、应对危局方面优势明显。

然而，从公权力的本性而言，紧急行政权终究是一种以国家公益名义支配私人权利的强制力量，它拥有国家法律机器的支持，并且在应对危局时，政府根据形势还可以自主裁量紧急行政权的适用范围和力度，在一定程度上，它甚至可以摆脱常规立法权、司法权、监察权的约束。法国哲学家马里旦（Jacques Maritain）认为，每一个强大而有力的东西总有一种越出它自己的范围而发展的本能倾向。权力总是倾向于增加权力，权力机构总倾向于不停地扩大自己。[②] “权力的本性是，它要寻求扩张。”[③] 因此，紧急行政权历来被视为一种危险的权力，如果缺乏法律限制，它就会出现恣意妄为的情况，侵犯

① 参见江必新：《用法治思维和法治方式推进疫情防控工作》，载《求是》2020 年第 5 期。
② ［法］马里丹：《人和国家》，沈宗灵译，中国法制出版社 2011 年版，第 12 页。
③ ［德］卡尔·施米特：《宪法学说》，刘锋译，上海人民出版社 2005 年版，第 218 页。

国家、社会、公民的合法权益。而由于这种权力本身的局限性，使得紧急行政权在危机之下虽然能显示强大的应急维稳、统合资源、力克急难险重的力量，但是人民对紧急行政权的担忧与防备却从未减少，这反过来又会影响紧急行政权发挥其应有的作用。因此，应当给紧急行政权设置必要的限制条件，使其在宪法法律的框架下运行，这既是引导紧急行政权规范行使的客观需要，也是紧急行政权走向成熟规范的内在责任。

3. 设限是实现权利与权力动态平衡的法治需要

一个现代化的国家必然是一个法治国家。法治是人类制度文明迄今为止最理想的治国理政方式，即所谓“事断于法，是国之大道也”。[①]党的十八届四中全会就明确地将“建设中国特色社会主义法治体系，建设社会主义法治国家”[②]设定为长远战略目标。成熟的法治国家包括法律之治、程序之治、人民主体、有限政府以及良法善治等五方面要素。[③]法治的元素中必然包含公权力得到控制，人权得到保障[④]，这也是近代立宪意义上的宪法的核心价值。

为了更好地发挥法治应对优势，达到应急状态下法治的最佳状态——公民权利与国家权力的动态平衡，应当科学合理设定紧急行政权的限度，不能为了限制而限制。“权力的界限既不能过大，不是越强的权力就越好，也不能过小，不是越小的权力就越好。”[⑤]在紧急状态下，紧急权力过大有可能导致变相专制，从而损害公民权利；而紧急权力过小又不足以应对危机，也无法担负起保障权利的重任，这就失去了紧急状态制度存在的意义。权利与权力的“此消彼长”二律背反现象虽客观存在，但不是绝对的反向关系。紧急状态之下，公民权利的保障与实现比平常任何时候都更需要借助国家力量；如果没有国家力量的强力统筹运作，公民的生存与生活将受到危机的严重影响，

---

① 《慎子曰恭俭》。

② 《中共中央关于全面推进依法治国若干重大问题的决定》，载《人民日报》2014年10月29日。

③ 详见张文显：《全面推进依法治国的伟大纲领——对十八届四中全会精神的认知与解读》，载《法制与社会发展》2015年第1期。

④ 参见姜明安：《论法治国家、法治政府、法治社会建设的相互关系》，载《法学杂志》2013年第6期。

⑤ 湛中乐、肖能：《政治社会中个体权利与国家权力的平衡关系——以卢梭社会契约论为视角》，载《政治与法律》2010年第8期。

公民权利包括生命健康、人格尊严、自由、财产、安全等都有可能归于零值，而且短时间内无法恢复。而紧急行政权力的加强，或许会对公民的部分权利造成限缩，但保障了更核心更重要的权利；或许会对公民权利“现值”造成临时克减，但提高了公民权利的“终值”；或许会对部分公民的权利造成减损，但保障了更大范围的公民的权利。因此，紧急状态之下，权力和权利虽然在外在形式上呈现出明显强弱对比，但两者并非割裂的二元对立，而是高度辩证统一于保障权利的法治实践之中，可以通过区分不同情况，在不同范围、不同方面、不同阶段合理配置紧急权力，促成权利与权力的良性互动、合作互惠，达到动态平衡。

4. 设限能增加紧急行政权的可接受度

在现代行政法治理念之下，传统的强制性行政已逐渐让位于参与式、协商式、合作式行政，行政主体已不再仅依赖压制或强迫的方式使相对人被动承受，而是通过给予相对人更多的表达利益和诉求的机会，提高其对行政决定的可接受度，从而使其自愿主动完成相关任务。立法者也更多地关注法律遵守者或利益相关者对法律制度的可接受度。因为，“民众不再是法律的被动接受者，而且也是法律的主动参与、理解和解释者……应当设法使法律赢得民心，赢得人们在行动中的理解、运用和支持。”[①] 一项制度的社会可接受程度越高，这一制度越容易得到实施，其目的也更容易实现。

紧急行政权的可接受度是指相对人对紧急行政权的理解和接受程度，其直接决定着紧急行政权的行使实效。给紧急行政权设置一定的限度，体现了对相对人权利的尊重，传递了“自觉接受监督与约束，规范行使权力”的信号，更能被相对人理解、认同、信任与接受，进而主动自愿配合政府依紧急行政权采取的各项紧急措施，提高危机应对效率，实现危机治理效益的最大化。正是在这个意义上，有效化解危机的一个至关重要的因素是人民的理解、配合及支持。[②] 而相反，如若在法律上未明确紧急行政权的限度，则会影响民众对紧急权力的信任度与可接受度。可以预见的后果是，未设限的紧急权力

---

① 谢晖：《法律的读者》，载《政治与法律》2002 年第 6 期。

② 参见莫于川：《我国的公共应急法制建设——非典危机管理实践提出的法制建设课题》，载《中国人民大学学报》2003 年第 4 期。

制度会成为民众内心蔑视或抵触的“恶法”，民众不服从，甚至通过非理性的或极端行动来对抗紧急权力，这无疑会耗费国家大量的法治资源，损害法治权威，严重影响危机的有效应对。因此，应当科学合理设置紧急行政权的限度，消除部分民众对紧急行政权的不信任与排斥，提高社会对紧急行政权的整体可接受度，凝聚全社会力量共同应对公共危机。

综上，基于保障公民权利、促进紧急行政权规范成熟、实现权利与权力动态平衡、增加紧急行政权的可接受度的需要，应当坚持以人民为中心的公权力价值向度，给紧急行政权设置必要的限制条件。

三、紧急行政权限度的设定思路

紧急行政权是应对非常状态的一项特殊权力，但并非无限之权，应有一定边界，应当遵循公权力的运行规律，除了要发扬其克制危局的优势外，还要防范其权力恣意的风险；既要对内保持权力的谦抑和自律，也要接受他律与依法设置的限制条件。在探讨如何框定紧急行政权的具体限度范围之前，先表达设定限度的价值定位。

（一）设定限度的价值定位

1. 确保能实现紧急行政权的基本功能：尽快消除危机、恢复秩序

在复杂的现代社会，政府已不再是“消极的守夜人”，会面临更多前所未有的危机与困境，需要承担“生存照顾”“安全保障”等积极责任，需要从事后的“危险消除”转向事前的“风险预防”。随着职能的转变，政府权力的扩张也成为必然，对公民权利可能造成的侵害也更大，权力也可能呈现更大的危险性与侵略性。正是在这一层面上，控制政府权力被认为是行政法的第一含义。[①] 但是，不能就此认为，国家权力的存在仅是需要制约的“毒瘤”，还应以其对社会需要的回应能力体现其存在的价值。[②] 单向度地控制权力，并不会使越来越大的权力真正发挥越来越大的作用，也不会使权力的行使变得越来越有效率控制国家的权力只是部分的解决办法，我们需要使它更好地运作。

---

① ［英］威廉·韦德：《行政法》，徐炳等译，中国大百科全书出版社 1997 年版，第 5 页。

② 参见潘伟杰：《宪法的理念与制度》，上海人民出版社 2004 年版，第 254 页。

不能为了控制权力，而使权力失去其存在的基本价值，丧失其应有功能。

从紧急行政权产生源头来看，其最初的原始功能是有效应对国家正遭遇的严重生存危机等非常状态，因此，对紧急行政权设限时，应当首先以此作为基本考量点。不能因为对权力的深度不信任，而将权力限制至无任何喘息空间。这样，有可能限制的不是权力，而是政府的治理能力，而如此情境之下，却又期望政府总能妥善应对未来可能发生的各类不确定危机、恢复正常秩序、保障公民权利，这难道不是一种奢望吗？借用一位学者的比喻，充分授权是为恰当达成目的或完成任务所必需，授权不足，又如为宰牛户配置了杀鸡刀，杀鸡刀是无论如何也难以顺利地完成宰牛任务的。[①] 因此，规范紧急行政权，不能完全以限制国家紧急措施为目的；相反地，首先要提供足够工具供国家使用，以维护国家存在。[②]

2. 尽可能将对公民权利的限缩控制在最小的范围之内

当今社会，除了传统的军事、政治和外交安全威胁之外，国家面临着更多的非传统安全威胁，如恐怖主义、跨国犯罪、金融危机、网络安全、严重自然灾害、公共卫生安全等，这些威胁往往突发，缺乏明显征兆，[③] 且极易发生叠加和聚合效应。此等情势之下，集中与扩张的紧急行政权力之必要性，已没有争议；与之相应，公民权利会受到“必要的暂时限缩或失去”也趋于达成共识。但是，扩张权力与限制权利都只是应对紧急状态的手段，或者说紧急行政权运行呈现出的部分特征，其最终目的是保障公民权利。因此，应尽可能将对公民权利的限缩控制在最小的范围之内。这也是当今学者对应急权的法治化形成的共识之一，“目前所采取的措施，必须是所有可能存在的政策选项中，对人民权利限制最少的一种。”[④]

或许这里会存有疑问，在能有效应对危机的前提下，为什么不直接选取能最大限度地保障公民权利的措施呢？这是由于：其一，最大限度地保障公

---

① 江国华：《中国行政法（总论）》，武汉大学出版社 2017 年版，第 53 页。

② 黄俊杰：《法治国家之国家紧急权》，我国台湾地区元照出版有限公司 2001 年版，第 137 页。

③ 参见陈柏峰：《中国法治社会的结构及其运行机制》，载《中国社会科学》2019 年第 1 期。

④ Petersen，*Developments in the Law: The National Security Interest and Civil Liberties*，Harvard Law Review，1972（6），pp.1287–1288. 转引自滕洪庆：《论行政应急权的合宪性控制》，载《法律科学（西北政法大学学报）》2011 年第 6 期。

民权利是紧急行政权行使期望实现的最高价值与终极目标，这是确定的。然而，在采取紧急措施应对危机的过程中，要求尽快进行决断，因此，措施的评判标准只能是最直接的、实时的与有利于操作的。对公民权利的减损，是行政紧急措施直接作用的结果，其影响的权利种类、范围、大小、程度是可测可知可控的，便于行政机关进行价值取舍与利益衡平；而最大限度地保障公民权利，是面向未来的，存在不确定性，也缺乏具体标准，难以作出评估与衡量。其二，具体制度的设计除了考虑合宪性、合法性、正当性、合理性以外，还有一个不容忽视的因素是执行度（或可行性），即某项制度可能被执行的程度。① 即便是基于最佳、最善意目的设计的制度，如果难以操作或执行，此制度可能就只是“观赏品”。制度应当在“需要”的土壤中产生，再回馈土壤所需要的养分。可见，针对具体的紧急措施而言，采用“最大限度地保障公民权利”标准过高，也无法直接进行估量，反而会使公民的权利落空。

基于以上分析，下文将以紧急权力的“有效应对危机、恢复秩序”与“最小限度地限缩公民权利”为基本定位，在法治原则的总体框架之下，妥善平衡公益与私益、秩序与自由、效率与公正等各类价值，做到既不过量赋权，又不过度限权，划定紧急行政权行使的外部边界，确定适中可行的限度范围，给予公民权利确切的保护。

（二）设定限度的具体方式

1. 紧急行政权的职权范围——遵循“相对说”模式下的合法性原则

立法优于行政，行政权的正当性源自其实定法上的依据，从行政权力配置角度而言，一切行政权应当由法设定或依法授予（权自法出），一切掌握行政权的人必须依法行使其权力（权依法行），② 这是权力法定之基本要求，也是宪法的人民主权原则的实质体现。稳定、明确的法律规则能铲除主观、神秘与专断，是法治发挥引导、规制功能的前提，在客观上也可以有效限制公权力的恣意。因此，合法性原则对规范行政权力的积极作用是显而易见的。紧急行政权同样应受合法性原则规制，但存在一定的特殊性，比如，在紧急权范围的设定、启动条件等方面更为严格，而在紧急权行使的依据方面，又要

① 龙宗智：《相对合理主义》，中国政法大学出版社 1995 年版，第 22 页。

② 参见江国华：《中国行政法（总论）》，武汉大学出版社 2017 年版，第 45 页。

对“法”作宽泛的理解。

“相对说”认为，在紧急状态下启用的紧急行政权，其虽然具备高度集中性、扩张性、裁量性等特点，但仍应当在国家整体法治框架之内运行。法治要求行政机关运用法治思维与法治方式对突发事件、紧急事态作出反应，提高法治应对能力，依法予以应对，而不是随意地破坏法律，或采用非法治方式处理。这就要求应急法律体系应当保有一定的延展性，为行政机关能有效应对未来不确定的危机保留必要的裁量空间。基于此，可从以下四个方面对紧急权力进行合法性控制：

（1）紧急行政权的范围，应当由法律明文规定或者依法授予。这是对权力的授权性规定，明确行政机关在紧急状态之下，可以行使什么权力，可以作出哪些行为，以及权力行使的基本程序。如制定与发布行政命令，采取“戒严”“宵禁”等紧急措施，限制公民人身自由、营业自由、集会自由，征用财产、征购劳务，限制交通、公共设施场所等。此外，为使行政机关能有效应对危机，有必要授予行政机关应对紧急状态的宽泛授权和自由裁量权，这也是世界各国立法的通例。应当出台“紧急状态法”完善我国应急法律体系，规范紧急行政权，补强政府应对非常危急局势的法治能力。（2）紧急行政权的启动，应当以国家有权机关决定并宣布进入紧急状态为准。也就是说，在运用任何紧急措施恢复秩序之前，必须真正存在紧急状态。同时，紧急措施只能适用于已宣布进入紧急状态的区域与时段。因此，应当制定“紧急状态法”严格界定紧急状态，规定决定和实施紧急状态的程序以及法律效力，明确进入紧急状态是紧急行政权启动的法定条件。（3）紧急行政权应当权责明确、权责相当。赋予政府行使紧急行政权的同时，应明确规定政府在违法与严重不当行使权力，或者不作为的情形下应当承担的法律责任，加强对紧急行政权行使的监督与问责。“获得授权好像是得到权力，其实授权就意味着控权和限权，限制了权力边界。”[①]（4）紧急权力应当依法行使。这里，应对法作宽泛的理解，行政机关基于宪法法律授权制定的应急性法规、规章，临时发布的行政紧急命令与决定等，也属于广义的法的范畴。

---

① 江必新：《健全公共权力制约监督体系》，载《法治现代化研究》2017 年第 3 期。

2. 紧急行政权的权力边界——恪守权利保障底线原则

权利保障底线原则，是在基本权利体系中设定某些不可克减的权利作为公权力的边界，并以法律强制力保障该底线不被突破，进而达到约束紧急行政权的目的。人权是人类社会历经战争与动乱的磨难之后才共同体悟到的人类最高价值诉求，弥足珍贵。即使是在二战这种最严重的紧急状态中，人权的底线，比如珍视生命、免遭酷刑、免予奴役等，仍然被世界公认为必须坚守而不得克减的权利，哪怕曾经遭到法西斯主义残暴地践踏，但历史已经证明，正义力量必将获胜，人权的底线经过清算残暴的法西斯罪行而得到彰显。据此，国家在应对各种非常社会状态时，必须清醒地认识到，紧急行政权虽然可以扩大甚至可以对私权施加更为严格的限制，但紧急行政权本身也有限度，必须恪守权利保障的底线，这是全人类悬挂于公权力上的正义之剑。

域外国家对人权底线的理解迥然不同，比如二战后的德国经过深刻反省，将“人性尊严”作为人权底线写入《德国基本法》，强调“人性尊严”涵盖所有基本权利的本质特性，是权利保护的核心，任何状态下“人性尊严”的本质免受任何限制、侵犯。但其他国家没有如此明确的规定。《世界人权宣言》《欧洲人权公约》《公民权利和政治权利国际公约》《美洲人权公约》《紧急状态下人权规范最低限度的巴黎准则》是目前还在适用的有关人权的国际公约的代表，这五部公约都列举了不能克减的权利名目，比如生命权、废止奴隶或奴役、禁止酷刑或肉刑、禁止刑罚溯及既往等。[①] 这些不可克减的权利，其核心内容始终围绕着人的生命和尊严，尽管上述国际公约还列举了其他的权利条款，但都从不同的角度表达了各国对人的生命与尊严的高度关注。由此推导出，在国际法范畴提到的不可克减的权利，即人权的底线，核心内容就是人的生命权与人性尊严。虽然不同国家对于人权的底线有不一样的具体权利表述形式，但其核心内容相同。需要补充的是，不可克减的人权底线并不是说其他权利就可以被恣意克减。国家行使紧急权力限制公民的基本权利应仔细考虑为什么在这些情况下这一措施是必要和正当的理由。[②]

---

① 徐高、莫纪宏主编：《外国紧急状态法律制度》，法律出版社 1994 年版，第 91~92 页。

② Human Rights Committee，Comment No.29：States of Emergency（Article 4），CCPR/C/21/Rev.1/Add.11.para.3

我国的人权形成于国家革命、建设、改革进程之中，是由宪法与法律规定或认可的权利，其保障程度取决于中国特色社会主义的政治制度、经济结构、法治状况、文化发展水平。我国法律体系没有出现“人权底线”字样，而是在《宪法》第33条，采用“人权”内容的概括表述方法，对国家和公民都提出要求：对国家明确提出“尊重和保障人权”的要求，同时也规定公民在享受权利之时务必履行宪法和法律规定的义务。在《民法典》中，第990条明确规定，自然人享有基于人身自由、人格尊严产生的其他人格权益。在应急法制中，秩序价值成为首要价值，在个人自由、权利价值面前相对占优位，个人权利受到限缩，权利保障的立足点临时转为最低保障而不是充分保障，而一旦社会恢复常态，人权保障在价值排序上将重新获得优先性。[①] 由此，中国人权逻辑前提下的“权利底线”应当包含以下内容：

（1）公权力机关在启用紧急行政权的时候，对包含“权利底线”在内的基本权利应当予以尊重和保障。此处的尊重就是要求政府施行紧急行政权行为的时候，应当保持自律、克制的主观态度，与此同时，必须依法保障包含“权利底线”在内的权利，政府在启用紧急行政措施的时候，承担积极作为的保障义务，既要达成公权力的公益目标，又要避免因“用力过猛”而侵犯人权。权利底线保障不是指只保障列入底线范围的权利，而是指在任何情况下，都不能侵害这些最核心的权利。

（2）生命权。国家紧急权力在任何情况下都不得非法剥夺公民的生命权，不得将直接剥夺生命权作为应对危机的手段。生命权是最核心、最重要、最基本的权利，被称为第一人权。没有对生命权的保障，其他一切权利将失去存在的依托。相应地，紧急权也不能剥夺公民最低限度地维持生命而必须具有的相应权利。

（3）人格尊严。从中西尊严理论的源流来看，思想家们认为人具有反思、评价和选择自己生活的能力，这是人的本质属性和潜能。[②] 人格尊严是国际社会和世界各国普遍认同的基本人权，我国同许多成文宪法国家一样，在宪

① 参见林鸿潮、栗燕杰：《论非常规条件下的应急决策及其制度保障》，载《中国应急管理》2010年第5期。

② 王旭：《宪法实施原理：解释与商谈》，法律出版社2016年版，第58页。

法中规定了人格尊严条款。人格尊严是指人应受到社会和他人最起码的尊重。包括：①免于歧视的平等对待，正义要求对相同情形或极为相似的情形同等对待。[①]《美国灾害救助与紧急援助法》第308条灾害救援中非歧视条款，规定了公平和公正的救济管理规则，补给分配、处理申请的过程和其他救济和援助能够以一种公平、公正的方式完成，不因种族、肤色、宗教、国籍、性别、年龄或经济地位而受到歧视。②免于非人道对待与肉体伤害、免于酷刑与侮辱性待遇；③免于精神伤害。

（4）请求救济权。包括请求救助、补偿、赔偿、司法救济的权利。无救济则无权利，具体包括：处于危难中的公民，可以向政府及有关部门请求救助，申请获得国家与社会的物质帮助和救济；政府的紧急征收、征用、征购、征调行为，给公民合法权益造成损害的，应当作合理的补偿；违法、滥用紧急行政权给公民合法权益造成现实损害的，公民可以依法提请国家赔偿；司法救济权，考虑到紧急状态的特殊情况，以事后救济为主；确属必要时，可暂停公民的事中救济权。俄罗斯、美国、德国等国规定了对采取应急强制措施造成的损害，必须进行补偿。澳大利亚相关法律规定了如对采取强制措施不服的，可申请行政复议。法国规定受到行政机关的紧急措施所羁束的相对人，可提起行政诉讼。[②]

因此，应当制定紧急状态法，明确规定“底线权利”与“紧急行政权”的具体内容，并明确两者间的法律关系，将抽象概括的权利保障底线原则转化为可适用的规则，以此限定紧急行政权的权力边界。

3. 紧急行政权的行使尺度——遵守合目的性、禁止过度原则

（1）合目的性原则。合目的性，是指行政机关在紧急状态之下，依据紧急行政权采取的紧急措施，必须合乎宪法与法律授予此项权力的目的，并能够实现目的或者有助于目的的实现，意即以“目的达成”为考虑前提，考量该措施“有无必要”[③]。“目的是全部法律的创造者，每条法律规则的产生都源

① ［美］E. 博登海默：《法理学——法律哲学与法律方法》，邓正来译，中国政法大学出版社1999年版，第303页。

② 参见贺付琴：《域外重大传染病疫情防治法律制度与措施》，载《人民法院报》2020年2月21日。

③ 陈新民：《中国行政法学原理》，中国政法大学出版社2002年版，第42~44页。

于一种目的。”[①] 行政是以法律作手段，适用法律是为了达成其目的，因此，除了要具备合法性以外，还须依其立法意旨，考量其追求之目的，具备合目的性。[②] 权力的强制性更应当以正当目的为限，而正当的根基就在于它的直接或间接目的是保障权利；如果不是，就属于权力的滥用。[③]

政府在非常状态之下启动的紧急行政权，是政府依据宪法、法律的授权，暂时享有的一种高度自由裁量性的公权力，一种扩大的兼容了立法权与行政权的特殊权力。依据这一权力，政府可以根据局势的危急程度而自主决定采用相应的行政管控措施，包括侵犯公民部分基本权利的强制性命令或措施。在这种情形之下，除了合法性审视之外，还要进行合目的性评判——政府拟采用的紧急行政措施与其应对 / 控制 / 消除紧急状态的目的必须是契合的，或者至少，必须有助于实现其目标。也就是说，面对非常状态时，政府可以有多种应对的措施，但政府必须根据应急目的与手段的契合度作出选择，以确保最终采用的紧急行政措施可以实现目的，或者最起码对应对危急局势有所帮助。此外，要明确的是，合目的性仅是紧急行政权行使的前提条件，并非充分条件，还应当受到其他法治原则的控制。合目的性不是目的唯上，不能仅因为措施有可能实现目的，就不分青红皂白直接运用。

由此，我们还可以反向推导出不合乎目的情形：比如，紧急行政措施与预定目的不相关联；紧急措施不可能或无助于预定目的的实现；紧急措施成本过高而效果微弱，不能达到预定的应急目的；紧急措施发力过猛，超过了应对危局的法定目标；假以实现目的的名义掩盖的并非有益于目的实现的紧急措施等。这些不合目的紧急行政措施，应当不予采用或者立即停止。

（2）禁止过度原则。在具备法定条件下，紧急行政权得以启动，但由于权力的伸缩性较大，应当在行使前进行利益衡量，确保其在必要、适当的限度之内。具体要求：①行政机关采取紧急措施，应当以能达到目的为限，不

① ［美］E. 博登海默：《法理学——法律哲学与法律方法》，邓正来译，中国政法大学出版社 1999 年版，第 109 页。

② 参见翁岳生编：《行政法》（上册），中国法制出版社 2009 年版，第 17~18 页。

③ 参见周永坤：《规范权力——权力的法理研究》，法律出版社 2006 年版，第 264 页。

能给相对人权利造成过度的不利影响。立法应预测可能的情形，授予多种紧急行政措施，但行政机关应当根据局势的危急程度选择一种或几种紧急行政措施，而没有必要全都用上。②如果有多种措施可供选择时，应当选择对当事人权益损害最小的措施。③采取措施所造成的损害应当低于采取措施所带来的好处。不能为了目的而不择手段，不能采取总成本高于总利益的行为。[①]这就好比一个人就算得了大病，也没有必要把所有的药都开了，关键是抓住主要病症，对症下药，其中的微小病痛甚至可以通过科学锻炼提高身体免疫力而不需要开药，过多过量的药剂会带来副作用，增添身体的负担，甚至有可能摧残原本就脆弱的身体。

以上分析，直接关联的是比例原则。比例原则因其洞悉了公权与私权之间的悖反关系，并且提供了一条各方均可接受的利益调适路径，而成为行政法的“黄金法则”，更是规范行政裁量权的最佳法宝。其适用领域越来越广，内涵日趋饱满，从传统警察执法到给付行政、公共服务、公民权利限制、立法、司法审查等领域，都有它的身影。在紧急状态法治之中，同样需要权衡公私权之间的关系，判断紧急行政措施的适度性，但由于紧急行政权承担的特殊使命，不宜严格适用比例原则进行规制。理由如下：①紧急行政权的实质启用，是事实上出现了严重混乱失序失衡失控的状况，国家、社会与个人依照平常状态下的体制机制已无法应对的情况下，国家层面在综合考量政治、经济、社会等各方面因素后，决定并宣布进入的法律上的紧急状态。紧急行政措施是在常规方法措施已达不到控制效果时不得已采用的最后措施，因此主要侧重考量紧急措施的必要性。②紧急状态下，政府往往不是对过去和现在的事实作决定，而是针对未来作出决定[②]，而未来的未知因素给策略选择与方案决断带来巨大的困难，比如新冠病毒，是人类史上从未出现过的病毒，谁也不知道事态会如何发展，没有人能完全预见未来的结果。世界就像一张蜘蛛网，或者说是人体就像一张蜘蛛网，如果你拉动一个部分，可能会在你

---

① 余凌云：《论行政法上的比例原则》，载《法学家》2002 年第 2 期。

② 赵鹏：《风险社会的行政法回应：以健康、环境风险规制为中心》，中国政法大学出版社 2018 年版，第 91 页。

意想不到的地方产生反应。[①] 在这种异常紧迫又高度不确定的情况下，没有可能，也没有时间去仔细推敲与权衡，政府当下的决策或措施所追求的公共利益，相对于其限制的公民的个人利益来说，是否完全合乎一定的比例，而只能在成本与收益间进行总体衡量。③严格比例原则的约束，还可能会使公权力行使者因为担心权力过限被追责而产生退却，不敢主动作为。因为即便是公职人员基于个人最高理性判断而进行的利益权衡，也可能由于信息的不全面等外部因素受到影响。

因此，对于紧急裁量行为的限制应重点把握其是否必要、是否基于正当目的作出、有无超过法规范的界限、是否应当为而不为等情形。总之，不能因为惧怕紧急裁量权有可能泛化与滥用给人民造成损失，就设置细密的裁量基准，采用比平时更严苛的原则标准去控制，那可能会损害裁量权的灵活性，丢掉制度设置的目标。[②] 当然，行政机关也不能以紧急权“灵活性”需求作为权力不受限制的说辞。

4. 紧急行政权的行使过程——严守必要程序原则

法律程序通过对权力行为全过程的控制来驱使法律主体正当地实施法律活动，[③] 从而限制权力的恣意、专断和裁量。[④] 程序有助于民主、公正、效率、经济等法律价值的实现，现代法治对程序正义有着与实体正义同样的期待。正当程序原则，因其能控制公共权力、保障公民权利，已成为多数国家公法上的一项基本原则。通常认为，正当程序原则包括告知、说明理由、听取意见陈述、救济等内容[⑤]；也有将正当行政程序归纳为公正作为义务、受告知权、听证权、说明理由义务、资讯公开等内容。[⑥]

那么，紧急行政权的行使是否也需要严格遵守正当程序原则呢？事实上，

---

① See Cass R. Sunstein, *The Cost-Benefit Revolution*, *Cambridge*, Massachusetts: The MIT Press, 2018, p.213.

② 参见章剑生：《现代行政法总论》，法律出版社 2014 年版，第 111~113 页。

③ 章剑生：《现代行政法基本理论》（上卷），法律出版社 2014 年版，第 140 页。

④ 季卫东：《法律程序的意义——对中国法制建设的另一种思考》，载《中国社会科学》1993 年第 1 期。

⑤ 胡建淼主编：《论公法原则》，浙江大学出版社 2005 年版，第 428 页。

⑥ 参见翁岳生编：《行政法》（下册），中国法制出版社 2009 年版，第 1015~1016 页。

正当程序原则在紧急状态下受到限制已是国际惯例。[①] 前文已述，紧急状态之下，消除危机、恢复秩序是当务之急，一旦错过危机的最佳克制时机，应对难度陡增，局面失控，给国家、社会与人民造成的损失将是不可估量的。这就决定了紧急行政权的行使应体现效率价值优先、秩序维护价值优先以及权力对权利主体的强支配性与优先性，因此，听取意见陈述、听证、书面说明理由等程序在一定程度上受到限制和缩减。但是，如表明身份、告知与公开等必要的基本程序是不能简化的，这是最低程序保障标准。

（1）表明身份义务。表明身份，一般认为是行政行为的前置程序，也有认为是行政行为过程中的首要告知义务，就如同社交活动中的“自报家门”。表明身份的作用体现在：一是能最快建立相对方对行为主体的基本信任，提高紧急行政行为的效率；二是身份的表明，实际上也向相对人传递了其有配合义务的信息，同时也便于相对人监督行政行为以及寻求事后救济；三是有利于相对人辨识行为人真假，防止有人假借政府名义利用或欺诈相对人。《澳大利亚昆士兰州公共卫生法》规定，公共卫生官员在行使紧急隔离等权力前必须出示身份证明。[②]

（2）告知及说明理由义务。行政机关行使紧急行政权时，应当将行政行为基本信息告知行政相对人。告知程序的独立价值表现为：一是对相对人权利的尊重与保护，二是防止行政权的滥用。紧急状态中，告知程序有着更特殊的意义。事态的紧迫性要求行政机关依紧急行政权采取的紧急措施（比如紧急征用）能尽快发挥作用，这就更需要行政相对人的接受、配合与协助。唯有以最适宜的方式、及时向相对人告知行政行为的基本信息（包括行为目的、内容、作出主体、依据、理由、救济途径等），才是让相对人最快消化、理解、认同、遵从行政机关紧急措施及政策的方式，也是实现措施目的、提高措施实施力、增强措施效率的最佳推动力量。而以事态紧急为由，“省略”告知程序，直接通过强权压制推行，也许在某个事项上能落实措施，但对相

① 马怀德:《完善应急法制为构建和谐社会奠定制度基础》，载《中国应急管理》2007 年第 4 期。

② 参见贺付琴:《域外重大传染病疫情防治法律制度与措施》，载《人民法院报》2020 年 2 月 21 日。

对人实体及程序权利都会造成严重侵犯，进而影响其对国家与政府的信任，甚至可能引起负面效应，不利于从根本上应对、控制与消除紧急状态。执行紧急命令和措施时的告知义务至少包括：①告知应急行为的基本事实，如行为目的、内容、作出主体。其中，告知的方式可依据情势灵活确定。②说明理由。一个尊重权利的政府，在对相对人作出不利处分时必须说明理由。美国法学家德沃金说，在大多数情况下，如果我们说某人有某项权利，那么别人干预他就是错误的，如果要证明干涉的合理性，必须提出一些特别的理由。[①] 当然，紧急状态之下，如果情势异常紧急，确不能在事前或事中进行说明的，可于事后一定期限内进行说明。③告知救济途径。[②] 换言之，站在相对人的角度，在面对减损其权利的行为时，即使时间再紧急，他也至少有权知晓：你们是谁？要对我做什么？我可以怎么办？这是最基本的安全需要。这里要区分“不予告知”与“告知不能”，前者是要杜绝的情形，后者是允许例外的情形，即确属需要即刻采取的紧急措施，然而权益主体不明无法告知，或者直接关涉紧急状态应对成败等特殊情况不能告知的，应当在事后予以说明并补救。

（3）信息公开义务。信息公开是对紧急行政权运行全程的程序性要求。更注重参与民主、公共选择、合作治理、信息化、积极行政、责任行政等是现代法治政府的新形态，政府信息公开、行为公开是与法治政府建设密切相关的。公民知情权，是宪法上言论自由、表达自由的表现形式，在紧急状态之下，公民、社会对信息的需求度更高。因此，应当准确、全面、及时公开披露与应对紧急状态相关的信息。此外，尤要注意对公民的个人信息的收集与公开，不能侵害公民的信息权及隐私权：①政府仅能依合法正当目的在必要的范围内进行，且与应对紧急状态无关的信息应当进行隐名化处理。②保障已收集信息的安全及合理使用；③严控媒体及舆论对个人信息的不法使用和过度消费。

---

① 参见［美］德沃金：《认真对待权利》，信春鹰、吴玉章译，中国大百科全书出版社 1998 年版，第 249 页。

② 参见韩大元：《论紧急状态下公民基本权利的限制与保障》，载《学习与探索》2005 年第 4 期。

紧急行政权是应对紧急状态必须行使的权力，它能使政府在突发危机之下，极速提升统合力、决策力、执行力等应对能力，但如果违法或恣意行使将过度侵害公民的权利。因此，为了保障公民权利，应当制定并出台《紧急状态法》，为应对危机提供更科学有力的法治方案，为政府应急权力提供法律依据，并给紧急行政权设置合理的必要限制。紧急行政权的限度问题是一个宏大而精深的命题，不仅需要在学理上进行深入探究，更需要通过实践进行检验、丰富和完善。

◉ 第十二章 ◉

运用法治推进健康中国建设

健康是促进人的全面发展的必然要求，是经济社会发展的基础条件，是国家富强和民族振兴的重要标志，是世界文明兴衰的重要因素，也是广大人民群众的共同愿望。习近平总书记在党的二十大报告中强调，要“推进健康中国建设”“把保障人民健康放在优先发展的战略位置，完善人民健康促进政策”[①]。深入贯彻落实健康中国建设重大战略，必须以法治中国建设为基础，将法治元素有机融入健康中国建设各领域、各行业、各环节，以法治之思维构建健康中国建设体系，以法治之方式提高健康中国建设能力，以法治之力量保障健康中国建设实效。

一、健康中国建设攸关国家和民族生死存亡

在人类文明史上，一个国家、地区文明的兴衰，后人通常从政治、经济、社会、文化等方面的原因分析，却往往忽略了最实际、最直接的因素，那就

① 习近平：《高举中国特色社会主义伟大旗帜 为全面建设社会主义现代化国家而团结奋斗——在中国共产党第二十次全国代表大会上的报告》，人民出版社 2022 年版，第 48~49 页。

是国民的健康。比如，伯罗奔尼撒战争将中东疾病传入希腊，雅典四分之一的生力军死亡，雅典随之衰落；中世界的黑死病几乎毁掉了欧洲近四分之一的人口，对其经济发展造成了极大的破坏；大航海时代，欧洲殖民者带到美洲的疾病更是直接导致90%美洲原著人口的消失；中国的明代之所以被清朝所替代，除了其封建政治腐败以外，蝗灾、旱灾和瘟疫的叠加亦是重要的原因。回顾历史可知：在医疗学、护理学、保健学科学技术尚不发达的历史长河中，一个国家、一个地区是否具有比较健全的疾病防治防控体制、是否具有比较完善的医疗保障制度、是否具有比较高效的医疗服务体系，是决定该国、该地区文明是否长盛不衰的基础性、关键性因素。

现代医学的出现与发展，使人类平均寿命不断提高，为全球文明发展提供了坚实的健康基础。中华人民共和国成立后，人民群众身体素质不断提高，充沛的健康劳动力已成为中国经济迅速腾飞的关键生产要素，人力资源一直是我国的比较优势。当今世界，国与国之间的竞争，实质是人才的竞争，也是以人的健康素质为核心要素的竞争。推进健康中国建设，是我国保持持续稳定发展，实现第二个百年奋斗目标和中华民族伟大复兴的重大战略部署，其核心是要从人口大国向人才强国迈进。

二、健康中国建设必须以法治为基础

人类社会几千年的探索实践，已经从正反两个方面反复证明，奉法者强则国强，奉法者弱则国弱；法治昌明则国泰民安，法治废弛则国乱民怨；依靠法治从长计议常常事半功倍，背离法治追求短期目标往往得不偿失。梳理人类文明健康史不难发现，法治昌明始终与民族健康相伴相随。古罗马曾经三次征服世界，第一次以它的武力，第二次以它的宗教，第三次以它的法律和法学。比如，罗马法的复兴为近代欧陆私法的复兴特别是《法国民法典》《德国民法典》的问世，提供了直接的参考“教材”。其历史遗产惠及当代法律和法学的发展。然而，为国人所关注的，大多是罗马的私法，却忽略了一个重要的法律部门，那就是它的卫生立法。根据徐国栋等学者的考证，罗马当时人口的居住密度是每平方公里6万人，比我国澳门特别行政区现在的人口密度要高4倍，在那样一种人口密度之下居然在265年时间内没有发生过大的瘟疫和疫情。这与它高度重视卫生立法、健康立法是分不开的。为解决城市人口的供水、饮水、洗澡问题，罗马人建成了非常发达的地下水道。他们通过一系列的立法来保证水源的供应，保护公共卫生，规范垃圾排放。同时，通过赋予医生免税等特权，罗马吸引了不少希腊医生到罗马行医，当时相当一些国家的著名的医师都集中到罗马。这些医生不仅帮助罗马人医治疾病，提高了罗马人的健康水平，也帮助罗马发展了自己的医学。不仅如此，罗马还通过保护医院的利益，鼓励投资建立医院，扩大医疗服务受众；通过规范医生的行为，明确医疗事故应当承担的民事责任和刑事责任；通过对药物的管理，以最重的刑罚制裁制造假药的行为。正是由于采取了这样严厉的立法和严格的卫生管理措施，罗马人才保证了连续265年没有瘟疫发生，构筑了罗马的辉煌时代。

罗马卫生法治给我们如下启示：实现国民健康需要大力发展医疗事业。而医疗事业的发展，既需要经济基础发展以提供物质基础，也需要上层建筑的完善以提供制度保障；既需要道德泉水的浇灌，也需要自律精神的指引；既需要希波克拉底誓言[①]，也需要法治建设带来的明确规范和制度保障。随着现代医疗事业的不断发展，医疗卫生领域与法治的关系更加密切，融合程度更加深入。越来越多的国家通过宪法宣示，最大限度地保护公民健康权。比如，我国现行《宪法》第21条就明确规定，国家发展医疗卫生事业，保护人民健康。医疗卫生事业对国家社会影响甚大，不能完全交给市场，必须加强管制，确保药品安全、医疗服务达标；只有实现医疗法治化，才能规范医生执业行为，保障医生人身安全，为医患双方提供公正的纠纷解决手段。因此，《“健康中国2030”规划纲要》明确提出，要加强健康法治建设，颁布并实施基本医疗卫生法、中医药法、修订实施药品管理法，加强重点领域法律法规的立法和修订工作，完善部门规章和地方政府规章，健全健康领域标准规范和指南体系。

---

① 古希腊医生希波克拉底所创立的誓言，主要内容为医生对患者的责任和义务，现已成为世界通行的医学伦理准则。

三、健康中国建设须与法治中国建设高度融合

党的十八大以来，以习近平同志为核心的党中央统筹推进“五位一体”总体布局和协调推进“四个全面”战略布局。全面推进依法治国是党中央治国理政的基本方略，是实现国家治理体系和治理能力现代化的必然要求，是在法治轨道上全面建设社会主义现代化国家、实现中华民族伟大复兴的基本保障，是确保国家长治久安、中华民族永续发展的必要前提；在党的二十大报告中，建成健康中国被列为到2035年我国发展的总体目标之一。必须在全面依法治国的战略布局中谋划健康中国建设，要通过实现医疗法治来不断推进健康中国建设各领域、各行业、各环节的制度化、定型化、成熟化。

健康中国建设战略部署所确立的观念原则，需建成的体制机制为医疗法治指明了发展目标，提供了制度保障和前进动力。医疗法治关乎每个公民的人身权益与社会整体的稳定发展，是构建现代法治体系和全面推进依法治国不可或缺的基础性领域，是推进健康中国建设的必由之路和关键“法门”：医疗法治要以建设健康中国为目标，为实现第二个百年奋斗目标和中华民族伟大复兴的中国梦提供坚实健康基础；要以促进和谐医患关系为主线，着力针对我国医疗环境中亟待解决的医患关系不和谐的主要问题，通过加强医疗服务中的人文关怀，畅通构建和谐医患关系、实现医疗法治的必由之路；要以规范医疗行为为基础，不断完善法律法规等规范性文件体系，规范医疗主体资质、医疗方式方法、医疗药品收费、医疗档案管理，统一医疗赔偿范围和赔偿标准；要以强化医疗执法司法为保障，切实保护医生职业尊严和职业安全，依法严厉打击破坏我国医疗事业的违法犯罪行为；要以依法及时有效化解医疗纠纷为着力点，既要建立专门的医疗纠纷调解委员会，促进医疗纠纷的多元化纠纷解决机制，也要突出司法制度是医疗纠纷化解的最终保障，引导患者在法治框架内正确行使权利；要以促进医患良知为要务，既注重推进医学技术的提高，同时涵养医德医风，也注重对患者的科学引导和良好“患德”、心态的培养；要以深化医疗体制改革为动力，竭力破解“看病难、看病

贵”的瓶颈制约，使人民群众在每一次医疗服务中感受到尊重和善意；要以提高医疗卫生服务水平和能力为保障，为全方位、全周期维护和保障人民健康，显著改善人民健康水平提供现实基础。